U0861784

社会养老服务体系的创新与反思

供给侧结构性改革视角下的天津实践

袁小波　著

天津出版传媒集团
天津教育出版社
TIANJIN EDUCATION PRESS

图书在版编目(CIP)数据

社会养老服务体系的创新与反思 : 供给侧结构性改革视角下的天津实践 / 袁小波著. -- 天津 : 天津教育出版社, 2025. 6. -- ISBN 978-7-5309-9692-8

Ⅰ. D669.6

中国国家版本馆CIP数据核字第2025FB0603号

社会养老服务体系的创新与反思：供给侧结构性改革视角下的天津实践

SHEHUI YANGLAO FUWU TIXI DE CHUANGXIN YU FANSI: GONGJI CE JIEGOUXING GAIGE SHIJIAO XIA DE TIANJIN SHIJIAN

出版人	黄　沛
作　者	袁小波
策划编辑	安　洁
责任编辑	丁凡戎
装帧设计	高馨月
出版发行	天津出版传媒集团 天津教育出版社 天津市和平区西康路35号　邮政编码　300051 http://www.tjeph.com.cn
经　销	新华书店
印　刷	天津中图印刷科技有限公司
版　次	2025年6月第1版
印　次	2025年6月第1次印刷
规　格	16开(787毫米×1092毫米)
字　数	240千字
印　张	18.25
插　页	3
定　价	88.00元

前　言

从1999年60岁及以上老年人口比重突破10%以来，我国已经在老龄化道路上奔跑了二十余年，继“人口大国”称号后，“老年人口大国”成为我国的又一人口标签。随着近年来生育率的持续下降，2023年，我国迎来首次人口负增长。但伴随第二次生育高峰出生的人口进入老年期，在总人口数量下行趋势下，老年人口将继续保持增长态势，老年人口比重将在2050年前后达到峰值，并在整个21世纪后半叶始终维持在40%～60%的高位。

笔者所在的天津市老龄化发展速度和程度略高于全国平均水平。第七次人口普查数据显示，天津市老龄化比重位列全国第八位，是整个北方地区除东北三省外人口老龄化程度最高的省级行政区，已提前跨入中度老龄社会。作为进入老龄化较早、发展速度较快、程度较高的地区，天津市人口老龄化的快速发展与家庭小型化和空巢化相重叠，与经济转型和社会转轨的变化相交织，在家庭养老功能弱化的同时，社会养老需求出现急剧增长。从2000年起，天津市开始探索社会养老服务的发展道路，从“973”养老服务格局到具有天津特色的“三边”“四不离”养老服务体系，天津市在养老机构的建设、居家社区养老服务内容和形式的探索、社会养老服务模式的整合等方面不断贡献天津智慧，并致力于打造“津（金）牌养老”服务品牌。

近10年来，笔者多次带领学生去社区和养老院开展社会实践和服务，既感慨于天津市社会养老服务设施的建设速度和服务模式的创新力度，也看到了许多发展中的问题，如许多社区活动场所硬件不足，活动单一，人群固定；一些老年食堂和日间照料中心只挂牌不营业；认知症老人难以找到适合自己的养老模式；家庭照料者群体面临的压力和困境难以纾解；一些养老院管理刻板化和服务非人性化问题依旧存在；养老服务信息渠道鱼龙混杂、真假难辨……如何改善养老服务供给结构和提高供给质量，构建符合天津市人口老龄化及社会经济发展现状的社会养老服务体系，这一问题值得深入探讨。

本书立足天津实践，一方面，通过开展问卷调查了解天津市老年人及其家庭在养老服务方面的需求；另一方面，梳理天津市社会养老相关政策和服务发展脉络，从供需对接角度探讨当前社会养老服务存在的问题，并通过学习和借鉴北京、上海、成都等地区在社会养老服务体系建设中的经验，最终从建设理念、服务主体、服务模式、服务内容和方式、人才队伍建设和监管评估机制等方面提出天津市社会养老服务体系改革建议。

本书系教育部人文社会科学研究青年项目成果，感谢该基金对本项目的经费支持。天津教育出版社对本书的出版给予了大力支持和帮助，在此深表谢意。在本书创作过程中，笔者所在的天津师范大学应用社会学系的多位硕士研究生和本科生参与了资料收集与整理、问卷调查和数据分析等工作，在此感谢学生们的贡献。由于笔者的理论水平和实践经验有限，本书难免存在疏漏之处，恳请各位读者提出宝贵意见。

天津师范大学政治与行政学院应用社会学系

袁小波

2024年8月

目　录

第一章 绪 论

一、养老——长寿时代的挑战

中国目前是世界上人口老龄化发展速度最快的国家，从1999年进入人口老龄化社会以来，二十多年间老龄化程度几乎翻了一番。国家统计局数据显示，截至2023年底，我国60岁及以上人口已接近2.97亿，占全国总人口的21.1%，其中65岁及以上人口突破2.1亿，占全国总人口的15.4%。目前，我国已正式进入中度老龄社会，从老龄化社会到中度老龄社会，我国仅用了22年的时间就走完了发达国家需要几十年乃至上百年才走完的路。

未来，我国仍将在人口老龄化的道路上跑步前进，老年人口规模的增长将成为21世纪前半叶的主旋律。据预测，我国60岁及以上老年人口将在2032年超过4亿、2048年超过5亿，并于2052年达到峰值5.24亿，之后将缓慢下降至21世纪末的3.88亿。[①] 可以发现，老年人口规模在21世纪上半叶呈现先急速增长后增速放缓的态势，尤其在2020—2035年间，由于20世纪六七十年代生育高峰期出生的人群陆续进入老年期，这一时期老年人口将出现大幅增长。[②]

尽管老年人口数量在2050年前后到达峰值后将逐渐下降，但总人口的快速缩减趋势将导致老年人口比重始终保持增长和稳定态势，60岁及以上老年人口比重在2035年达到31%～32%之后，将进一步攀升至2050

---

① 参见陈卫:《中国人口负增长与老龄化趋势预测》,《社会科学辑刊》,2022年第5期。

② 参见杜鹏、李龙:《新时代中国人口老龄化长期趋势预测》,《中国人民大学学报》,2021年第1期。

年的38%～42%，直到2100年，这一比重将依然保持在40%～60%之间的高位，65岁及以上老年人口占比同样经历三个台阶且呈不断攀升的趋势（参见图1-1）。[①]

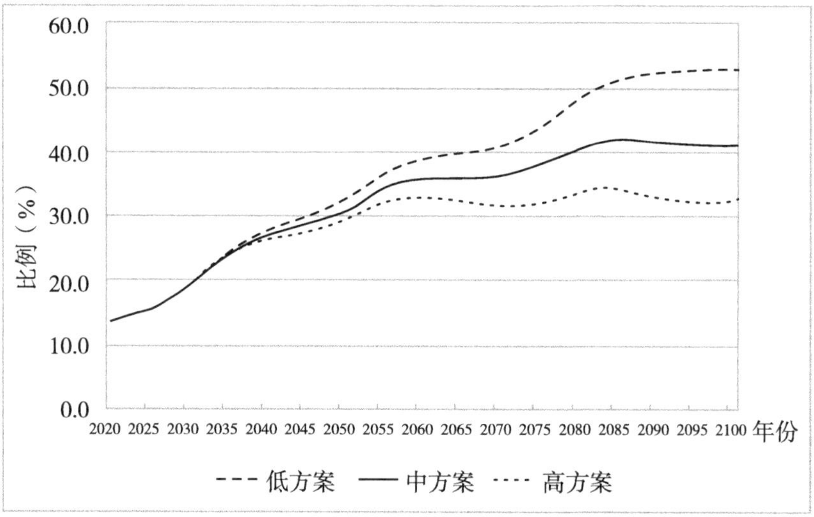

图1-1 65岁及以上老年人口占总人口比例变动趋势

注：低方案中一孩生育率、二孩生育率、三孩及以上生育率、总和生育率分别为0.55、0.35、0.15、1.05；中方案中分别为0.70、0.50、0.25、1.45；高方案中分别为0.85、0.65、0.35、1.85。

与快速人口老龄化相伴的是老年抚养比（每100名16～64岁劳动年龄人口所要抚养的65岁及以上人口数量）的上升，即由2020年的21%上升到2035年的36.3%，并在2050年进一步上升至53.5%，最终于2084年达到峰值87.5%。[②] 老年抚养比的快速攀升意味着劳动生产率降低、养老负担增大，无疑将对中国的社会和经济发展带来极大的挑战。但有研究发现，

① 参见陈卫：《中国人口负增长与老龄化趋势预测》，《社会科学辑刊》，2022年第5期。

② 参见陈卫：《中国人口负增长与老龄化趋势预测》，《社会科学辑刊》，2022年第5期。

通过人口年龄结构测算的抚养比不等同于实际抚养负担，因为受教育程度的不断提升导致的人力资本的提高将相应增强劳动生产率和抚养能力，因而传统抚养比相对夸大了老龄化带来的劳动人口抚养负担，基于劳动生产率调整后计算出的抚养比将明显低于传统抚养比。①

在中国人口老龄化快速发展的同时，高龄化的程度也在持续加剧，截至2020年底，我国80岁及以上高龄人口已超过3 580万人，占老年人口比重的13.56%。随着20世纪50年代出生的一代人在2029年及以后相继步入高龄期，高龄老年人口将在2035年大幅攀升至约6 100万人，并在2048年突破1亿大关。② 随着年龄的增长，老年人的身心健康和生理功能都在衰退，由此带来的长期照护需求也将呈现显著增长趋势。《中国医疗卫生发展报告 NO.3》指出，每增加5岁，老年人的生活自理功能下降风险将增加1.12倍，每增加10岁，老年人慢性病患病率将增加50%以上。虽然我国居民人均预期寿命已达到78.6岁，但活得长不等于活得健康，患病情况和自理能力对老年人的生活质量有着重要影响。根据国家卫健委调查数据显示，我国目前有1.9亿老年人患有慢性病，另有4 000多万失能、半失能老人。第七次人口普查数据则显示，截至2020年，我国60岁及以上人口中不健康且生活不能自理人口占比为2.34%，据此推算我国完全失能老年人口在625.7万人以上。③ 据预测，到2050年，我国中度和重度失能老人总数将达到8 300万人以上，约为2020年的2.96倍。④

庞大的高龄和失能人口不仅带来医疗需求和养老服务需求的快速增长，也对家庭养老模式的延续、社会养老服务体系的完善，以及健全社会

① 参见 Marois G. et al., China's Low Fertility May not Hinder Future Prosperity, *Proceedings of the National Academy of Sciences*, 2021, No.40.

② 参见杜鹏、李龙：《新时代中国人口老龄化长期趋势预测》，《中国人民大学学报》，2021年第1期。

③ 参见杜鹏等：《中国老年照护服务：概念框架与发展路径》，《老龄科学研究》，2022年第9期。

④ 参见张园、王伟：《失能老年人口规模及其照护时间需求预测》，《人口研究》，2021年第6期。

保障体系和发展长期护理保险制度等提出新的挑战。

在崇尚孝道文化的中国社会，家庭养老一直以来是绝大多数中国人的主要养老模式，子代对父代的反哺成为家庭代际关系中的重要主题。根据2020年中国老年社会追踪调查（CLASS）数据计算，有63.4%的被调查老人都希望在自己家中养老，另有约15%的老年人打算到子女家养老，当问到“您认为老年人的照料应该主要由谁承担”时，近三分之一的老年人都将子女视为提供照料的主要人选。就实际家庭养老支持情况来看，家庭成员也始终在老年人需要照料时提供了重要的支持。根据2005年北京大学高龄老人健康长寿追踪调查数据计算，有76.7%的不能自理的高龄老人都主要依靠成年子女和配偶提供日常照料和帮助。2020年CLASS数据显示，89%的有日常起居照料需求的老年人都以家庭成员作为首要照料者，依次为配偶（35.5%）、儿子（27.6%）、儿媳（16.9%）、女儿（9.0%）和其他亲属（1.0%）。由此可见，家庭为老年人提供了重要的精神和物质支持，家庭成员在满足老年人养老需求中的作用始终难以替代。

然而，伴随着人口老龄化、家庭空巢化等趋势，家庭照料资源正在不断缩减，家庭养老功能在持续弱化。相关调查显示，目前中国老年人口中空巢老年人占比已超过半数，尤其在部分大城市和农村地区，空巢老年人比例甚至超过老年人口的70%，数量庞大的空巢老年人面临着家庭养老资源缺失和生活安全风险的双重困境。① 2014年中国老年社会追踪调查也发现，居住在空巢家庭中的老年人已达47.53%，在调查时，近1/3的子女已离开家半年以上，其中约40%的子女在省外居住。② 代际居住分离极大地降低了家庭照料资源的可得性，同时也给家庭成员照料老人带来了极大的困难，各种各样的现实问题使得家庭养老在当前社会遇到了前所未有的挑战。

---

① 参见中国新闻网:《空巢老人占老年人口过半 中国部署开展特殊困难老年人探访关爱服务》,https://www.chinanews.com.cn/gn/2022/10-26/9880449.shtml,2022年10月26日。

② 参见杜鹏等:《中国老年人的养老需求及家庭和社会养老资源现状——基于2014年中国老年社会追踪调查的分析》,《人口研究》,2016年第6期。

二、创新——社会养老服务的供给侧结构性改革方向

面对不断增加的养老需求和传统家庭养老模式的现实困境，尤其针对失能和半失能老人的护理问题，具备专业化和集约化优势的社会养老服务日益成为家庭养老的重要补充。作为我国未来养老的主要趋势，社会养老服务也成为政府和全社会普遍关注的重大民生工程。

从2000年《中共中央 国务院关于加强老龄工作的决定》提出“加强社区建设，依托社区发展老年服务业”，到2006年十部委联合发布的《关于加快发展养老服务业的意见》提出建立居家养老、社区服务、机构养老三位一体的养老服务体系，再到2011年国务院出台的《社会养老服务体系建设规划（2011—2015年）》首次提出社会养老服务体系的概念及建设构架，直至2023年中共中央、国务院发布《关于推进基本养老服务体系建设的意见》的20多年间，在中央和地方政府的政策支持下，居家社区机构相协调、医养康养相结合的养老服务体系得以建立健全，从养老服务政策的优化、医养结合的推进，到智慧养老模式的探索等方面都获得了较大突破。然而，当前我国社会养老服务总体供给不足，且整体结构失衡现象较为明显。

《“十四五”国家老龄事业发展和养老服务体系规划》中指出，截至2022年底，我国各类养老服务机构和设施已达到32.9万个，各类养老床位达821万个，具备医疗卫生机构资质并进行养老机构备案的医养结合机构在2020年达到5 857家，床位数为158万个。尽管养老机构数量和结构相较“十三五”时期已有了大幅度提升，但总体来看，当前各类养老机构和社区养老服务机构的床位数量仅为我国失能、半失能老年人口总数的四分之一，且养老机构的实际入住率始终保持在50%左右；[①] 居家养老服务的需求和实际使用之间也存在较大差距，2010年中国城乡老年人口生活状况追踪调查显示，尽管上门看病、陪同看病、上门护理、康复治疗、聊天解闷、

① 参见中华人民共和国中央人民政府网站：《我国各类养老机构已收住老年人超210万人》，https://www.gov.cn/xinwen/2020-07/30/content_5531098.htm，2020年7月30日。

服务热线、法律援助和日常购物等居家养老服务的供给普遍大于需求，但老年人对服务的利用率却远远低于需求，除12.86%的上门看病需求被满足以外，其他有需求的服务利用率均不足7%；[①] 此外，养老机构在具备医养结合能力方面也有待进一步提升，能够满足老年人个性化需求的高质量养老服务尤为有限。

党的十九大报告指出，我国社会的主要矛盾已经转化为人民日益增长的美好生活需要和不平衡不充分的发展之间的矛盾。由于当前社会养老服务在供给数量上的不足和结构上的供需错位使其无法充分满足广大老年群体的多元化养老需求，因而着力解决养老服务供给中的不平衡不充分问题成为养老政策改革的重要方向。因此，在当前我国还处于工业社会初级阶段，医疗和养老等民生领域供给相对短缺的情况下，如何有效把握社会养老需求的多样性，建立结构均衡的社会养老服务供给机制，实现供需双方的高效对接及资源合理配置，成为构建中国特色社会养老服务体系的核心。

供给侧结构性改革作为“十三五”时期引领国家经济发展新常态的创新理念，其强调通过调整供给结构以应对需求变化的灵活性，通过完善价格形成机制来降低供给成本，通过调节政府和市场关系来激发社会资本创新活力，从而更好地满足广大人民群众的需要，促进经济社会持续健康发展。通过调整供给来顺应需求的这一改革理念恰好与我国社会养老服务领域存在的结构性问题相契合。党的二十大报告也指出，要在各个领域实施供给侧结构性改革，尤其在民生福祉方面增强基本公共服务体系的均衡性和可及性。因此，将供给侧结构性改革视角融入社会养老服务供给制度建设，以结构优化、资源重整和效率提升为切入点，将为社会养老服务体系建设和制度创新提供科学依据。

由于当前我国养老服务领域尚不存在产能过剩和高杠杆问题，因此作为供给侧结构性改革主要抓手的“去产能、去库存、去杠杆、降成本、补

① 参见王琼：《城市社区居家养老服务需求及其影响因素——基于全国性的城市老年人口调查数据》，《人口研究》，2016年第1期。

短板”等五大重点任务可根据养老服务供给现状，将改革重点聚焦于促整合、补短板、争创新等方面。其中，促整合即加强居家养老和机构养老服务的整合以及调节政府、市场和社会等供给主体和渠道间的合作关系；补短板即补优质服务、医养服务和农村养老服务的短板；争创新即在智能技术、互联网发展和大数据时代背景下，加强智能养老服务平台和渠道建设以及养老需求评估，使“互联网+”思维更好地服务于养老事业。

社会养老服务的供给侧结构性改革作为一项系统工程，各项任务之间需要相互配合，同时要贯穿于养老服务政策理念的创新、供给主体的优化、供给渠道的完善、养老服务内容的提升等方面，在资源有限的前提下通过改革实现养老服务供需的有效对接。

三、聚焦——中度老龄社会现实下的天津写照

第五次人口普查数据显示，2000年，天津市60岁及以上人口为123.56万，占总人口比重已达到12.73%，明显超过老龄化社会10%的界定标准，这意味着天津市人口老龄化进程始于2000年之前，略早于全国进入老龄化的平均时点。2010年，第六次人口普查数据显示，天津市60岁及以上老年人口达到168.5万人，占总人口的13.02%。从五普到六普的10年间，天津市老年人口年均增加4.5万人，人口老龄化程度处于缓慢发展时期。而从2010年到2020年的10年则是天津市人口老龄化的快速发展期，老年人口数量年均增长率高达6%，老龄化比重在10年间提高约3.8个百分点。

第七次人口普查数据显示，2020年天津市60周岁及以上老年人口数量已达到300万，65周岁及以上老年人口数量近205万，分别占总人口的21.7%和14.8%，老龄化比重超过全国平均水平，位列全国第八位，是整个北方地区除东北三省外人口老龄化程度最高的省份，已提前跨入中度老龄社会。据预测，到2025年，天津市60周岁及以上老年人口将增长至

367万，占总人口的比重进一步提升至24.66%。[①] 天津市人口老龄化程度将持续加深。

在整体老龄化程度较高的背景下，天津市各区县之间存在老龄化程度发展的不均衡性，老龄化程度最高的河北区老龄化率（占比30.98%）超出津南区（占比15.9%）近一倍。市内六区除和平区以外，60岁及以上人口比重均为30%左右，环城四区、远郊五区和滨海新区也基本处于20%左右的水平。65岁及以上人口占比超过14%的区有9个，另有河北、红桥两区的65岁及以上人口比重已接近21%，即重度老龄社会的临界点。第六次和第七次全国人口普查数据显示，从2010年到2020年的10年间，市内六区除和平区之外，人口都呈现明显负增长趋势，而随着天津市人口出生率的不断下降和外来人口流入的放缓，天津市尤其是市内六区的老龄化程度将进一步加深。

表1–1　2020年天津市分地区人口年龄构成（%）

地区	占总人口比重			
	0～14岁	15～59岁	60岁及以上	
				其中：65岁及以上
天津市	13.47	64.87	21.66	14.75
和平区	14.56	63.33	22.11	15.72
河东区	11.53	59.63	28.84	19.46
河西区	12.21	59.79	28.00	19.48
南开区	11.96	59.97	28.07	19.69
河北区	10.94	58.08	30.98	20.65
红桥区	10.54	58.73	30.73	20.47
东丽区	13.02	58.67	18.31	11.74

① 参见天津市民政局：《天津市“十四五”养老服务体系发展规划和二〇三五年远景目标纲要》，2022年10月14日。

续表

地区	占总人口比重			
	0～14岁	15～59岁	60岁及以上	
				其中：65岁及以上
西青区	12.02	71.51	16.47	10.79
津南区	13.49	70.61	15.90	10.28
北辰区	12.24	67.23	20.53	13.39
武清区	14.87	65.27	19.86	13.96
宝坻区	14.80	63.24	21.96	15.83
滨海新区	14.26	68.59	17.15	11.63
宁河区	15.76	61.66	22.58	15.37
静海区	16.31	65.03	18.66	13.30
蓟州区	16.75	60.47	22.78	15.96

注：根据天津市2020年第七次全国人口普查主要数据公报（第二号）整理。

作为进入老龄化较早、发展速度较快、程度较高的地区，天津市人口老龄化的快速发展与家庭结构日益小型化、空巢化现象相互叠加，在传统家庭养老功能逐步弱化的同时，社会养老需求出现急剧增长，养老责任已从完全由家庭承担转向由政府、社会和家庭共同分担。从2000年起，天津市开始对城市社会养老服务进行探索，在养老机构的建设、居家养老服务内容和形式的探索、社会养老方式的整合等方面都取得了一定的成果。

2008年，天津市制定出台《关于加快我市养老服务业发展的意见》，提出“逐步建立和完善以居家养老为基础、社区服务为依托、机构养老为补充，投资主体多元化、服务内容多样化、监督管理规范化、适宜老年人需求的养老服务体系”，并从目标原则、基本服务模式、政策支持措施等方面为天津市发展社会养老服务事业奠定了初步的发展框架。2011年，《天津市老龄事业发展“十二五”规划》进一步提出要“探索建立政府主导、政策扶持、社会参与、市场运作的社会养老服务体系”，并明确了社会养老服务体系以居家养老服务和机构养老服务为主的体系框架。2014年底，我国第一部促进养老服务发展的地方性法规《天津市养老服务促进条例》发布，这一条例作为天津市社会养老服务体系的基本规划，明确了社会养老服务模式涵盖社区养老服务和机构养老服务的基本构架，并对总体目标、政府职能及分工、建设规划、具体服务模式和内容、人员培训与管理、优惠政策等方面作出了较为明确的界定。

近年来，在国家大力倡导医养结合新模式的背景下，天津市于2016年出台了《关于推进我市医疗卫生与养老服务相结合的实施意见（试行）》，提出在2020年初步建成具有天津特色的医养结合养老模式，在居家养老、社区养老和机构养老三个层面基本实现家庭医生为有需求的老年人提供基本医疗服务，城乡社区医养结合网络服务功能全面覆盖，养老机构和医疗卫生服务机构服务优势的有效对接。2022年，《天津市“十四五”养老服务体系发展规划和二〇三五年远景目标纲要》的发布意味着开启了天津市养老服务改革发展和养老服务体系建设的重要战略窗口期。同年，天津市政府出台《天津市进一步推进老龄事业发展和养老服务体系建设具体措施的通知》，为全面推进天津市新时代老龄工作和养老服务体系建设高质量发展做出了具体部署，特别是从完善基本养老服务清单制度、加强城乡特困人员养老服务、加强社区养老服务设施建设和拓展社区养老服务延伸功能、优化城乡养老机构床位等方面，为扩大养老服务有效供给提出了指导性意见。

经过20年来的发展，在坚持社区为依托、机构为补充、医养相结合的养老服务体系基本框架下，天津市已形成具有地方特色的“973”养老服务格局[①]。目前，天津市在街道和社区层面已建成各类照料中心1 374个，床位数共计1.37万个，1 887家老人家食堂已建成并投入使用，“一刻钟”居

① “973”养老服务格局：97%的老年人依托社区服务居家养老，3%的老年人入住养老机构养老。

家养老服务圈正在不断完善；全市目前共有养老机构377家，提供住宿的社会服务机构共有床位5.89万个，[①]已初步形成公办和民办养老机构优势互补、有序发展的新格局；在老年健康服务体系建设方面，家庭医生签约制度得到有效落实，已实现家庭医生签约服务160万老年人，老年人健康管理率达到70%，另有71家养老机构内设医疗机构，养老机构与医疗机构签约率达到100%，医养结合正在稳步推进。[②]

然而，随着天津市人口老龄化和高龄化的进一步加剧，老年人的养老服务需求在数量和结构上都将发生明显转变。在老龄化、高龄化、空巢化、失能化、家庭小型化“五化叠加”的背景下，天津市社会养老服务体系尚存在发展不平衡不充分的问题，尤其体现在居家社区养老服务发展不均衡、医养康养服务供给不足、农村养老服务相对薄弱、养老服务人才存在较大缺口等方面，社会养老服务体系建设尤其是养老服务供给制度的改革创新成为影响天津市社会经济和民生发展的重大社会问题。已步入中度老龄社会的天津市在养老服务供给制度上的探索和改革经验也将为其他省市提供有益的借鉴。

---

① 参见天津市统计局:《2023年天津市国民经济和社会发展统计公报》，2024年3月18日。

② 参见天津市民政局:《天津市“十四五”养老服务体系发展规划和二〇三五年远景目标纲要》,2022年10月14日。

第二章 多维视角与理论脉络：社会养老服务供给研究述评

随着我国人口老龄化程度不断加深和人民生活水平逐步提高，老年人口的养老服务需求开始向多层次、多样化方向发展，这对扩大养老服务有效供给提出了更高要求。2016年底，国务院办公厅印发《关于全面放开养老服务市场提升养老服务质量的若干意见》，要求"加快推进养老服务业供给侧结构性改革，保障基本需求，繁荣养老市场"，并明确提出"到2020年，养老服务市场全面放开，养老服务和产品有效供给能力大幅提升，供给结构更加合理"的政策目标。2019年中共中央、国务院发布的《国家积极应对人口老龄化中长期规划》进一步指出要"健全以居家为基础、社区为依托、机构充分发展、医养有机结合的多层次养老服务体系，多渠道、多领域扩大适老产品和服务供给，提升产品和服务质量"。

在国家提出全面放开养老服务市场、提升养老服务有效供给的政策背景下，如何提高养老服务产品供给的适应性和灵活性，以应对老年人口养老需求结构不断升级的要求，如何在充分发挥市场机制作用基础上降低服务成本，最终实现养老资源配置最优化成为近年来学术界的重要研究方向。

一、社会养老服务发展模式研究

（一）居家社区养老模式相关研究

居家社区养老服务作为当前我国社会养老服务的主要模式，以"老年人居住在家+依托社区获得养老服务”为表现形式，[①] 其具体服务供给模式主要包括政府主办，层级联动；政府主导，非营利性组织参与服务提供；政府购买服务，市场化运作等三类。[②] 总体来看，我国居家社区养老服务发展质量不高。[③] 有学者指出，居家社区养老服务发展存在社会养老认知偏差导致的养老需要识别模糊、社会资本缺失导致的老年人“自主需要”满足受限，以及养老多元主体界限不清导致的老年群体“健康需要”满足度低等方面的问题。[④] 同时，供需错位、医养结合养老服务发展不足、政策扶持滞后以及社会参与社区居家养老服务不足也是居家社区养老服务发展受限的重要因素。[⑤] 此外，也有学者指出，我国居家社区养老服务在运行管理和人员配备方面存在明显问题，具体体现为资金来源单一且不稳定、服务人员短缺且业务水平低、宣传力度不足导致民众知晓率低、运行机制不健全和考核机制不完善。[⑥]

在居家社区养老服务质量的影响因素方面，有研究发现政策支持度、养老服务管理水平、养老服务补贴范围、养老服务信息化技术支持度、养老服务工作人员专业水平以及老年人养老金水平等因素，对居家社区养老服务质量有着显著影响。[⑦] 此外，老年人对相关养老政策的了解程度及政策

① 参见胡湛:《家庭建设背景下中国式居家社区养老模式展望》,《河海大学学报》(哲学社会科学版),2022年第6期。

② 参见张旭升:《政府购买居家养老服务参与主体的行动逻辑研究》,中国社会科学出版社,2016年,第8页。

③ 参见温海红、王怡欢:《居家社区养老服务质量及其影响因素分析——基于陕西省三市调查数据》,《河北大学学报》(哲学社会科学版),2019年第2期。

④ 参见赵浩华:《需要理论视角下社区居家养老困境及治理对策》,《学习与探索》,2021年第8期。

⑤ 参见崔树义等:《供需视角下社区居家养老服务提质增效研究——基于山东省1 200名老年人的调查》,《山东社会科学》,2020年第9期。

⑥ 参见刘茹等:《“银发热潮”下社区居家养老服务现状及完善策略》,《中国老年学杂志》,2020年第7期。

⑦ 参见温海红、王怡欢:《居家社区养老服务质量及其影响因素分析——基于陕西省三市调查数据》,《河北大学学报》(哲学社会科学版),2019年第2期。

落实度、养老保险待遇、服务供给水平以及子女对老人关心程度等因素也直接影响居家社区养老服务的可及性。[①]

近年来，智慧养老作为居家社区养老服务发展的重要驱动力，通过智能科技的深度应用，实现了对老年人养老服务需求的动态监测与分析。这种模式显著提升了养老服务的精准供给水平，成为供给侧结构性改革背景下推进养老服务业转型升级的重要路径。[②] 2015年国务院印发的《关于积极推进"互联网+"行动的指导意见》明确提出"促进智慧健康养老产业发展"，智慧养老模式已成为解决养老问题的发展趋势。"互联网+"居家社区养老服务的内容包括O2O生活照料服务、"互联网+"健康医疗服务、智慧文化服务和智能安全保障服务。[③] 我国各省市积极响应号召并实行试点，如北京市北新桥街道的"智慧养老"基地、天津市南开区社区老年日间照料服务中心、合肥市庐阳区"夕阳通"智能居家养老服务中心、[④] 上海市长宁区智慧养老大数据管理中心、杭州市西湖区北山街道"养安享养老中心"等。[⑤] 然而，当前我国智慧养老服务还处于起步阶段，在实践中存在许多问题，如信息化智能化程度偏低、产业缺乏统一标准、忽视精神层面的要求、老年人信息管理不规范、[⑥] 技术可能引发新的人际伦理悖论与法律困

---

① 参见马朵朵：《社区居家养老服务可及性及其影响因素——基于两省五市调研数据的实证分析》，《社会保障研究》，2023年第2期。

② 参见曹立前、尹吉东：《供给侧改革下养老服务业发展研究》，《河北大学学报》（哲学社会科学版），2018年第1期。

③ 参见温海红、王怡欢：《基于个体差异的"互联网+"居家社区养老服务需求分析》，《社会保障研究》，2019年第2期。

④ 参见张雷、韩永乐：《当前我国智慧养老的主要模式、存在问题与对策》，《社会保障研究》，2017年第2期。

⑤ 参见刘奕、李晓娜：《数字时代我国社区智慧养老模式比较与优化路径研究》，《电子政务》，2022年第5期。

⑥ 参见张雷、韩永乐：《当前我国智慧养老的主要模式、存在问题与对策》，《社会保障研究》，2017年第2期。

境等。[①] 针对政府主导公办型、市场主导民营型以及社会主导互助型的社区智慧养老模式，有学者认为这三种类型分别存在服务方式固化、内容较为单一，客户群固定、服务面单一、福利性服务不足，项目单一、人员专业性不足的问题。[②]

针对目前我国居家社区养老模式存在的困境，学者们给出了相应的对策建议，包括：以家庭建设为契机完善居家社区养老服务体系；[③] 根据不同老年群体的年龄特征和实际需求，提供差异化的居家养老服务，并加强标准化服务模式的宣传推广和试点应用；[④] 通过政企合作方式在公共部门与社会企业之间建立合作关系，引导社会企业进入社区居家养老服务业；[⑤] 在智慧养老方面，有学者提出多主体协同参与、全要素集成融合、全时空协调发展、全过程监督管理的发展路径。[⑥]

（二）机构养老模式相关研究

机构养老是出现最早的社会养老服务模式，从新中国成立之初，我国建立公办养老机构收住城市三五老人和农村五保户老人至今，机构养老始终是家庭养老和居家社区养老的重要补充。有学者根据养老机构的出资与承办主体的性质不同，将机构养老划分为四种模式：公有公办模式、公有民办模式、民办公助模式以及民有民办模式，不同的模式适用于不同的消

---

① 参见朱海龙：《智慧养老：中国老年照护模式的革新与思考》，《湖南师范大学社会科学学报》，2016年第3期。

② 参见刘奕、李晓娜：《数字时代我国社区智慧养老模式比较与优化路径研究》，《电子政务》，2022年第5期。

③ 参见胡湛：《家庭建设背景下中国式居家社区养老模式展望》，《河海大学学报》（哲学社会科学版），2022年第6期。

④ 参见俞贺楠等：《我国社区居家养老模式的出路研究》，《河南社会科学》，2011年第1期。

⑤ 参见邱一鸣、杨宏山：《社会企业视角下的社区养老服务运营模式——基于北京市社区居家养老服务的案例考察》，《北京社会科学》，2023年第9期。

⑥ 参见梁昌勇等：《全域养老：新时代智慧养老发展新模式》，《北京理工大学学报》（社会科学版），2022年第6期。

费群体。[①] 尽管越来越多的老年人选择机构养老，但当前养老机构的服务质量仍存在明显不足，具体表现为：养老机构在数量上供不应求且区域分布失衡，“医养结合”机制尚未健全，服务定位模糊不清，专业护理人员严重短缺以及社会力量参与度较低等问题，这些因素共同制约着机构养老服务的健康发展。[②]

针对机构养老服务模式存在的结构性矛盾，尤其是公办与民办养老机构的发展失衡问题，国家近年陆续出台政策措施，通过“公建民营、民办公助、财政补贴、服务采购”等创新机制，积极引导社会力量参与养老服务供给。但现实中，两类机构在政策支持力度上存在显著差异，导致民办机构面临严重的生存发展困境，数据显示，民营养老机构占比仅为行业总量的20%，这种结构性失衡凸显了政策落地过程中的深层矛盾。[③] 有学者提出，在养老机构建设和运营中引入政府与社会资本合作（PPP）模式，能够有效缓解当前面临的三大核心问题：资金短缺、供给不足和运营低效。该模式通过构建政府、市场和社会组织的协同机制，实现资源整合与优势互补：一方面明确划分各主体在投资建设、日常运营和行业监管中的职能定位；另一方面通过建立科学的激励约束机制，持续优化养老机构的战略规划和运营管理体系，从而提升整体服务效能。[④] 此外，针对养老机构运营和管理背后的理念问题，有学者强调加强对孝文化的现代性阐释，在孝文化观念与机构养老之间建立联系，以新的孝文化观作为加快发展机构养老事

① 参见黎民、胡斯平：《中国城镇机构养老及其模式选择——以广州为实例的研究》，《南京社会科学》，2009年第1期。

② 参见刁鹏飞等：《机构养老的现状、问题及对策——以上海市为例》，《城市发展研究》，2019年第8期。

③ 参见李璐：《养老服务机构的道路选择——公办、民办养老服务机构生存状况对比分析》，《中国机构改革与管理》，2014年增刊。

④ 参见张韬：《PPP模式下优化养老机构建设与运营的策略研究》，《兰州学刊》，2018年第3期。

业的理念支撑。[①]

近年来，国家大力推行的“医养结合”新型养老模式突破了传统医疗和养老相分离的状态，通过整合生活照护、精神慰藉等传统养老服务与专业医疗、健康管理等医疗服务，系统性地满足了老年人“医疗—养护—康复”的多元需求。[②]然而实践层面仍面临多重挑战，如管理体制存在职能交叉、机构服务定位模糊制约可持续发展、服务标准不统一、医疗与养老资源整合不畅、专业人才供给不足，以及因监管缺位导致的医保滥用风险等问题，这些因素共同影响着该模式的推广成效。[③④]针对以上问题，有学者提出通过加强人才队伍建设、拓宽医保政策、开发护理保险，[⑤]同时推动公建民营机构规范发展、引导机构养老服务辐射到社区，从而实现“医养结合”有序高效发展。[⑥]

（三）互助养老模式相关研究

互助养老本质上是一种基于交换和互惠的方式来满足老年人基本养老需求的养老模式，[⑦]其目标定位于老年群体养老需求的自主供给与协同满足，核心在于资源互换与互利共赢机制。西方发达国家比较典型的互助养

① 参见屈群苹、许佃兵：《论现代孝文化视域下机构养老的构建》，《南京社会科学》，2016年第2期。

② 参见区慧琼：《社会主义经济体制下的“医养结合”机构模式研究》，《财经问题研究》，2015年增刊。

③ 参见孟颖颖：《我国“医养结合”养老模式发展的难点及解决策略》，《经济纵横》，2016年第7期。

④ 参见陈俊峰、王硕：《城市“医养结合”型养老存在的问题及其解决途径——以合肥市为例》，《城市问题》，2016年第6期。

⑤ 参见訾靖、杜雪平：《医养结合视角下对基层社区卫生服务机构举办养老机构模式的探索与研究——基于北京市西城区月坛社区卫生服务中心举办银龄老年公寓的案例分析》，《中国全科医学》，2023年第19期。

⑥ 参见崔树义、田杨：《养老机构发展“瓶颈”及其破解——基于山东省45家养老机构的调查》，《中国人口科学》，2017年第2期。

⑦ 参见吴香雪、杨宜勇：《社区互助养老：功能定位、模式分类与机制推进》，《青海社会科学》，2016年第6期。

老模式包括德国的“多代居”、美国的“村庄”模式、时间银行等。[①]基于近年来的探索和本土实践，当前我国互助养老已发展出包括集体经济基础上的互助养老模式、居家养老互助式、集中居住式、邻里互助式、家族邻里互助养老模式、时间银行及组建家庭互助式等在内的多种类型模式。[②]其中，“时间银行”及农村互助养老即在集体经济基础上的互助养老模式成为当前学术界的研究焦点。

“时间银行”作为一种互助养老创新模式，其运作机制是通过组织社区健康中老年群体注册为服务志愿者，与社区内需照护的空巢或失能老人建立帮扶关系，志愿者通过提供居家养老服务积累“时间货币”，未来可兑换等值养老服务。[③]虽然该模式在一些发达国家和地区已较为成熟，但在我国仍面临发展滞缓的困境，主要表现为：制度保障缺位导致运行合法性存疑、政策引导不足制约规范化发展、社会信任基础薄弱影响可持续性等。[④]具体而言，当前发展瓶颈集中体现在五个维度：一是互助文化培育与政策支持双重不足；二是服务时间计量标准缺失；三是“时间货币”信用体系尚未建立；四是市场化运作机制不健全；五是专业服务队伍与跨区域流通体系发展滞后。这些结构性问题的存在，使得我国“时间银行”的发展依然处于探索和发展的初级阶段。[⑤⑥]

面对农村地区家庭养老功能弱化、居家养老服务设施不足和机构养老

① 参见金华宝：《发达国家互助养老的典型模式与经验借鉴》，《山东社会科学》，2019年第2期。

② 参见吴香雪、杨宜勇：《社区互助养老：功能定位、模式分类与机制推进》，《青海社会科学》，2016年第6期。

③ 参见李沛菡等：《对“时间银行”互助型养老模式的再思考》，《新金融》，2022年第5期。

④ 参见陈功等：《共建共治共享的社会治理格局创新——时间银行的可行路径分析》，《人口与发展》，2021年第1期。

⑤ 参见李沛菡等：《对“时间银行”互助型养老模式的再思考》，《新金融》，2022年第5期。

⑥ 参见陈功、王笑寒：《我国“时间银行”互助养老模式运行中的问题及对策研究》，《理论学刊》，2020年第6期。

成本高昂的问题，互助养老被认为是推动农村养老服务发展的有效路径。学界对农村互助养老的定位存在三种典型观点：其一视其为家庭养老功能式微与社会化服务缺位背景下的补充性安排；[①] 其二将其界定为介于家庭养老和社会养老之间的新型模式；[②] 其三则主张其本质上是社会化养老在乡村场域的具体实践形式，或作为社会化养老的一种过渡模式。[③④]

这三种视角共同揭示了互助养老的复合属性——既承袭了传统乡土社会的互助伦理，又体现了现代养老服务的组织化特征，在维系家庭养老情感纽带的同时，逐步构建起社区支持网络，形成具有中国农村特色的“家庭—社区”混合型养老模式。刘妮娜以资金来源为主要标准，将农村互助型社会养老模式分为纯福利型、纯公益型、纯市场型、福利 + 公益型、福利 + 市场型、公益 + 市场型、福利 + 公益 + 市场型等 7 种类型，并指出其在发展中存在的问题，包括重设施轻培育、资金缺乏、互助服务对象单一、运营成本过高、互助养老的新形式缺乏有效定位和扶持等，[⑤] 并从根源上反映出顶层设计不清晰、制度不完善的问题。[⑥] 也有学者指出，当前农村互助养老存在有效供给缺乏、内生动力不足、外部支持乏力及实践创新有限等问题，从而对该模式的可持续发展造成影响。[⑦] 从个体层面看，由于传统孝

① 参见贺雪峰：《互助养老：中国农村养老的出路》，《南京农业大学学报》（社会科学版），2020年第5期。

② 参见杨静慧：《互助养老模式：特质、价值与建构路径》，《中州学刊》，2016年第3期。

③ 参见刘妮娜：《中国农村互助型社会养老的定位、模式与进路》，《云南民族大学学报》（哲学社会科学版），2020年第3期。

④ 参见杜鹏、安瑞霞：《政府治理与村民自治下的中国农村互助养老》，《中国农业大学学报》（社会科学版），2019年第3期。

⑤ 参见刘妮娜：《中国农村互助型社会养老的类型与运行机制探析》，《人口研究》，2019年第2期。

⑥ 参见刘妮娜：《中国农村互助型社会养老的定位、模式与进路》，《云南民族大学学报》（哲学社会科学版），2020年第3期。

⑦ 参见姚虹：《理论认知、实践困境与发展路径：农村互助养老研究综述》，《社会保障研究》，2023年第6期。

道观念根深蒂固，农村居民对互助养老的认同度较低，① 且农村互助养老服务质量不高、回馈及时性不强、公平性难以衡量等问题易致使居民个体产生消极意识，因而农村互助养老的发展存在较大阻碍。② 尤其在我国农村地区，单纯依靠社会自发形成的互助网络难以全面覆盖差异化养老需求，特别是对于重度失能老人等群体而言，集中式机构养老仍是不可或缺的重要保障。③

总体来看，互助养老模式作为一个新生事物，其在我国城乡社会实践中尚存在较多发展困境，政策无力说④、资源零散说⑤、文化偏移说⑥等分别从不同成因角度解释了互助养老模式存在的问题。对此，有学者提出可借助村庄语境“理念先行”、依托外部手段“外力助推”、自主治理及多元协同等四条路径，推动农村互助养老模式长效运行。⑦ 刘妮娜建议从资金保障、组织建设、服务供给和绩效评估四个核心维度，构建全方位、立体化的农村互助养老体系，具体实施路径包括：创新融资机制，拓展多元化资金渠道；加强组织培育，提升农村养老互助组织专业化水平；完善服务内容，建立多层次养老服务供给网络；推动机制创新，实现互助养老与集中养老的有机衔接；促进资源整合，打通机构养老、社区养老与居家养老的

① 参见纪春艳：《新型城镇化视角下农村互助养老模式的发展困境及优化策略》，《农村经济》，2018年第1期。

② 参见王立剑、朱一鑫：《从“个体”到“社会”：农村互助养老服务的现实应对》，《行政管理改革》，2023年第4期。

③ 参见刘妮娜：《中国农村互助型社会养老的类型与运行机制探析》，《人口研究》，2019年第2期。

④ 参见米恩广、李若青：《从“碎片化运行”到“协同性供给”：农村互助养老服务有效供给之进路》，《云南民族大学学报》（哲学社会科学版），2021年第4期。

⑤ 参见朱火云、丁煜，《农村互助养老的合作生产困境与路径优化——以X市幸福院为例》，《南京农业大学学报》（社会科学版），2021年第2期。

⑥ 参见罗晓晖：《乡土公共性建构：破解农村互助养老发展困境之道》，《长白学刊》，2021年第4期。

⑦ 参见陈宇、陈达婷：《我国农村互助养老的研究进路与未来走向》，《学习与探索》，2023年第2期。

壁垒；深化产融结合，推动养老事业与产业协同发展；注重文化培育，营造互助共济的养老文化氛围。[①] 杜鹏等学者提出通过加强宣传以提高社会认可度、明确政府职能、创新互助养老形式、鼓励多元主体参与等方式，推动实现农村互助养老模式的可持续发展。[②] 也有学者认为，老年人在村庄熟人社会中受到温暖关怀的这一情感体验对其十分重要，因而加强文化建设是发展农村互助养老的关键。[③]

（四）政府购买养老模式相关研究

政府购买养老服务是我国社会养老服务体系建设过程中的一种创新实践，即政府相关部门与社会组织签订购买协议，把服务承包给社会组织的一种服务供给方式。有学者基于宁波海曙区、南京鼓楼区和苏州沧浪区的三个典型案例概括出当前我国政府购买养老服务包括“政府＋社会组织＋社区”“政府＋社会组织＋民办养老机构＋社区”及“政府＋社会组织＋商业企业＋社区”三种模式，依托主体不同造成了三种模式在运作机制和制度效率方面的差异。[④] 也有学者基于政府与民间组织合作的视角将政府购买养老服务分为公建民营、民办公助、服务外包和服务券四种形式，其中，公建民营和民办公助形式在当前机构养老发展中得到了较大的推广，服务外包和服务券既针对社区居家养老服务，也适用于机构养老服务。[⑤]

目前，学术界关于政府购买养老模式的相关研究主要集中于政府购买

① 参见刘妮娜：《中国农村互助型社会养老的类型与运行机制探析》，《人口研究》，2019年第2期。

② 参见杜鹏、安瑞霞：《政府治理与村民自治下的中国农村互助养老》，《中国农业大学学报》（社会科学版），2019年第3期。

③ 参见贺雪峰：《互助养老：中国农村养老的出路》，《南京农业大学学报》（社会科学版），2020年第5期。

④ 参见张国平：《地方政府购买居家养老服务的模式研究：基于三个典型案例的比较》，《西北人口》，2012年第6期。

⑤ 参见章晓懿：《政府购买养老服务模式研究：基于与民间组织合作的视角》，《中国行政管理》，2012年第12期。

社区居家养老服务。根据购买主客体间的关系和购买的竞争程度，有学者将我国政府购买居家养老服务分为依附性非竞争购买模式、独立性非竞争购买模式和独立竞争购买模式三种类型。[①] 也有学者通过对江苏省6个市区的调查，将政府购买居家养老服务分为救助型和救助兼福利型两种类型，前者具有社会救助性质，是当前政府购买居家养老服务的主要类型，后者则主张适度普惠，仅有少数地区采用这一类型。[②] 在如何评价政府购买居家养老服务绩效的问题上，相关研究发现，行政环境、政府管理能力、提供商承接能力、评价体系及行政文化与政府购买居家养老服务绩效都呈现显著正相关，[③] 有学者提出从服务机构、政府参与和客户感知三个维度进行整体质量评价的指标体系，[④] 不仅要考虑投入和产出的效率，也要考虑效果、公平性、及时性和公众满意度等方面。[⑤]

当前我国政府购买养老服务尚存在对养老服务属性认知模糊、制度体系不完善的问题。[⑥] 其中，在购买者方面，存在政府购买力不足、受惠面小、服务内容单一、服务层次低的问题；在服务生产者方面，存在组织发展滞后、缺乏独立性及专业服务能力不足的问题；在购买过程上，购买程序不规范，缺乏市场竞争；在评估方面，重视程度不够且第三方评估流于

① 参见李长远：《我国政府购买居家养老服务模式比较及优化策略》，《宁夏社会科学》，2015年第3期。

② 参见杨琪、黄健元：《政府购买居家养老服务政策的类型及效果》，《城市问题》，2018年第1期。

③ 参见储亚萍、何云飞：《政府购买居家养老服务绩效的影响因素研究》，《云南民族大学学报》（哲学社会科学版），2018年第4期。

④ 参见王成、丁社教：《政府购买居家养老服务质量评价——多维内涵、指标构建与实例应用》，《人口与经济》，2018年第4期。

⑤ 参见吉鹏、李放：《政府购买居家养老服务的绩效评价：实践探索与指标体系建构》，《理论与改革》，2013年第3期。

⑥ 参见王阳亮：《政府购买养老服务：属性、问题与对策》，《哈尔滨工业大学学报》（社会科学版），2017年第4期。

形式。[①] 对此，应加大政府购买力度、建立竞争机制、完善评估机制，同时，规范购买养老服务的内容和属性，建立购买养老服务的信息公开制度，完善服务类社会组织的治理制度，培育专业类社会组织。[②③④]

二、社会养老服务供需矛盾的相关研究

（一）老年人对社会养老服务的需求及影响因素研究

随着传统家庭养老功能式微和社会化养老服务体系的发展，老年群体对社会养老服务的需求呈现显著增长态势。老年人生理机能衰退带来的生活照料刚性需求，以及高发的慢性病导致的医疗健康服务需求构成了最基本的养老需求，[⑤] 诸如健康义诊、医疗保健知识讲座、定期体检、康复训练、上门就诊和送药、入户护理、家庭病床等服务需求尤为迫切。[⑥] 退休、丧偶、空巢等带来的角色丧失和转变则催生出精神慰藉、社交互动等情感需求，通过文化娱乐活动、心理咨询等服务缓解孤独感和价值失落感成为老年群体的普遍诉求。[⑦] 此外，部分老年人追求继续教育、社会参与等发展性需求，希望通过老年教育、志愿活动、弹性就业等途径实现自我价

---

① 参见李长远：《我国政府购买居家养老服务模式比较及优化策略》，《宁夏社会科学》，2015年第3期。

② 参见王阳亮：《政府购买养老服务：属性、问题与对策》，《哈尔滨工业大学学报》（社会科学版），2017年第4期。

③ 参见彭婧：《政府购买养老服务责任模式的转型研究——基于2009—2019年B市的实践》，《云南民族大学学报》（哲学社会科学版），2020年第6期。

④ 参见李长远：《我国政府购买居家养老服务模式比较及优化策略》，《宁夏社会科学》，2015年第3期。

⑤ 参见王丽敏：《我国社区居家养老服务的供需矛盾及对策》，《商业经济研究》，2016年第5期。

⑥ 参见王琼：《城市社区居家养老服务需求及其影响因素——基于全国性的城市老年人口调查数据》，《人口研究》，2016年第1期。

⑦ 参见王武林、陈瑶：《城市社区养老服务需求状况及影响因素》，《中国老年学杂志》，2016年第23期。

值提升。[①] 整体而言，老年人对医疗护理（“老有所医”）、生活照料（“老有所依”）、精神陪伴（“老有所伴”）等生存性需求最为强烈，而对文娱活动（“老有所乐”）、继续教育（“老有所学”）和社会参与（“老有所为”）等发展性需求相对次之，呈现出明显的需求层级递减特征。[②] 这一需求结构为构建分层分类的养老服务体系提供了重要依据。

老年群体对社会养老服务的需求呈现显著的差异化特征，个体特征、家庭因素、居住状况、生活方式均影响老年人对于社会养老服务的需求。就个体特征来看，高龄、学历较低、健康状况较差的老年人表现出更强的服务依赖性，尤其体现在医疗保健服务方面。[③] 随迁老人、失独老人、高龄老人和失能老人等特殊老年群体均存在不同的服务需求特征。[④] 就家庭因素来看，一方面，家庭养老与社会养老之间存在明显的替代关系，家庭照护资源匮乏（子女外出、空巢等）直接推高社会养老服务需求强度；另一方面，家庭中的高学历成员越多，通过代际互动促进现代养老观念传播的效应越凸显，从而显著提升老年人对社会养老服务的认可度和接受度。[⑤] 在养老模式的选择上，女性、高龄、丧偶、健康状况和经济状况较好、文化程度较高的老年人更倾向于机构养老，[⑥] 对养老机构的知晓程度也是影响老

① 参见王丽敏：《我国社区居家养老服务的供需矛盾及对策》，《商业经济研究》，2016年第5期。

② 参见田北海、王彩云：《城乡老年人社会养老服务需求特征及其影响因素——基于对家庭养老替代机制的分析》，《中国农村观察》，2014年第4期。

③ 参见纪竞垚：《居家养老服务的政策效应：基于对老年人生活质量影响的分析》，《人口与发展》，2022年第3期。

④ 参见张仁枫：《老年人养老意愿调查及启示——以四川省为例》，《老龄科学研究》，2017年第3期。

⑤ 参见田北海、王彩云：《城乡老年人社会养老服务需求特征及其影响因素——基于对家庭养老替代机制的分析》，《中国农村观察》，2014年第4期。

⑥ 参见蒋岳祥、斯雯：《老年人对社会照顾方式偏好的影响因素分析——以浙江省为例 》，《人口与经济》，2006年第3期。

年人选择机构养老模式的重要因素；[①] 家庭养老资源充分、帮助子女料理家务或无力支付养老机构费用的老年人则倾向于居家社区养老模式。[②]

此外，老年人的社会养老服务需求还存在明显的城乡差异，城镇老年人的各项养老服务需求普遍高于农村老年人。具体来看，城市养老服务需求呈现需求量大、需求多元化和个性化、专业性服务需求强的特点，[①] 但因受到收入水平的影响，有能力支付养老服务费用的老年群体十分有限，城市老年人对社会养老服务的较强购买意愿与偏低的支付能力之间呈现较大反差。[④] 反观农村，由于社会养老服务在农村地区起步较晚，目前农村社会养老服务呈现总体供给不足且质量不高的现状。在家庭居住模式、非正式照料资源、社会惯习、收入水平等因素的影响下，农村老年人比城市老年人更倾向于“在地老化”，以机构养老为主要模式的社会养老服务始终对农村老年人吸引力不足，农村老年人愿意入住养老机构的比例明显低于城市老年群体。[⑤]

较高的经济收入和完善的政策法规对农村居民社会养老服务需求的提升有促进作用，而子女数、家庭规模、代际关系、健康状况、政策重视和宣传力度、生活照料评价等因素则与社会养老服务需求意愿存在负相关。[⑥] 同时，农村老年人养老服务支付意愿不高、能力不足，与城市老人也存在

---

① 参见韦云波：《贵阳市城乡老年人养老意愿及影响因素》，《南京人口管理干部学院学报》，2010年第2期。

② 参见徐隽倬等：《支付意愿视角下老年人选择社会养老服务影响因素分析》，《华东经济管理》，2019年第8期。

① 参见郑冕：《供给侧改革视域下我国城市居家养老服务中的供需适配矛盾与解决对策》，《沈阳大学学报》（社会科学版），2018年第4期。

④ 参见王琼：《城市社区居家养老服务需求及其影响因素——基于全国性的城市老年人口调查数据》，《人口研究》，2016年第1期。

⑤ 参见韩沛锟、程瑶瑶：《农村养老服务：需求、政策实践与发展展望》，《学习论坛》，2021年第2期。

⑥ 参见唐娟莉、倪永良：《农村社会养老服务需求：意愿与影响》，《农业现代化研究》，2022年第4期。

明显差异。[①] 然而，农村地区存在数量庞大的高龄、失能老年人，因年龄增长导致的生理机能衰退、慢性病困扰及劳动能力丧失等问题，催生出基础生活支持需求、医疗健康保障需求、心理社会服务需求及权益保障需求等四大核心需求，不断增长的养老服务需求将对现有农村养老服务体系带来严峻挑战。[②]

（二）社会养老服务的供需矛盾研究

当前我国社会养老服务的供需矛盾十分突出，养老服务的“结构性失衡”是养老服务业发展面临的现实挑战，主要表现为供给结构与需求结构相脱节。

从需求侧来看，尽管我国老年人口规模和需要护理的人口规模都十分庞大，但却存在老年服务潜在需求较大但有效需求不足的现象，[③] 而社会养老服务有效需求不足的难题是受多方面条件制约从而出现大规模潜在需求流失造成的结果。[④] 从供给侧来看，养老服务存在供给不足和供给错位问题，[⑤] 总体上呈现“供给粗放，靶向不准”的低水平供给情况；[⑥] 在服务覆盖面上，存在严重的对象选择偏差，有服务需求但服务难度较大的高风险老年人被系统性忽视；在服务内容上，基础性生活照料服务同质化严重，而专业医疗护理、康复训练等刚性需求领域供给严重短缺；在服务质量上，普遍停留在满足老年人基本需求的低层次阶段，缺乏基于老年人生

① 参见吉鹏、李放：《农村老年人市场化居家养老服务的需求意愿及其影响因素分析——基于江苏省的实证数据》，《兰州学刊》，2020年第11期。

② 参见唐娟莉、倪永良：《农村社会养老服务需求：意愿与影响》，《农业现代化研究》，2022年第4期。

③ 参见刘昌平、汪连杰：《老年服务业供给侧改革：研究缘起、理论逻辑与实践路径》，《河北学刊》，2016年第5期。

④ 参见盛见：《社会养老服务有效需求不足的根源分析与破解路径》，《中州学刊》，2019年第12期。

⑤ 参见林宝：《养老服务供给侧改革：重点任务与改革思路》，《北京工业大学学报》（社会科学版），2017年第6期。

⑥ 参见盛见：《社会养老服务有效需求不足的根源分析与破解路径》，《中州学刊》，2019年第12期。

理心理特征的个性化服务设计，更未能形成针对不同失能等级、经济状况和文化背景老年人的精准服务体系。[①] 这种供需结构性失衡直接导致大量真实养老需求得不到有效满足，形成“有需无供”与“有供无需”并存的矛盾局面。

我国养老服务供需失衡呈现显著的“城乡双重困境”。在城市地区，尽管居家社区养老服务发展较快，但政策覆盖范围有限、服务质量参差不齐且供给结构单一，难以满足城市老年人多样化、高品质的服务需求。[②] 而在农村地区，尚处于探索阶段的养老服务体系面临可及性不足与服务项目匮乏的双重挑战，特别是受限于老年人有限的经济支付能力，市场化服务供给与农村实际需求之间存在巨大鸿沟。[③] 此外，也有学者指出当前我国社会养老服务存在明显的供需城乡倒置问题，农村老年人在上门诊疗、就医陪护等医疗护理服务方面的需求强度普遍高于城市，但城乡之间的养老服务设施配置并未与老年人口的需求分布保持一致，这种“城多乡少”的资源错位进一步加剧了养老服务体系的整体性失衡。[④]

三、社会养老服务供给侧结构性改革路径研究

（一）社会养老服务供给主体关系改革相关研究

在当前市场经济条件下，对养老服务进行供给侧结构性改革必须要坚持供给侧和需求侧相结合的原则。社会养老服务结构性失衡的本质就在于供需双方的协调整合度不足，而要改变这一现状首先应从社会养老服务供

① 参见林宝：《养老服务供给侧改革：重点任务与改革思路》，《北京工业大学学报》（社会科学版），2017年第6期。

② 参见郑冕：《供给侧改革视域下我国城市居家养老服务中的供需适配矛盾与解决对策》，《沈阳大学学报》（社会科学版），2018年第4期。

③ 参见宋海霞：《农村养老服务供给侧结构性改革的困境及思路》，《农业经济》，2021年第2期。

④ 参见韩沛锟、程瑶瑶：《农村养老服务：需求、政策实践与发展展望》，《学习论坛》，2021年第2期。

给主体关系改革入手。对此，一些学者将充分调动各类社会资源的参与积极性作为社会养老服务供给侧结构性改革的首要抓手，强调通过整合政府、非营利组织、企业和非正式组织等多元主体养老资源，实现养老服务供给主体的多元化。[①②]

政府作为主要服务提供者，其在养老服务体系中的定位始终存在争议。一方面，有学者强调政府的主体性地位，提出政府应加大养老服务财政投入且纳入财政预算，完善养老服务市场的上层建筑，健全法律法规和明晰权责。[③] 也有学者指出，既要注重发挥和强化政府的公共服务职能和保底作用，也要坚持养老服务多元供给和组织间的协同运作，解决在服务整合、系统整合和系统发展上的协作需要，特别注意协作与自治之间的矛盾。[④⑤] 另一方面，有学者则认为，坚持市场化发展一直是西方国家发展养老服务的主要路径，以政府作为社会养老服务的主要提供者会对社会和企业产生挤出效应，从而影响养老服务的有效供给和发展效率。[⑥] 任勤等学者指出，政府、非营利组织和盈利机构应作为养老服务的三大供给主体，如何把握三者的关系成为构建养老服务体系的关键，同时将养老服务供给主体关系划分为资源依赖型、契约合同型、委托代理型、合作伙伴型四类模式，尽管合作伙伴型模式能够在一定程度上避免管理低效、依赖性强、公平性缺失等不足，但政府在四种关系模式中的绝对优势地位不利于供需双

---

① 参见林宝：《养老服务供给侧改革：重点任务与改革思路》，《北京工业大学学报》（社会科学版），2017年第6期。

② 参见刘昌平、汪连杰：《老年服务业供给侧改革：研究缘起、理论逻辑与实践路径》，《河北学刊》，2016年第5期。

③ 参见严晓静、孙建娥：《供给侧改革视角下养老服务发展现状及其路径研究——以长沙市为例》，《社会福利》（理论版），2018年第7期。

④ 参见任勤、何泱泱：《社会养老服务供给主体间的职能与合作》，《四川大学学报》（哲学社会科学版），2016年第3期。

⑤ 参见陈静：《福利多元主义视域下的城市养老服务供给模式研究》，山东人民出版社，2016年第172、178页。

⑥ 参见邓汉慧等：《社会企业缺位于社区居家养老服务的思考》，《武汉大学学报》（哲学社会科学版），2015年第1期。

方的协调配置，应推进社会养老服务由供方市场向需方市场转变。[①] 面对社会养老服务供给主体关系的改革问题，有学者提出通过增强民间力量服务社会养老的功能来推进养老服务市场化，在创造公平有序的市场环境的前提下，对社会企业保持宽严相济的弹性制度并给予灵活的激励载体，可以通过引入 PPP 模式等新型公私合作理念，在充分发挥市场机制作用基础上降低全要素运营成本，最终实现养老服务资源配置最优化。[②③]

（二）居家社区养老和机构养老的供给侧结构性改革研究

面对居家社区养老服务的供给侧结构性改革问题，有学者提出完善城市居家养老服务政策的系统性优化路径。首先，应健全政策支持体系，扩大普惠性服务覆盖范围，并通过产业扶持政策培育规模化养老服务市场主体；其次，要创新社区居家养老发展模式，整合医疗、文化等社会资源构建综合服务体系。[④] 具体来看，可以进一步丰富居家养老服务形式、加快专业人才队伍建设、建立覆盖服务全流程的质量监管机制、优化社区养老服务设施布局与供给规模、加强老年人心理疏导和精神文化服务等，从而全面提升居家养老服务的供给质量与效率，满足老年人多层次需求。[⑤]

对于机构养老服务存在的供需失调问题，同样应从供给侧实施结构性改革，通过合理引导要素流动、优化资源配置、扩大有效供给来提升服务效能。[⑥] 具体改革路径包括：科学界定社会养老机构功能定位，建立城乡老

① 参见任勤、何泱泱：《社会养老服务供给主体间的职能与合作》，《四川大学学报》（哲学社会科学版），2016年第3期。

② 参见黄雄：《加快我国社会养老体系建设分析》，《福建论坛》，2011年第5期。

③ 参见刘益梅：《人口老龄化背景下社会化养老服务体系的探讨》，《广西社会科学》，2011年第7期。

④ 参见郑冕：《供给侧改革视域下我国城市居家养老服务中的供需适配矛盾与解决对策》，《沈阳大学学报》（社会科学版），2018年第4期。

⑤ 参见朱新茹：《供给侧结构性改革下的居家养老模式研究》，《行政科学论坛》，2018年第4期。

⑥ 参见戚克维：《供给侧结构性改革下发展养老服务业 PPP 模式政策导向问题研究》，《中国市场》，2018年第2期。

年人梯度分流机制；完善服务质量评估体系，强化机构运营监管；支持城乡社区养老服务业发展，探索居家、社区、机构协同合作模式；实施差异化资源配置策略，优先保障老龄化程度高、需求集中的城市核心区域养老设施建设等。[①]

面对快速人口老龄化和慢性病的挑战，西方国家提出“整合照料”这一策略以改革传统照料方式与服务供给模式，[②]通过居家养老、社区养老和机构养老服务的资源整合以及完善和创新组织形式与传递机制，从而为社区老年人提供更加均衡化、精准化、专业化的一站式养老服务方案。当前我国社会化养老服务体系也存在居家、社区、机构养老服务相对分立的发展态势以及碎片化和分散性“断裂”困境，在保证各类养老服务角色功能定位的前提下，推动其在社区情境中的有机整合，是养老服务领域供给侧结构性改革的重要体现。[③]

（三）农村地区养老服务供给侧结构性改革相关研究

针对农村养老服务的短板，有学者结合供给侧结构性改革视角提出系统性解决方案：一是革新供给理念，在改革中树立人本理念、公平与效率双重理念、系统理念相结合的新型发展导向；二是构建多元协同供给体系，确保家庭、政府、市场共同发挥作用；三是及时调整与优化供给结构，重点突破医养资源整合与精神关爱服务等关键短板。[④]在具体实施路径上，有学者提出精准识别与分类供给的模式，基于农村老人的实际需求和养老困境科学配置有限养老资源；实施差异化供给策略，优先保障高龄、失能等特殊群体的基本养老服务需求；完善农村养老制度保障体系建设，建立

① 参见蒋军成等：《我国社会养老服务体系供给侧改革：个省案例研究》，《湖北社会科学》，2018年第4期。

② 参见 Glendinning C., Breaking Down Barriers: Integrating Health and Care Services for Older People in England, *Health Policy*, 2003, No.2, p.139.

③ 参见封铁英、齐心竹：《社区情境下养老服务整合行为逻辑》，《西北大学学报》（哲学社会科学版），2023年第1期。

④ 参见宋海霞：《农村养老服务供给侧结构性改革的困境及思路》，《农业经济》，2021年第2期。

健全农村养老服务的政策法规框架，通过系统性制度创新破解资源匮乏困境，实现农村养老服务的提质增效。①

四、社会养老服务供给侧结构性改革的相关理论及应用研究

（一）福利多元主义理论及其应用研究

从国际经验来看，在福利多元主义所倡导的福利多元来源、供给和输送结构这一理论指导下，市场化运作、多元主体共同参与成为西方社会养老服务业的发展导向。从罗斯（Rose）提出的“福利三角”开始，以多元主体共同满足社会福利需求就成为社会福利供给模式的基本分析框架，单纯以国家、家庭或市场作为独立的福利提供者都存在相应缺陷。②伊瓦斯（Evers）的福利三角理论从文化、经济、社会和政治维度，系统分析了国家、市场和家庭三大福利主体的特征，并指出当市场机制失灵时，国家保障和家庭支持能够形成双重安全网，有效化解社会成员的福利风险，这一分析框架揭示了不同福利供给主体间的互补关系及其特定的社会文化基础。③约翰逊（Johnson）在福利多元组合理论中加入了民间/非正式组织，进一步将社会福利的来源界定为市场、国家、家庭和民间组织四个方面，将福利三角拓展为福利多元组合，在不同的行动协调原则和价值理念下，四个部门的协作与整合能够实现社会福利服务的最大化。④

福利多元主义理论作为国家政策的分析范式，对国家角色在养老服务中怎样发挥作用提供了一种新的理论视角，其关注的福利多元结构也为我

---

① 参见李俏等：《农村养老供给侧改革的结构生态与可能路径：一个文献综述》，《广西社会科学》，2016年第7期。

② 参见彭华民：《福利多元主义：福利提供从国家到多元部门的转型》，《南开学报》（哲学社会科学版），2006年第6期。

③ 参见彭华民：《福利多元主义：福利提供从国家到多元部门的转型》，《南开学报》（哲学社会科学版），2006年第6期。

④ 参见彭华民：《福利三角：一个社会政策分析的范式》，《社会学研究》，2006年第4期。

国养老服务和老龄产业供给侧结构性改革的政策制定提供了重要的借鉴意义。[①] 长期以来，国家都被视为养老服务的主要供给主体，政府在促进养老服务的有效供给方面扮演着不可替代的作用，[②] 其对社会企业所产生的挤出效应致使社会企业始终缺位于养老服务。[③] 这既是计划经济时代补缺型福利制度的遗留，也是当前养老服务社会化、市场化发展的阻碍。福利多元主义理论将福利供给的部分领域转移到市场和社会，不再将政府、市场、社会看作是此消彼长的协调关系，而是更加强调多元主体的互相补充、相互增进，[④] 为我国老龄产业供给主体由以政府为主体转变为政府、市场、个人、私人部门、非营利组织等共同主体的政策制定提供了理论支持。同时，该理论也从需求方考虑如何满足社会成员多层次的福利保障需求，从而对政府制定服务和福利多元供给的老龄产业政策提供了思路和分析框架，具体包括明确界定供给主体和厘清责任义务，从国家层面对资本、土地、人才和技术等老龄产业的资源要素进行统筹规划和政策支持，制定老龄产业监管标准、评价机制和监管措施的政策等。

（二）供给侧结构性改革理论及其应用研究

在2015年11月10日召开的中央财经领导小组第十一次会议的讲话中，习近平首次提出“供给侧结构性改革”的思想，指出供给侧结构性改革的核心就是提高供给质量和效率。同年12月召开的中央经济工作会议强调，推进供给侧结构性改革必须要实行宏观政策要稳、产业政策要准、微观政策要活、改革政策要实、社会政策要托底的总体思路，以去产能、去库存、去杠杆、降成本、补短板的结构性改革策略，推动我国社会生产力整体改善。

① 参见李燕、伍梦：《老龄产业供给侧改革的政策演进路径研究——基于福利多元主义理论视角》，《老龄科学研究》，2018年第2期。

② 参见刘昌平、汪连杰：《老年服务业供给侧改革：研究缘起、理论逻辑与实践路径》，《河北学刊》，2016年第5期。

③ 参见邓汉慧等：《社会企业缺位于社区居家养老服务的思考》，《武汉大学学报》（哲学社会科学版），2015年第1期。

④ 参见施巍巍、罗新录：《我国养老服务政策的演变与国家角色的定位——福利多元主义视角》，《理论探讨》，2014年第2期。

可以说，供给侧结构性改革的目的就是针对需求变动，主动提高供给质量、效率和有效供给，从而使供给体系更适应需求结构变化。[①] 其要求养老服务业发展从过去单纯的数量增长转向数量和质量并重，从粗放式的扩张转向内涵式的提升。[②] 基于供给侧结构性改革理论，养老服务市场的优化发展需要实现供给与需求的双向动态平衡：一方面要推动供给体系从“哑铃型”（高端与低端服务过剩、中端服务短缺）向“橄榄型”（以中端服务为主体）结构转型，重点通过提升基础性服务质量、压缩高端服务供给、扩大中等收入群体适老服务投入等举措，实现服务供给的精准分层；另一方面要充分发挥市场机制作用，通过减少行政干预、完善竞争规则、优化营商环境等手段激发市场活力，促进供给结构主动适应需求变化，最终形成供需互促、良性循环的养老服务市场生态。这种结构性调整既强调供给总量的平衡，更注重供给质量与需求层次的有效匹配，特别是要满足规模庞大的中等收入老年群体的多元化养老需求。[③]

此外，针对养老服务业供给侧的结构性问题，还可以通过健全养老服务内容体系以补齐短板、加强养老服务供给的专业人才队伍建设、改善设施供给质量和调适机构服务功能、进行服务需求评估、整合各类服务资源、优化制度要素保障等方式，从而推进供给主体多元化、供给机制市场化、供给方式便利化、供给手段多样化、供给内容专业化、供给政策系统化的发展目标。[④⑤]

---

① 参见王先菊：《养老服务业供给侧结构性改革的理论基础与实践》，《中国老年学杂志》，2018年第22期。

② 参见董红亚：《着力推进供给侧改革——全面提升养老服务质量》，《中国社会工作》，2017年第2期。

③ 参见刘昌平、汪连杰：《老年服务业供给侧改革：研究缘起、理论逻辑与实践路径》，《河北学刊》，2016年第5期。

④ 参见董红亚：《着力推进供给侧改革——全面提升养老服务质量》，《中国社会工作》，2017年第2期。

⑤ 参见林宝：《养老服务供给侧改革：重点任务与改革思路》，《北京工业大学学报》（社会科学版），2017年第6期。

五、进一步研究的必要性

当前我国关于社会养老服务的研究主要聚焦于社会养老服务模式和问题、老年人的养老服务需求和特点以及养老服务体系构建策略三个方面，而在养老服务供给侧结构性改革领域的研究相对较少，一些学者通过宏观分析指出了当前养老服务中存在的结构性问题和对策建议，但鲜有将供给侧结构性改革理念与社会养老服务供给模式相结合的研究思路。如何将供给侧结构性改革与当前我国各类养老模式相结合从而提出针对性的改革策略，尚有待于进一步研究。同时，当前我国社会养老服务制度尚不完善，随着老龄化程度的进一步加深和老年人需求结构的升级调整，如何界定老年人的有效需求，如何保障养老服务供给和需求的有效对接及提升服务质量，以及如何将社区居家养老和机构养老等多种模式进行整合等问题尚缺乏足够深入的探讨。

此外，现有研究偏重于以理论和政策探讨为主的定性研究，而基于需求调查的实证性研究相对数量不足，从而使得相关研究缺乏数据基础而产生一定的脱节性。因此，进一步从供需结合视角、定量与质性相结合的方法、理论与实践统一的原则、宏观政策落实于地方经验的思路出发，开展社会养老服务供给侧结构性改革研究十分必要。

第三章 需求侧——天津市社会养老服务的结构化需求现状

伴随人口老龄化程度不断加深和人民生活水平逐步提高，老年群体的养老服务需求呈现多层次、多样化发展趋势，这对扩大养老服务的有效供给提出了更高要求。如何对多元化的社会养老服务需求进行结构性分析从而为供需精准对接提供依据，是社会养老服务供给制度改革的前提。同时，在拥有家庭养老传统和崇尚孝道伦理的中国社会，以家庭成员作为养老资源的主要提供者仍然是重要的养老模式，然而当前社会养老服务体系不管是在需求评估还是服务提供上都强调以老年人为服务对象，将老年人及相关家庭成员纳入养老服务需求整体的家庭视角相对缺乏，因而从老年人及其家庭成员两个角度开展需求评估将有助于提高社会养老服务的针对性和有效性。

基于此，课题组在2021年6月至2022年1月期间，在天津市和平区、南开区、河西区、西青区和蓟州区等五个辖区的10个社区中对1 168位老年人及成年子女开展问卷调查，采用判断抽样方式，综合考虑被调查者的性别、年龄、户籍的分配从而选定样本结构，通过调查员入户进行结构式访谈收集资料，以了解老年人及家庭成员对社会养老服务的需求状况。此外，采用目的抽样方式对民政局、街道办事处和居委会工作人员、社会组织负责人、部分老年居民及家庭照料者共计15人开展深度访谈获取一手资料，以定量分析和定性研究相结合的方式对社会养老服务需求和供给状况展开分析，从而为探索构建高效灵活的社会养老服务供给机制提供实证依据。

一、调查对象及其家庭养老的基本情况

家庭养老作为我国传统的养老方式，在当前人口老龄化程度加剧、社会养老服务尚不充分、不完善的背景下依然发挥着重要作用，家庭成员在老年人的经济支持、生活照料和精神慰藉等方面都扮演着难以替代的角色。2014年中国老年社会追踪调查（CLASS）数据显示，对于有照料需求的老年人来说，92.71%的人都以配偶和成年子女作为主要照料提供者。[①]因此本调查采用老年人和成年子女两套问卷，力求从不同家庭成员视角全面反映养老服务需求及家庭养老供给情况。调查共发放问卷1 200份，有效问卷1 168份，其中老年人问卷730份，成年子女问卷438份。需要指出的是，本调查旨在以家庭为单位探讨养老服务需求，故而期望家庭成员样本中包括较多的子女照护者，从而关注不同家庭成员遇到的养老困难和需求，然而调查样本中自理能力较好的老年人居多，因而出于对样本规模的考虑，在子女样本的采集中并未能完全兼顾子女与老年人形成匹配家庭关系的原则，在被调查的10个社区中以居委会介绍、滚雪球等方式寻找子女照护者，最终确定成年子女样本量为438名，其中具有家庭照护者身份的子女被访者共298名。

（一）调查对象的基本情况

此次共调查老年样本730人，其中男性占52%，略高于女性老年人占比。60～69岁的低龄老年人占样本量的一半以上，而80岁及以上高龄老人仅占9%。由于目前天津市城镇化率已达到85.49%，[②]因此，本次调查对象中城镇老年人占比较大，农村老年人仅占样本量的27.9%。

---

① 参见杜鹏等:《中国老年人的养老需求及家庭和社会养老资源现状——基于2014年中国老年社会追踪调查的分析》,《人口研究》,2016年第6期。

② 参见天津市统计局,《2023年天津市国民经济和社会发展统计公报》,2024年3月18日。

表3-1 被调查老年人的基本情况（%）

变量名称	变量类别	百分比	变量名称	变量类别	百分比
性别	男	52.1	居住地	城市	72.1
	女	47.9		农村	27.9
年龄	60～69岁	52.0	婚姻状况	已婚有配偶	79.0
	70～79岁	39.0		丧偶	18.2
	80岁及以上	9.0		离婚和未婚	2.8
住房类型	自有住房	73.9	文化程度	小学及以下	28.5
	子女住房	18.1		初中	35.7
	租房	6.1		高中	23.5
	其他	1.9		大专及以上	12.3

在438名子女被访者中，女性占比60.6%；年龄集中于40～49岁之间，平均年龄为45.15岁，30岁以下被访者仅占2.1%；被访者学历普遍较高，21.3%的被访者为大专学历，本科及以上学历者占比达35.3%。

表3-2 被调查子女的基本情况（%）

变量名称	变量类别	百分比	变量名称	变量类别	百分比
性别	男	39.1	居住地	城市	80.9
	女	60.9		农村	19.1
年龄	20～39岁	18.7	婚姻状况	已婚有配偶	88.0
	40～49岁	56.2		离婚	6.4
	50岁及以上	25.1		丧偶和未婚	5.6
家庭经济状况	宽裕	25.1	文化程度	初中及以下	20.4
	一般	64.7		高中	23.0
	困难	10.2		大专及以上	56.6

就被调查老年人的婚姻状况来看，已婚有配偶老年人占79%，丧偶老年人占18.3%，离婚和未婚老年人合计占2.8%。进一步分年龄分析发现，高龄老人的丧偶率高达56.9%，比60～69岁低龄老人的丧偶率（9.8%）高出近50个百分点，反映出老年人婚姻状况存在着较为明显的年龄差异（$p<0.001$）。分性别来看，男性老年人已婚有配偶的比例（82.2%）高于女性老年人的比例（75.4%）近7个百分点，而女性老年人的丧偶比例（22.5%）则高于男性老年人（14.3%）8个百分点。由于女性老年人的平均预期寿命比男性高近5岁[①]，因而随着年龄的增长，老年人的丧偶率会呈现出显著的性别差异。

表3-3　分年龄和性别的老年人的婚姻状况（%）

性别	婚姻状况	年龄			合计
		60～69岁	70～79岁	80岁及以上	
男	已婚有配偶	86.7	80.1	63.0	82.2
	离婚	2.1	4.5	0.0	2.9
	丧偶	10.7	14.8	37.0	14.4
	未婚	0.5	0.6	0.0	0.5
女	已婚有配偶	88.4	71.7	26.3	75.5
	离婚	2.2	0.0	2.6	1.4
	丧偶	8.8	27.5	71.1	22.5
	未婚	0.6	0.8	0.0	0.6
合计	已婚有配偶	87.5	76.2	41.5	79.0
	离婚	2.2	2.5	1.5	2.2
	丧偶	9.8	20.6	57	18.2
	未婚	0.5	0.7	0.0	0.6

① 参见世界银行网站:《出生时的预期寿命，总体（岁）—China》,https://data.worldbank.org.cn/indicator/SP.DYN.LE00.IN?locations=CN。

进一步将婚姻状况与性别和年龄同时进行交互分析发现，老年人婚姻状况的性别差异随增龄而逐渐加大（如表3-3所示）。60～69岁低龄老人群体当中的性别差异最小，已婚有配偶和丧偶比例在男性与女性老年人之间仅相差2个百分点；70～79岁老年人的性别差异明显提高，尤其在丧偶率上的差异已达到12.8个百分点，这一性别差异主要源自女性丧偶率随增龄的快速增长；而在80岁及以上高龄老人当中，丧偶率的性别差异进一步提升到34.1%。可见，70～79岁这一阶段是男女两性老年人丧偶率出现分水岭的重要时期，而丧偶随之带来的是步入高龄后在生活照料、精神慰藉等各方面的问题，因而这一年龄段是一个值得关注的风险年龄群体。

表3-4　被调查老年人的经济状况（%）

变量		百分比	变量		百分比
工作状况	退/离休	83.7	参加社会养老保险	参加	84.6
	仍在工作	5.9		未参加	15.4
	从未正式工作	10.4			
			自评经济状况	富裕	36.8
主要生活来源	自己和配偶	86.6		一般	56.8
	子女及他人	13.4		贫困	6.4
医疗费压力	较大	12.7	是否存养老钱	是	32.7
	较小	87.3		否	67.3

如表3-4所示，在经济状况方面，83.7%的被调查老年人已经退休或离休，参加社会养老保险的老年人占84.6%，被调查老年人的自养能力普遍较高，86.6%的老年人以自己和配偶的收入作为主要生活来源。尽管超过90%的老年人都认为家庭经济状况在中等以上，但被调查老年人的月平

均收入仅为3 515元，尚不足天津市职工月平均工资（8 355元）的一半。[①]在支出方面，被调查老年人年均花费6 000元医药费，这使得12.7%的老年人表示自己在医药费开支上存在较大的经济压力。此外，不到三分之一的老年人为自己存了养老钱，另有6.4%的老年人认为家庭经济存在困难。

通过将性别、年龄、婚姻状况、户籍等变量与经济状况进行交互分析发现，男性、城市户籍和已婚老年人的经济自养能力和自评经济状况普遍优于女性、农业户籍和丧偶老年人，同时，随着年龄的增加，老年人的自养能力在不断降低，主要生活来源依靠子女的比重逐渐上升，自评为家庭经济富裕的老年人比重也趋于下降。总体来看，此次调查中的天津市城乡老年人收入水平一般，但基本具备满足日常生活消费的经济自养能力。

（二）被调查老年人的功能健康和照料需求

被调查老年人的健康自评状况普遍较好，其中，63%的老年人自评健康状况良好，23%的老年人自评一般，有14%的老年人自评较差。然而，调查中也发现许多老年人依据自身患慢性病的情况来评价健康状况，而随着年龄的增长，老年人患一种或多种慢性病的情况越来越普遍，真正影响老年人独立生活及生活质量的是其功能健康状况，即失能情况，因而功能健康指标较健康自评状况来说能够更准确反映老年人的独立生活能力和健康程度。目前，国际上流行的失能评估工具多样化，涵盖躯体功能、社会功能、心理功能、认知功能等多元测量维度，如1959年由Katz等创制的Katz KI指数、1969年由Lawton和Brody编制的PSMS（Physical Selfmaintenance Scale）等。[②]

综合考虑指标的信度和效度以及操作性，本次调查问卷中采用国际通用的日常生活活动能力量表（WHO-ADL量表）对老年人的功能健康进行

① 参见天津市人力资源和社会保障局网站:《市人社局市医保局市税务局关于公布2023年度全市职工平均工资及2024年度工资福利待遇标准等有关问题的通知》,2024年7月26日。

② 参见李真真、汤哲:《老年人失能的流行病学研究进展》,《中华流行病学杂志》,2016年第7期。

测量，包括日常生活自理能力（ADL）和操作性生活自理能力（IADL）两个分项。其中，ADL包括吃饭、穿脱衣、上下床、上厕所、洗澡、室内走动6项，IADL包括打扫卫生、做饭、日常购物、上下楼梯、外出乘车、管理财务6项活动。目前对失能等级的划分尚无统一标准，本研究参照曾毅等国内学者对失能等级设置的判定标准，[①][②]认为在日常生活活动和工具性生活活动上均无功能性障碍即为健康状态；当存在1～3项工具性活动障碍或2项以下日常活动障碍时，即为轻度失能；当出现4项及以上工具性活动障碍或3～4项日常活动障碍时，则为中度失能；当出现5～6项日常活动障碍时，则为重度失能。

表3–5　分年龄老年人的功能健康状况（%）

年龄组	功能健康状况			
	完全自理	轻度失能	中度失能	重度失能
60～69岁	84.8	10.1	3.2	1.9
70～79岁	63.5	23.4	8.1	5.0
80岁及以上	30.8	27.7	23.1	18.4
合计	71.6	16.9	6.9	4.6

结果显示，被调查老年人整体功能健康状况较好，71.6%的老年人在ADL和IADL方面都能达到完全自理状态；而16.9%的老年人存在轻度失能现象；另有6.9%和4.6%的老年人出现中度和中度失能情况。进一步分年龄来看，发现老年人的功能健康状况存在明显的年龄差异（$p<0.001$）。超过八成的60～69岁低龄老人在ADL和IADL方面完全自理，而随着年龄的增长，失能人口比重不断增高，其中，轻度失能的比例在70～79岁这一阶段出现急剧上升，而中度和重度失能比例在80岁及以上这一阶段出

① 参见曾毅等:《21世纪上半叶老年家庭照料需求成本变动趋势分析》,《经济研究》,2012年第10期。

② 参见张园、王伟:《失能老年人口规模及其照护时间需求预测》,《人口研究》,2021年第6期。

现显著增长。进入高龄期后，分别有近1/3、1/4和1/5的老年人存在轻度失能、中度失能和重度失能现象，而完全自理老年人的比例下降到30.8%。

由于ADL测量的是老年人日常生活的基本自理能力，一旦部分或全部丧失将意味着无法独立生活从而需要接受他人的生活照料，而IADL的丧失则为生活自理能力缺乏的警示性标志，表明对老年人自理能力进行支持和干预的必要性，因而对两种功能健康指标应区别分析。如表3-6所示，洗澡是六项ADL中退化最严重的日常活动，其依赖性明显高于其他几项活动，12.4%的老年人在该项活动中都需要帮助，且在交互分析中发现其与年龄的相关性最强（$p<0.001$）。随着年龄的增大，老年人在该项日常活动中的自理能力迅速退化，70～79岁的中龄老人在洗澡活动中出现失能的比重是60～69岁低龄老人的近三倍，而80岁以上高龄老人的洗澡活动失能比重是中龄老人的近三倍，达到41.5%。就IADL方面来看，老年人在6项操作性日常活动中的自理能力无明显差异，仅外出乘车的自理比重略低于其他项目，且IADL整体自理能力显著低于日常生活活动能力，这说明对IADL的干预和支持应从进入老年期就开始，对于延缓功能退化及预防日常活动自理能力丧失的风险有着重要的意义。同时，IADL方面也存在明显的年龄差异，6项活动的失能比重均呈现随年龄增加而快速上升的过程。

整体来看，60～69岁老年人在ADL和IADL方面发生失能情况的项目数量平均不到1项；对70～79岁的老年人来说，其在ADL方面依然保持良好状态，但在IADL方面发生失能的平均项数增加到1.25项；而进入高龄后，ADL和IADL方面的失能概率均显著增加，日常活动上的失能项数平均为1.55项，操作性活动上的失能项数平均为3.05项。

表3-6　老年人的各项ADL和IADL情况（%）

ADL项目	自理情况		IADL项目	自理情况	
	自理	失能		自理	失能
吃饭	95.0	5.0	打扫卫生	83.4	16.6
穿脱衣	94.7	5.3	做饭	83.0	17.0
上下床	94.2	5.8	日常购物	83.3	16.7
上厕所	93.6	6.4	上下楼梯	83.8	16.2
洗澡	87.6	12.4	外出乘车	81.2	18.8
室内走动	91.7	8.3	管理财务	84.1	15.9

严重的失能将剥夺老年人独立生活的能力，因而功能健康状况与老年人的照料需求密切相关。调查中发现，17.6%的老年人在日常起居上需要提供照料，女性老人的照料需求明显高于男性老人，高龄老人的照料需求明显高于低龄老人。如表3-7所示，随着年龄的增长，照料需求的性别差异越来越大，在低龄老年群体当中，男性和女性需要照料的比例仅相差1.3个百分点，而在70～79岁这一年龄段，女性老人需要照料比例已超出男性老人6.7个百分点，进入高龄后，照料需求的性别差异则进一步增大到14.6个百分点。

这表明，尽管女性老年人的平均预期寿命明显高于男性，但活得长并不等于活得好，女性老年人在自理能力和健康预期寿命上均展现出一定的性别劣势，加之相对于男性，其更低的经济收入和更高的丧偶率，这意味着女性老年人尤其是高龄老人应作为当前社会养老服务的重点对象给予更多关注。

表3-7　分性别和年龄老年人的照料需求（%）

年龄	性别	照料需求	
		需要	不需要
60～69岁	男性	10.3	89.7
	女性	11.6	88.4
70～79岁	男性	16.1	83.9
	女性	22.8	77.2
80岁及以上	男性	40.7	59.3
	女性	55.3	44.7
合计		17.6	82.4

总的来看，绝大多数被调查老人都拥有较强的生活自理能力，但依然存在年龄、性别以及不同项目类型上的差异。一方面，老年人的日常活动中尤其是洗澡这一活动的辅助需求在居家养老和机构养老中需给予高度的关注。然而，日常生活活动的隐私性也为相关服务带来了挑战。在实地调研中发现，老年人对于这些活动的干预和支持存在一定程度的抗拒和抵触，从而导致需求旺盛却不愿寻求社会支持的现实。对此，应在提升服务人员的技术水平和价值理念的同时，针对老年人及其家庭成员开展辅助器具的干预支持和使用培训，以各种渠道和方式增强老年人独立且有尊严地生活的能力。另一方面，女性高龄老人应成为社会养老服务的重点关注对象。目前我国女性老年人比男性多出3 200万，而到了21世纪中期，女性老年人数量将超出男性4 300万，[①] 老年女性将因丧偶而面临独居、生活贫困、长期照料资源不足、再婚障碍等问题的高风险性，老年期的性别比偏低现象和女性老年人生存发展的脆弱性都指出需要在老龄公共政策领域改

① 参见杜鹏、李龙:《新时代中国人口老龄化长期趋势预测》,《中国人民大学学报》,2021年第1期。

变以往的性别盲视现象，在长期照护、经济保障、医疗服务乃至社会参与等方面纳入性别公平视角，对性别不平等现状以及曾经的相关政策实施所造成的不公平后果予以及时修正和弥补。

（三）调查对象的家庭结构和家庭养老状况

1. 被调查老年人的家庭结构和养老情况

在本次调查当中，有17.6%的老年人需要日常起居上的照料，而对于有着家庭养老传统的中国社会来说，家庭成员往往扮演着重要的支持角色，同时，家庭成员之间也分担着不同的照料责任。此次调查当中的老年人日常生活照料供给状况充分反映了家庭及社会在老年人生活照料中的作用以及家庭成员之间的照料责任分担。

表3-8显示了需要照料的老年人在日常生活中的主要照料者和次要照料者的构成情况。可以看出，超过一半的老年人都以配偶作为首要照料者，分别有18.9%和3.1%的老年人以儿子和儿媳作为首要照料者，以女儿和女婿作为首要照料者的老年人占17.3%，选择社会照料的老年人比重仅为4%，此外，还有2.5%的老年人依靠其他亲属作为首要照料者；在次要照料者的构成方面，儿子和儿媳则成为绝对主力，其次为女儿和女婿。

值得一提的是，调查中有48.7%的老年人认同“养儿子能防老”的传统观念，尽管“边际孩子合理选择理论”中指出，在现代社会，子女在提升家庭经济能力、提供养老保障、抵御风险以及扩展家庭等方面的效用都随着家庭经济能力的提升而降低，[①]家庭结构的变化和家庭养老功能的弱化也使得人们的养老观念开始由家庭养老向社会养老转变，[②]但“养儿防老”却依然是大多数老年人尤其是农村老人最理想的养老方式，[③]亲代与子代之间尤其是与儿子间的互惠和反哺也始终是家庭关系中难以被替代的主题。

---

① 参见李竞能：《现代西方人口理论》，复旦大学出版社，2004年，第30、31页。

② 参见张文娟、纪竞垚：《中国老年人的养老规划研究》，《人口研究》，2018年第2期。

③ 参见朱安新、高熔：《“养儿防老”还是“养女防老”？——中国老年人主观意愿分析》，《妇女研究论丛》，2016年第4期。

表3–8　不同性别年龄的有照料需求老年人的主要照料者（%）

性别	主要照料者	年龄组			合计
		60～69岁	70～79岁	80岁及以上	
男	配偶	75.0	76.9	27.3	66.7
	儿子儿媳	10.0	11.5	45.5	17.5
	女儿女婿	15.0	7.7	18.2	12.3
	其他亲属	0.0	0.0	0.0	0.0
	社会照料	0.0	3.9	9.0	3.5
女	配偶	75.0	48.3	9.5	44.3
	儿子儿媳	15.0	24.1	38.1	25.7
	女儿女婿	0.0	17.2	47.6	21.4
	其他亲属	5.0	6.9	0.0	4.3
	社会照料	5.0	3.5	4.8	4.3
合计	配偶	75.0	61.8	15.6	54.3
	儿子儿媳	12.5	18.2	40.6	22.0
	女儿女婿	7.5	12.7	37.5	17.3
	其他亲属	2.5	3.6	0.0	2.4
	社会照料	2.5	3.7	6.3	3.9

以往研究表明，伴随着老年人的增龄，持续增高的丧偶率使得老年人接受配偶照料的比例逐渐下降，而接受子女照料的可能性逐渐增大。① 此次调查也发现，当进入高龄之后，老年人由配偶照料的比例迅速下降，而由子女照料的比例不断上升，如表3–8所示。老年人在家庭照护者构成上的年龄差异预示着在高龄化日益加剧的社会中，家庭照护者尤其是成年子

① 参见周云：《从调查数据看高龄老人的家庭代际关系》，《中国人口科学》，2001年增刊。

女照护者将面临更加严峻的照料任务，家庭照料中的各种问题也将愈发凸显出来。同时，老年人的家庭照护者在构成上也存在显著的性别差异，女性老年人比男性老年人更加依赖子女的照料。这一点可以由男女预期寿命的差异所解释，即女性在进入老年期后面临着更大的丧偶风险，可依赖的配偶照料者比例明显低于男性老年人，因而更多地选择子女作为主要照料者。具体来看，男性老年人主要依靠配偶照料的比例为66.7%，比女性老年人高出22个百分点；而女性高龄老人主要依靠子女照料的比例则高出男性高龄老人17.3个百分点。由此可见，在需要照料的老年人当中，女性老人比男性老人更加依赖子女照料。

尽管家庭作为老年人最重要的养老场所，为老年人提供着主要养老支持资源，但长期照料体弱老年人对于家庭成员来说也意味着沉重的负担和压力。对于配偶照料者来说，进入老年期后的健康状况退化无疑将增加照料困难，而对子女照护者来说，工作者、父母、子女等多重角色的交织也必然为老年家庭照料带来负担。本次调查的老年人平均子女数为1.7人，47.6% 的老年人有多个子女，独生子女家庭占比50.8%，这意味着在老年人拥有的子女照料资源较为有限的情况下，家庭照护者将因缺乏照料任务分担者而面临更大的压力。在对一些家庭成员进行的访谈中发现，包括配偶和子女在内的许多家庭成员都不同程度地表达出照料老人对他们带来的压力和各种影响，例如经济开支过大、失去个人时间、工作效率受影响、个人健康程度下降等。

此外，本次调查中有10.1% 的老年人正在照料家中的高龄父母，他们也因此面临着更为严峻的照料挑战，其中，20.2% 的老年照料者表示在照料父母时感觉身心疲惫，24.4% 的老年人因照料老人而不得不减少个人生活和社交活动，还有7.4% 的老人面临着经济压力。对家庭成员提供技术培训支持、心理支持、开展日间照料等喘息服务、探索弹性工作制度改革等社会支持有助于稳定和提升家庭养老功能。因此，在社会养老服务供给体系构建中需进一步强化家庭视角，对老年人及其家庭照护者提供多元整合性服务，既有利于减轻家庭照料压力，也更能激发和最大化发挥家庭养老的作用。

表3-9 分年龄组老年人与子女同住情况与意愿（%）

性别	是否与子女同住		是否愿意与子女同住		
	是	否	愿意	不愿意	无所谓
60～69岁	45.9	54.1	37.2	55.1	7.7
70～79岁	37.8	62.2	36.9	52.8	10.3
80岁及以上	58.0	42.0	53.8	38.5	7.7
合计	43.7	56.3	38.6	52.7	8.7

尽管许多老年人在身体功能退化时都依赖家庭成员的照料，但老年人与子女同住的意愿并不高。调查显示，52.7%的老年人由于各种原因不愿意与子女同住，8.7%的老年人表示无所谓，只有38.6%的老年人明确表示愿意和子女同住。随着年龄的增长和自理能力的退化，愿意与子女同住的意愿在不断上升，这也反映出当老年人独立生活的意愿与其自理功能发生矛盾时，往往选择家庭成员的支持作为其生活保障。

进一步分析老年人实际与子女同住的情况得出了较为一致的结论，即高龄老人与子女同住的比例最高。然而，与子女同住比例最低的年龄组为70～79岁的中龄老人，并未呈现出年龄越低、同住比例越低的情况，这是因为该年龄段老人承担照料孙辈这一任务的可能性高于其他年龄群体，因而老人与子女同住比例随年龄增长而呈现两头高，中间低的现象，并导致老年人实际与子女同住比例要高于同住意愿。此外，被调查的天津市老年人普遍拥有并居住于自主产权的房屋（73.9%），与配偶同住的空巢家庭是最主要的居住方式和家庭类型，占被调查老年人的45.8%，另外，调查中还有11.7%的独居老年人。空巢和独居往往意味着更大的照料问题、精神慰藉缺失和居家安全等问题，因而这两类群体应作为社会养老服务的重点关注对象。

2. 成年子女照护者的家庭照料现状

在此次调查的438名子女受访者中，有298人扮演着子女照护者的角色，其中绝大多数子女都为父母提供做饭、打扫卫生、买菜或购物、陪同看病等工具性日常活动方面的照顾，只有23% 的人为 ADL 失能的父母提供喂饭、洗澡、如厕等基本护理。成年子女照护者群体的性别和年龄结构与整个子女样本大致相似，平均年龄为45.78岁，最低年龄26岁，最高年龄为59岁。

表3-10　被调查子女的基本情况（%）

变量名称	变量类别	百分比	变量名称	变量类别	百分比
性别	男	39.1	居住地	城市	80.9
	女	60.9		农村	19.1
年龄	20～39岁	18.7	婚姻状况	已婚有配偶	88.0
	40～49岁	56.2		离婚	6.4
	50岁及以上	25.1		丧偶和未婚	5.6
家庭经济状况	宽裕	25.1	文化程度	初中及以下	20.4
	一般	64.7		高中	23.0
	困难	10.2		大专及以上	56.6

成年子女照护者的年龄从接近而立到花甲之际，其照料角色在不同的人生阶段与其他角色发生着种种交叉。调查显示，接近90% 的成年子女在照料老年父母的同时还扮演着其他人生角色，其中，49.4% 的人要兼顾工作与照料老人，30.7% 的人同时承担着照顾老人、抚养未成年子女和工作者的角色，“上有老、下有小”的双重压力使得这类群体在西方也被称为“三明治的一代”。[①] 此外，分别有4.2% 和2.4% 的子女在照料父母之外，还

① 参见 Grundy E, Henretta J. C, Between Elderly Parents and Adult Children: A New Look at the Intergenerational Care Provided by the ‘Sandwich Generation’, *Ageing and Society*, 2006, 26(5), p.708.

面临着照看孙辈或者既要照看孙辈又要工作的情况，而这类子女照护者本身已处于中老年阶段，健康状况和体力的下降让他们在照料父母的过程中面临更多生理上的困难，[①] 尤其对于中老年女性照料者来说，更年期的到来加重了其心理和生理上的不适，而工作者身份的加入更易使其在各种角色互换中产生精力和时间上的冲突，从而造成较大的压力。

表3–11　分年龄组成年子女照护者的多重角色（%）

多重角色	年龄组			合计
	20～39岁	40～49岁	50岁及以上	
单一照料者角色	0.0	6.6	28.3	11.4
工作者和照料者角色	31.0	53.8	52.2	49.4
父母和照料者角色	3.4	2.2	0.0	1.8
父母、工作者和照料者角色	65.6	33.0	4.3	30.7
祖父母和照料者角色	0.0	2.2	10.9	4.2
祖父母、工作者和照料者角色	0.0	2.2	4.3	2.5
合计	100.0	100.0	100.0	100.0

调查显示，66.4% 的子女照护者由于照料老人的同时还要兼顾家庭或工作而感到压力。其中，近60% 的人都表示照料老人对个人时间和空间的挤占较为明显，近40% 的人因照料老人而影响到自己的社交生活，当照料者将较多时间和精力用于照料老人时，不可避免地会降低个人的社会交往和参与程度，从而产生对个人生活的消极影响。43% 的子女照护者因为照料老人带来的经济问题而感到担忧，尽管照料父母主要是指日常生活方面的照料，但不可避免经济上的直接照料开支以及因照料老人而放弃工作或减少工作时间等原因造成的隐性开支，而生活照料与医疗支出的密切关联则无疑会加剧照料者的经济压力。此外，近30% 的子女照护者还面临着健康状况退化和家庭关系紧张的问题，有研究显示，多子女家庭中的成年子

① 参见周云：《对老年人照料提供者的社会支持》，《南方人口》，2003年第18期。

女会在照料老人的责任分担上产生分歧和矛盾，从而影响了家庭关系的和谐，[①]而子女照护者与配偶间在照料老人和兼顾家庭等问题上产生的分歧也可能成为家庭矛盾的重要诱因。[②]

表3-12 成年子女照护者的照料负担（%）

	照料负担感受			合计
	从没有	有一些	比较大	
经济负担	57.0	28.9	14.1	100.0
健康状况变差	70.5	14.4	15.1	100.0
影响家庭成员关系	71.8	14.1	14.1	100.0
影响社交	61.7	22.8	15.5	100.0
占用个人时间和空间	42.3	31.5	26.2	100.0

家庭成员共同分担照料任务能够有效缓解单一力量照料时的负担，但随着第一代独生子女已步入40岁，被调查的成年子女照护者大多由于独生子女身份而使其缺少有效的照料支持，仅有一半的子女照护者能够得到来自兄弟姐妹的支持，尤其40岁以下的子女照护者能够得到兄弟姐妹照料支持的占比仅为3.8%，更多的子女照护者主要依靠来自配偶（74.8%）或子女（29.9%）的支持。此外，随着第一代独生子女的父母即将步入高龄，“4—2—1家庭模式”使得同时面对多位老年父母照料需求的现象将变得更为普遍，如何为家庭照护者提供有效支持以缓解家庭照料负担成为亟待解决的社会问题。

（四）家庭养老与老年人的子女价值观

尽管诸多研究都指出，家庭养老功能在现代社会不断弱化，传统孝文化和家庭养老面临着前所未有的挑战，老年人开始呈现出多元化的养老

① 参见陈树强:《成年子女照顾老年父母日常生活的心路历程》，中国社会科学出版社，2003年，第183页。

② 参见袁小波:《长期照料中的家庭关系及其对成年子女照料者的影响》，《兰州学刊》，2013年第1期。

观念，[①②]甚至在农村地区呈现出“土地养老”比“儿子养老”更为可靠的趋势，[③]一些地区则由于男性的“家庭缺位”造成传统的“养儿防老”开始转向“女儿养老”。[④]但本次调查数据表明，当高龄、失能与丧偶事件叠加之后，老年人对子女养老的依赖性将快速上升，家庭养老尤其是“养儿防老”的传统观念依旧影响着许多老年人的家庭结构和养老选择，子女对老年人仍然有着重要的价值。那么，老年人如何评价子女对自己及家庭的价值？儿子和女儿之间存在什么样的差异？又有哪些因素影响着老年人的子女价值观？对此作进一步探讨将对家庭养老制度探索和养老服务体系完善等问题提供理论与实证参考。

1. 子女价值观的内涵与变量操作化

中国老年人的子女价值观与孝道伦理密不可分。《礼记・祭统》对孝道的解释为“生则养，没则丧，丧毕则祭……尽此三道者，孝子之行也”。孝道作为华夏社会意识形态和伦理观念的基本纲领，蕴含着奉养父母、敬重祖先、延续祭祀的意义。[⑤]

要履行孝道，就必然需要家族后继有人，而姓氏是家族最为重要的标志，儒家的家族认同即为“同姓”的认同，因而家族传承本质上则为姓氏传承。[⑥]然而，宗法制下的“从父姓”传统仅赋予儿子尤其是嫡长子以完整履行孝道的权利和义务，这就使得生育行为被贴上“传宗接代”这一儒家

① 参见孙鹃娟、沈定：《中国老年人口的养老意愿及其城乡差异》，《人口与经济》，2017年第2期。

② 参见风笑天：《面临养老：第一代独生子女父母的心态与认识》，《江苏行政学院学报》，2010年第6期。

③ 参见李永萍：《“养儿防老”还是“以地养老”：传统家庭养老模式分析》《华南农业大学学报》，2015年第2期。

④ 参见李升、方卓：《农村社会结构变动下的孝文化失范与家庭养老支持困境探析》《社会建设》，2018年第1期。

⑤ 参见王慎行：《论西周孝道观的本质》，《人文杂志》，1991年第2期。

⑥ 参见白劭、范瑞平：《孝道、生育伦理与子从母姓》，《中国医学伦理学》，2019年第1期。

孝道的伦理义务标签，“养儿防老”也自然成为孝道的应有之义。也有学者指出，除了儒家姓氏继承文化下的“传宗接代”观以外，还存在以繁衍和血脉延伸为动机的再生产性“传宗接代”，[①]后继有人、天伦之乐成为许多老年人的心愿与追求。由此可见，儒家孝文化和宗法制影响下的老年人的子女价值观可以从养老、传承两个维度进行探讨。

就“养儿防老”的观念来看，这是中国人流传千年的传统观念，既有家庭代际支持的中国式反哺的伦理意义，也有父系制基础上儿子养老的性别文化意涵，“儿”既可涵盖儿女也可只指儿子。[②]由于本研究将子女价值观中的性别意义作为重要目标之一，因而以问卷中的问题“您是否认为养老主要是儿子的责任？”测量老年人基于性别考量的“养儿防老”观，对该问题的肯定回答体现了对儿子养老责任的认同，反之则意味着打破“养儿防老”的性别禁锢，将女儿也视为养老资源的提供者，亦有可能完全否定子女赡养的价值。

就“传宗接代”维度来看，中国历史上存在两种意义的“传宗接代”：一方面，“传宗接代”与中国传统“重男轻女”“养儿防老”共同构成了一个和谐紧密的生育价值体系，塑造出男性天然拥有财产和姓氏继承权的价值判断，由此形成“文化性的传宗接代”；另一方面，出于人类自身繁衍和血脉延伸动机下的“传宗接代”脱离了中国传统文化特色的价值判断，形成了“再生产性的传宗接代”。[③]但在中国社会，生育问题较难摆脱传统文化特别是孝道伦理的影响，传统家庭观念的影响至今依旧存在，[④]因此本研究将第二种“传宗接代”观念界定为“家庭扩展型传宗接代”，以强调对家庭的重视并区别于性别文化下的“传宗接代”观。

---

① 参见穆光宗：《论生育文化和生育控制》，《社会科学》，1996年第9期。

② 参见郑丹丹、易杨忱子：《养儿还能防老吗——当代中国城市家庭代际支持研究》，《华中科技大学学报》，2014年第1期。

③ 参见穆光宗：《论生育文化和生育控制》，《社会科学》，1996年第9期。

④ 参见吴帆、刘立光：《年轻人家庭观念的传承与变化——基于代际差异的测量与分析》，《人口学刊》，2022年第5期。

如上所述，宗法制下的家族传承本质上为姓氏传承，因而以问卷中的问题“如果让孙子随儿媳姓，这种观点您是否接受？”反映老年人的“文化性传宗接代”观念，该问题以“是否接受某观点”为表述形式，使回答对象不局限于有孙子的老年人而是面向全体受访者，否定回答意味着对男系姓氏传承观的认同，反之则体现了姓氏继承权上的去性别化观念。以问题“如果您的儿女不生孩子，您是否同意？”体现老年人无性别化的“家庭扩展型传宗接代”观念，并根据原因进一步追问，如“传统生育观和家族观念使然”“享受天伦之乐”以明确老年人对家庭延续和天伦之乐等方面的态度。

虽然传统孝亲文化中的“养儿防老”和“传宗接代”观念都反映出老年人对子女角色价值的态度，其中，“养儿防老”和“文化性传宗接代”体现了对儿子角色的重视和偏好即性别价值判断，“家庭扩展型传宗接代”为无性别取向下老年人对儿女的整体性期待，但为了更加清晰呈现两种观念的对比，将“养儿防老”和两类“传宗接代”观念进行变量合并，即将老年人分为“三种观念都认同”“只认同养儿防老”“只认同文化性传宗接代”“只认同家庭扩展型传宗接代”“三种观念都不认同”五类。这一新的变量体现了老年人对子女角色类别和程度的定义与期待，命名为“子女角色期待”。

具体来看，将“三种观念都认同”重新命名为“绝对传统角色期待”，其体现了老年人不管是在子女的性别价值还是去性别化的繁衍价值上都持有传统生育伦理的绝对信仰；将“只认同养儿防老”重新命名为“儿子养老角色期待”，反映了老年人对子女养老角色的性别考量，即对儿子赡养的绝对依赖；将“只认同文化性传宗接代”重新命名为“男系姓氏传承角色期待”，体现了老年人对姓氏传承的重视和对儿子在同姓继承上绝对优势的认可；将“只认同家庭扩展型传宗接代”重新命名为“家庭扩展角色期待”，意味着摒弃性别期待但依然强调子代的繁衍价值和天伦之乐；将“三种观念都不认同”重新命名为“传统弱化型角色期待”，体现了老年人对传统子女价值观的否定态度，儿子的性别角色价值与子女在家庭延续和天伦之乐等方面的价值受到双重弱化。

2. 老年人的子女价值观现状

基于对老年人"养儿防老"和两类"传宗接代"观念的描述性分析发现，将近一半的老年人都依然认同子女在养老和传承上的传统角色，其中，认同"养儿防老"的比重略高于"文化性传宗接代"的认同比重，两类"传宗接代"观念之间则无明显差异。然而，就反对的声音来看，不认同"养儿防老"观念的比重则超出两类"传宗接代"观念的反对者约6个百分点，另有23.6%和23.9%的老年人分别在两类"传宗接代"观念上出现了动摇但未发生明确的转变，这表明在社会经济发展的今天，生育文化的转变依旧相对滞后，许多老年人的生育观念仍处于传统或介于传统与现代之间。[①]

进一步的交互分析发现，随着年龄的增长，老年人对传统观念的认可比重稳定增加，而反对的比重则逐渐降低。同时这种年龄差异在两种观念之间呈现出不同特点，在"养儿防老"观念上，高龄老人的态度呈现两极分化，即认同"养儿防老"的比重高出反对者50%以上，而随着年龄的降低，则逐渐呈现观念均等化的倾向，即认同者和反对者占比趋于相同；反观"传宗接代"则发现，不管是高龄、中龄还是低龄老年群体，都呈现出态度的两极分化现象，认同"传宗接代"的老年人在各个年龄段都明显多于反对者。这表明儿子对老年人的经济价值随社会发展而日趋弱化，但子女的传承价值即社会价值的下降幅度相对较小。[②]

自古以来，婚姻都被赋予"上以事宗庙、下以继后世"的伦理意义，子女在传承敬老祭祖这一家庭责任的同时，也承担着繁衍同姓子孙后代的家族使命，承上与传后相结合，"传宗接代"的宗法色彩彰显其中。在家庭结构转型和社会变迁的现代化过程中，这一传统的转变进程依然相对缓慢。

---

① 参见穆光宗：《论生育文化和生育控制》，《社会科学》，1996年第9期。

② 参见穆光宗：《论生育文化和生育控制》，《社会科学》，1996年第9期。

表3-13 分年龄段老年人的“养儿防老”和“传宗接代”观念（%）

	养儿防老			文化性传宗接代			家庭扩展型传宗接代		
	认同	不认同	不好说	认同	不认同	不好说	认同	不认同	不好说
80岁及以上	58.5	26.1	15.4	55.4	17.6	27.0	45.5	26.2	28.3
70～79岁	49.7	35.1	15.2	44.7	31.0	24.3	45.4	30.1	24.5
60～69岁	44.6	41.0	14.4	46.5	32.2	21.3	46.3	31.6	22.1
合计	48.7	36.5	14.8	46.6	29.8	23.6	45.9	30.2	23.9

当被问到“传宗接代”的认同原因时，超过90%的老年人都认为是中国传统的生育和伦理观念使然，不管是“子随父姓”还是“人丁兴旺”都依然是大多数老年人的执念。此外，两类“传宗接代”观的认同原因也存在差异，一方面，享受天伦之乐（80.2%）和怕被别人嘲笑（22.1%）成为“家庭扩展型传宗接代”观念的重要原因；另一方面，担心孙子随母姓会被误解或瞧不起（32.9%）、随父姓更有利于财产继承（14.8%）则成为部分老人认同“文化性传宗接代”观的原因。父权制度下的随母姓污名化现象及其带来的羞耻感，以及宗法制下的财产继承权与姓氏继承相捆绑现象直至今天仍旧存在，①② 不仅成为男女两性不平等的根源，也影响着老年人在“传宗接代”观念上的态度。

基于对三种子女价值观态度合并后形成的五类子女角色期待的分析，结果显示有25.8%的人依然坚守子女的绝对传统角色，分别有17.8%、10.1%和13.8%的老年人单纯认同儿子养老角色、男系姓氏传承角色或家庭扩展角色，另外有32.5%的老年人表现出对子女传统角色的动摇。

① 参见田蕴祥:《华人社会中女性对子女随母姓接受态度的实证分析——基于台湾地区的调查数据》,《江汉论坛》,2017年第10期。

② 参见熊晓晓，程云飞，胡玉坤:《中国老年人男性单系继承偏好的影响因素研究》,《人口与发展》,2020年第1期。

表3-14　老年人对子女角色的期待

	频次	百分比
绝对传统角色	138	25.8
儿子养老角色	95	17.8
男系姓氏传承角色	54	10.1
家庭扩展角色	74	13.8
传统弱化型角色	174	32.5

3. 子女价值观的影响因素

为进一步探讨老年人对子女角色期待的影响因素，采用无序多分类logistic回归模型分析技术，以“子女角色期待”作为因变量，从个人禀赋、家庭支持、社会资源三个维度进行自变量筛选，将个体层面的性别、年龄、文化程度、健康、收入等资源禀赋，家庭层面的子女数量和结构、儿女各自对父母给予的经济、照料和精神慰藉等支持项数，以及社会资源层面户籍属性、社会保障、对养老机构的了解、邻里互助意愿等变量纳入模型。同时，考虑到老年人对自身价值与能力的判断以及性别观念也会影响到养老模式选择和代际关系中对儿女的不同角色期待，因而采用因子分析法对问卷中的9个相关问题提取出自我效能感和性别平等意识两个新因子，将其作为认知和观念因素与上述自变量一并纳入回归模型。自变量的具体选择和赋值详见表3-15。经过变量筛选，纳入回归模型的有效样本量为483人。

表3-15　自变量的选择和分布情况

变量层次	变量名称	变量取值	百分比或均值
个体资源	年龄	定距变量	69.3（岁）
	性别（女）	男	52.2
	文化程度（小学）	初中	37.7
		高中及以上	36.2

续表

变量层次	变量名称	变量取值	百分比或均值
	健康状况（不健康）	一般	22.6
		比较健康	39.5
		很健康	25.1
	婚姻状况（其他）	已婚有配偶	87.0
	家庭经济（困难和一般）	宽裕	39.1
	生活来源（自己和配偶）	子女和其他	13.7
认知和观念因素	性别平等观念	定距变量	0
	自我效能感	定距变量	0
家庭资源	子女数	定距变量	1.71（人）
	子女结构（儿女双全）	只有儿子	39.1
		只有女儿	32.7
	是否与子女同住（否）	是	38.3
	儿子代际支持项数	定距变量	2.54（项）
	女儿代际支持项数	定距变量	2.43（项）
社会资源	户籍（农村）	城市	73.7
	有无养老保险（无）	有	85.9
	是否了解养老院（否）	是	52.0
	邻里互助（不接受）	接受	40.6

（1）多维度因素影响下的绝对传统角色期待

表3-16显示，老年人对子女的绝对传统角色期待与传统弱化型角色期待相比，除婚姻状况、家庭经济、户籍、子女同住因素外，其他变量均显著作用于二者的差异。首先，在个人资源方面，随着年龄的增长，老年人对子女绝对传统角色的认同度在逐渐提高，这反映出老年人群体内部伴随

社会发展出现了明显的年龄差异；男性老年人相比女性更在意儿子的养老和传承以及子女的家庭延续功能，其认同子女绝对传统角色的发生比是女性的1.303倍，虽然男女两性均为行孝的主体，但儒家思想对儿子养老传承责任的强调使得男女两性对家族使命担当有着不同的认知，较强的宗族情怀也造就了众多男性老年人持有与女性不同的代际传承期待；[①] 就文化程度来看，初中和高中及以上文化程度的老人认同绝对传统角色的发生率分别比小学文化的老人低40.5%和68.1%；健康状况与绝对传统角色的认同之间呈负相关关系，健康状况好的老年人对子女绝对传统角色的认同度较低；此外，老年人自我经济供养能力对绝对传统角色期待也发挥着一定影响，生活来源依靠子女和其他的老年人认同子女绝对传统角色的发生比是依靠自己和配偶生活的老年人的1.382倍。

其次，在认知和观念因素方面，随着老年人的自我效能感和性别平等意识的增强，其认同子女绝对传统角色的发生比显著下降，这意味着在积极老龄化理念和性别平等意识不断提升的当今社会，当老年人越来越多地摆脱年龄和性别的刻板印象并转而拥有更多的独立自主时，“养儿防老”与“传宗接代”观念也将不断受到现代性的冲击。

再次，在家庭资源方面，子女数量和性别结构、儿子的代际支持都显著影响老年人的绝对传统角色期待。子女数每增加一人，老年人认同绝对传统角色的发生比增加32.9个百分点，由于子女数的多少对老年人的经济来源和生活照料有着重要影响，[②] 多子女家庭对父母的养老支持相应增加，可能会提升老年人对传统子女价值观的认同度。除子女数量以外，子女性别结构也影响着老人对子女绝对传统角色的认同度，特别是只有女儿的老年人相对儿女双全和只有儿子的老年人来说，对绝对传统角色的认同度极

① 参见韩雷、李舜：《宗族文化能够化解“少子化”现象吗？——基于CFPS2014数据的经验检验》，《世界经济文汇》，2022年第6期。

② 参见陈卫、杜夏：《中国高龄老人养老与生活状况的影响因素——对子女数量和性别作用的检验》，《中国人口科学》，2002年第6期。

低，只有儿子和儿女双全的老人则无显著差异。儿子对父母在经济、照料、慰藉方面的支持越全面，老人对绝对传统角色的期待就越大，女儿对父母的支持和赡养则会降低老年人对子女绝对传统角色的期待，但就性别对比来看，儿子的作用明显大于女儿。

最后，在社会资源方面，未参加社会养老保险的老年人更加认同子女的绝对传统角色，这在一定程度上源自养老保险对家庭养老的挤出效应。[①] 了解养老院的老人认同子女绝对传统角色的发生比是不了解养老院老人的80.9%，邻里互助意愿较强的老年人期待子女绝对传统角色的发生比低于互助意愿弱的老人约40个百分点。可见，养老机构的可及性和积极的邻里互助能够增强老年人的社会支持网络和个体独立性，为老年人提供自我养老和社会养老的多元化选择，也改变了老年人对“传宗接代”观念的认知。尽管以往研究发现农村老年人相比城市老人更倾向于传统养老观念，[②③] 但在本研究中并未发现这种城乡差异，原因之一可能是本研究所取农村样本主要来自天津市西青区，该区地处城乡接合区域，由于土地征用使得大部分农民已改变传统的生产方式，从而其生活方式和养老态度也逐渐向城市靠近。

---

① 参见汪润泉：《“社会养老”是否淡化了“子女责任”观念？——来自中国农村居民的经验证据》，《人口与经济》，2016年第5期。

② 参见王一笑：《老年人“养儿防老”观念的影响因素分析——基于中国老年社会追踪调查数据》，《调研世界》，2017年第1期。

③ 参见陶涛、刘雯莉：《独生子女与非独生子女家庭老年人养老意愿及其影响因素研究》，《人口学刊》，2019年第4期。

表3-16 老年人对子女角色期待的多分类 logistic 回归分析

	发生比 Exp（B）			
	绝对传统角色	儿子养老角色	男系姓氏传承角色	家庭扩展角色
年龄	1.123**	1.008	.975	1.008
性别（女）				
男	1.303*	.866	1.311	1.001
婚姻状况（其他）				
已婚有配偶	.775	.796	.995	1.321
受教育水平（小学）				
初中	.595^{+}	.963	.792	1.650
高中	.319*	.680^{+}	.624	1.039
健康自评（差）				
一般	.600^{+}	.560	1.475	3.057
比较健康	.401^{+}	.716	.633	1804
很健康	.671	1.323	.879	2.178
家庭经济（困难和一般）				
富裕	.953	.571^{+}	.781	.704
主要生活来源（自己和配偶）				
子女和其他	1.382^{+}	.991	1.291^{+}	6.725**
自我效能感因子	.755*	.412**	.903	1.340
性别平等观念因子	.557***	.546***	.848*	1.046
是否与子女同住（否）				
是	1.278	1.043	.750	1.665^{+}
子女数	1.329^{+}	1.321	.854	.930
子女结构（儿女双全）				
只有儿子	.674	1.232	.774	1.194

续表

	发生比 Exp（B）			
	绝对传统角色	儿子养老角色	男系姓氏传承角色	家庭扩展角色
只有女儿	.064***	.352*	.746	.900
儿子支持程度	1.324*	1.192^{+}	.697	1.087
女儿支持程度	.621^{+}	.837	.325*	1.057
户籍（农业）				
非农业	.788	.990	.785	1.100
社会养老保障（无）				
有	.673*	.263**	.271*	.504
是否了解养老院（否）				
是	.809^{+}	.532*	1.417	1.456
邻里互助意愿（不愿意）				
愿意	.586^{+}	.806	.729	1.079
常量（B）	7.825	0.654	2.085	–2.864

注：$^{+}$ 表示 $P<0.1$，* 表示 $P<0.05$，** 表示 $P<0.01$，*** 表示 $P<0.001$。

（2）养老角色与传承角色期待影响因素的差异化分析

就儿子养老角色和两类传承角色期待分别与传统弱化型角色期待的对比来看，只有经济因素同时作用于老年人对儿子养老和两类传承角色的期待。具体来看，经济状况自评一般或较差的老人相比富裕老人更加期待儿子的养老角色；主要生活来源依靠子女和他人的老年人对两类传承角色的期待明显较强；拥有养老保险会降低老年人对儿子的养老角色和男系姓氏传承角色的期待，由此可见，老年人的经济能力和对子女尤其是儿子的依赖性高度相关。此外，性别平等意识的提升对儿子的养老和传承作用均有明显抑制作用，但对子女的再生产性传承即家庭扩展角色期待无显著影响。

进一步比较儿子养老角色和两类传承角色期待在影响因素上的区别，

可以发现，儿子养老角色期待受制于老年人的自我效能感、学历、子女结构、儿子支持、了解养老院等较多因素的单独影响，而男系姓氏传承角色和家庭扩展角色期待分别仅受到女儿的养老支持和子女同住因素的独立影响。

就儿子养老角色期待来看，自我效能感更高的老人认同儿子养老角色的可能性在下降，交互分析发现自我效能感更高的老年人往往身体健康、生活独立且承担重要的家庭乃至社会角色，从而可能降低对儿子的养老期待。文化程度和家庭经济水平与儿子养老角色认同度的负相关也在某种程度上印证了上述观点，高中文化程度的老人认同儿子养老角色的发生比是小学文化老人的68%，家庭经济富裕的老年人认同儿子养老角色的发生比是经济状况一般和困难老人的57.1%。在子女结构和赡养行为这一家庭因素方面，只有女儿的老年人认同儿子养老角色的可能性最低，儿女双全和只有儿子的老人则无明显差异，儿子的养老支持每增加一项，老年人认同其养老角色的发生比就提高19.2个百分点，即儿子的积极赡养行为能够增强老年人对儿子养老的信心。由此可见，女儿的养老支持对儿子的养老角色无明显替代作用，大多数有儿子的老年人依然会依赖儿子的养老资源，女儿的替代作用仅在老人无儿子时得以体现。在社会资源层面，对养老院的了解会显著降低老年人对儿子的养老角色期待，即社会养老设施与服务能够为老年人提供更多养老选择从而增强其养老独立性，证实了社会化养老服务对“养儿防老”具有显著的替代效应。

相较儿子养老角色期待来说，两类传承角色期待受到的独立影响因素极为有限。女儿对父母提供的支持越多，老年人认同男系姓氏传承角色的发生比越低，即老年人会因女儿更多的赡养行为而降低对儿子“传宗接代”的期待。与子女同住增强了老年人对“家庭扩展型传宗接代”的认同度，即主干家庭的居住形式可能会强化老人享受天伦之乐、家庭兴旺的心理动机。而自我效能感、学历、社会养老服务等影响“养儿防老”认同度的因素并未显著影响子女的传承角色期待，这说明“传宗接代”观念更牢固地镌刻在老年人心中，是一种根植于传统伦理观的认知沉淀。

4. 小结

诞生于传统社会的“养儿防老”和“传宗接代”观念以孝文化和价值伦理的形式出现，在封建社会自上而下的思想控制下，也通过社会大众之间的劝说机制进行传播。而在当今社会，这一代际传承的权力规训在社会转型和家庭结构变迁、妇女地位提升、家庭观念和生育观念变化等因素影响下受到了挑战，老年人的“养儿防老”和“传宗接代”观念都开始出现动摇和转变，低龄老人相对较低的认同度就是直接体现。然而，这两种观念的转变趋势也存在明显差异。对于自养能力较高、社会资源充沛和只有女儿的老年人来说，“社会养老”“自我养老”和“女儿养老”都为其提供了“儿子养老”之外的选择，因此“养儿防老”观念的转变趋势较为明显。但对“传宗接代”观念而言，其受制于社会发展进程的影响有限，一方面，传统的男性传承观念已被大众广泛内化与接受且继续通过社会化形式在家庭和社区中传播，性别权力规训依旧在一定程度上维持着女性在家庭责任和传承权力上的不平等，并为子孙后代的出生性别选择冠以传递姓氏符号的价值；另一方面，家族兴旺和天伦之乐的需求始终难以被替代，一些老年人表现出的“传宗接代”观念动摇只是在当前年轻人生育观念转变的冲击下的被动转变。调查时不少老人就表示，“现在年轻人不愿意生也没办法”，无奈之情溢于言表，而一位被访老人在讲述“终于抱孙子”时的激动和喜悦也尽显了辛酸之情。

总体来看，儿子和女儿的功能在当今社会均已发生了明显变化，一方面，在儿子的养老价值不断弱化的同时，“传宗接代”角色受到经济社会发展和现代文化的影响较小从而更为凸显；另一方面，女儿的养老和传承作用的不断增长对儿子的养老价值产生了进一步冲击，越来越多的老年人将女儿作为养老资源的重要提供者，“女儿也是传后人”亦受到诸多老年人的认可。

由此可见，当代老年人在子女价值观上的转变存在被动性与主动性并存的特点，“养儿防老”和“传宗接代”作为儒家孝文化的核心价值观依旧发挥着较大的影响力，以家庭养老为基础的养老模式也是当下我国老龄社会的基本国情。面对孝文化和家庭代际传承模式的现代性变革，一方面要继续加强对家庭养老的支持，同时推进社会化养老服务发展，为老年人构建全方位、多层次的养老选择空间；另一方面，在国家政策层面和宣传舆论上倡导孝道和平等的姓氏继承制度，保障子女共享家族传承权利和义务，促进家庭场域内代际关系和性别关系的和谐发展。

二、调查对象的社会养老服务需求

在当前社会养老服务体制尚不健全，社会养老服务供需矛盾突出的背景下，家庭养老依旧是多数老年人的选择。随着家庭功能的不断弱化，用于老年照料等方面的家庭资源与社会资源都变得相对稀缺，家庭内部的照料关系逐步向社会化转型，[①] 社会养老服务开始成为家庭养老的重要替代。

近年来，天津市以“973”养老服务格局的建设为发展方向，构建具有天津特色的居家社区机构相协调、医养康养相结合的“津（金）牌养老”服务体系，包括居家社区养老和机构养老等在内的社会养老服务模式都获得了较大程度的发展。然而，社会养老服务体系尤其是居家养老服务的起步较晚，发展时间短，依然存在较为突出的不充分、不平衡、不协调问题，因而在当前社会养老服务供给相对有限的情况下，摸清老年群体及其家庭的养老服务需求从而提供精准化服务是提升社会养老服务可及性、促进养老服务均等化的重要路径。

（一）对居家社区养老服务的需求

居家社区养老与家庭养老和机构养老相比，是一种新兴的养老模式，其依托社区养老服务设施，为居家老年人提供生活照料、家务帮助、精神

① 参见彭希哲、胡湛：《公共政策视角下的中国人口老龄化》，《中国社会科学》，2011年第3期。

慰藉、医疗护理等服务，是一种结合人本理念和成本效益原则的普适化养老服务模式。自2008年国家颁布《关于全面推进居家养老服务工作的意见》以来，一些大中城市开始探索社区居家养老服务的实践，天津市在2009年前后也开始了居家养老服务、日间照料等试点工作并取得了一些成果。然而，当前我国居家社区养老服务依然处于发展期，居家养老服务设施的知晓率和使用率普遍偏低，[①]一方面体现出相关服务设施的覆盖率不足，同时也折射出老年人对居家社区养老服务的需求与现有服务内容及质量匹配度低的现实。因此，准确把握老年人及其家庭的需求是制定和完善城市居家社区养老服务体系的基础和关键。

1. 老有所养和老有所医

从2013年《国务院关于加快发展养老服务业的若干意见》提出“居家为基础、社区为依托、机构为支撑”，到2019年《国务院办公厅关于推进养老服务发展的意见》中的“居家为基础、社区为依托、机构为补充”，再到《“十四五”国家老龄事业发展和养老服务体系规划》提出的“居家社区机构相协调、医养康养相结合”，居家养老和社区养老服务在社会养老服务体系中的基础性地位始终没有动摇和改变，选择居家养老也依旧是绝大多数老年人的选择。然而，在一些调查中发现，尽管在十多年间的发展过程中，居家社区养老服务从无到有、从少到多得到了较快发展，但居家养老的基础地位和社区养老的依托作用远没有得到充分发挥，基础设施覆盖率低、为老服务项目单一、城乡差异较大等突出问题制约了居家社区养老服务的发展。[②]

在此次天津市的调查中发现，当前居家社区养老服务项目类别较为全面，涵盖送餐助餐、家务帮助、个人护理、日间照料、智能呼叫等多方面

① 参见丁志宏、曲嘉瑶：《中国社区居家养老服务均等化研究——基于有照料需求老年人的分析》，《人口学刊》，2019年第2期。

② 参见崔树义、杜婷婷：《居家、社区、机构养老一体化发展研究》，《东岳论丛》，2021年第11期。

内容，但服务项目的使用率却并不理想，老年人对各项服务的需求和实际使用率之间存在一定的差距。在各项居家社区养老服务中，老年饭桌或送餐服务的需求最高，然而只有一半的需求转化为使用率。2019年，天津市人民政府办公厅发布《关于推进老年人助餐服务工作试行办法的通知》，要求每个街道（乡镇）至少开设1家一级老人家食堂，每个居（村）委会开设1家老人家食堂，并于2021年实现老年助餐服务城区全覆盖，逐步向农村地区扩展。截至2023年底，天津市老人家食堂数量已达1 887个[①]。但在调研中发现，一些社区的老人家食堂在推广上并未做到全覆盖，另一些社区虽挂牌“老人家食堂”或“社区食堂”，但有名无实，并未利用设施真正开展相关服务。

尽管如此，老年饭桌和社区送餐服务的使用率和有需求的使用率依然在各项服务中最高，如表3-17所示。帮助日常购物、打扫屋子和智能呼叫的服务需求仅次于配餐需求，但有需求的使用率之间却存在极大差异，就日常购物和家务帮助服务来看，超过50%的相关需求得以满足，而智能呼叫的需求只有16.7%转化为实际使用，这一方面反映了当前社区智慧养老服务尚处于起步发展阶段，另一方面也说明在天津市人口高龄化程度和空巢率较高的背景下，老年人对紧急呼叫等智慧养老的需求正不断上升。而就个人护理、日间照料、上门探访等居家社区服务来说，其需求率均在10%以下，有需求的使用率也仅在30%～40%之间，其中，尤其以理发、洗澡等个人护理服务需求为最低。调查发现，洗澡作为老年人基本生活自理能力中退化最严重的活动与较低的助浴服务需求率之间存在一定的矛盾性，这说明隐私性相对较高的个人护理和上门探访服务领域在供给上有较大的提升空间，随着智慧养老和助老科技的发展，以科技突破传统养老服务业的上门入户难、个人护理难等服务困境将成为可能。

① 参见天津市统计局：《2023年天津市国民经济和社会发展统计公报》，2024年3月18日。

表3-17　居家社区养老服务需求与使用情况（%）

居家社区养老服务项目	需求			使用率	有需求的使用率
	需要	不需要	不好说		
老年饭桌或送餐	18.0	49.0	33.0	9.9	55.0
帮助日常购物	12.0	51.5	36.5	6.3	52.5
帮助打扫屋子	11.9	53.7	34.4	6.0	50.4
理发、洗澡等个人护理	8.2	55.2	36.6	2.5	30.5
日间照料	9.5	54.1	36.4	4.2	44.2
智能呼叫	12.0	54.4	33.6	2.0	16.7
上门探访	8.9	57.0	34.1	2.9	32.6

注：有需求的使用率即对某项养老服务存在需求的老人中使用过该项服务的老年人占比。

在居家社区养老服务尚处于发展阶段，社会养老服务供需之间还存在较大矛盾的背景下，有限的社会养老服务依然是家庭养老的重要补充而非绝对的替代，对许多老年人来说，仍需依赖于家庭成员尤其是子女的照料。然而，独生子女数量的增加、家庭核心化及人口流动性增强等现代化趋势一方面降低了家庭照料资源的可得性，另一方面也给子女照料老人带来了极大的困难。因此，应关注家庭成员在照料老人过程中的困难和需求，将家庭照护者的支持纳入社会养老服务体系建设中。

表3-18　子女照护者对居家社区养老服务的需求和购买意愿（%）

居家社区养老服务项目	需求			购买意愿	
	需要	不需要	不好说	愿意	不愿意
老年饭桌或送餐	24.9	47.5	27.6	53.8	46.2
帮助做家务	24.3	45.3	30.4	50.5	49.5
日间照料服务	20.0	46.1	33.9	55.6	44.4
智能呼叫	26.5	42.0	31.5	56.1	43.9
照料技能培训	16.6	49.2	34.2	40.2	59.8
心理咨询（压力疏导）	18.8	48.1	33.1	47.1	52.9

此次调查中的298位成年子女照护者对居家社区养老服务不约而同地表达出一定的需求和较强的服务购买意愿，有1/5至1/4的子女照护者者对日常助餐、家务帮助、日间照料和智能呼叫服务有明确的需求，而这四类养老服务的购买意愿均在50%以上。另外，16.6%和18.8%的子女照护者希望社区能够开设照料技能培训和心理咨询服务，以帮助提升照料技能和降低照料压力。以往研究发现，家庭成员在照料老人过程中产生的抑郁、烦恼等消极情绪和心理不仅对照料者个人健康有负面影响，还会引发家庭关系危机和虐待老人等极端现象。[①] 因此，针对家庭照护者开展技能培训和消极心理的修复性服务，引导积极的照料价值观和生活态度，将有助于家庭照护者提高自我效能感和降低消极心理体验，发展良好的人际关系互动并提高家庭照料质量。

2016年，民政部、国家发展和改革委员会在《民政事业发展第十三个五年规划》中首次提出医养结合，强调推动医疗卫生和养老服务资源有序共享，形成覆盖城乡、规模适宜、功能合理、综合连续的医养结合服务网络。《“十四五”国家老龄事业发展和养老服务体系规划》进一步提出要加快健全居家社区机构相协调、医养康养相结合的养老服务体系和健康支撑体系，这意味着医疗康复与养老服务的结合成为社会化养老服务体系的重要组成部分。2022年，《关于进一步推进医养结合发展的指导意见》更加明确提出居家社区医养结合服务的发展路径，即通过发展家庭病床、上门巡诊等居家医疗服务、利用互联网开展居家医疗创新服务、加强老年病预防和早期干预、提高家庭医生签约服务覆盖率等方式提升居家社区医养结合能力。

① 参见袁小波：《老龄社会的照料危机——成年子女照料者的角色经历与社会支持研究》，天津人民出版社，2019年，第148页。

表3-19 居家社区医疗服务需求与使用情况（%）

社区医疗服务项目	需求			使用率	有需求的使用率
	需要	不需要	不好说		
上门护理看病	15.8	42.2	42.0	5.0	31.7
康复训练	9.8	47.7	42.5	3.5	35.7
康复器具租用	10.5	47.3	42.2	4.2	40.0
免费体检	46.9	26.8	26.3	36.7	78.3
健康讲座	24.5	40.9	34.6	13.1	53.5
签约家庭医生	18.8	40.9	40.3	8.7	46.3
家庭养老床位	10.0	54.8	35.2	2.6	26.0

从“十三五”时期开始，天津市就着力推进医养相结合的养老服务体系建设，在居家社区医养结合服务方面，老年人健康管理率已达70%，160万老年人签约家庭医生服务，在推进机构开展医养结合服务方面，已有71家养老机构内设医疗机构，养老机构与医疗机构签约率达到100%。[1] 在调查中发现，相较居家社区养老服务而言，老年人对医疗康复和医养结合服务的需求更加明显，尤其在免费体检和健康讲座服务这一预防性医疗服务上有着较为旺盛的需求，且这一需求在较大程度上转化为实际使用率。虽然签约家庭医生、上门护理看病、家庭养老床位以及康复服务方面的需求率仅在10%～20%之间，但有需求的使用率达到35%以上，这意味着天津市在居家社区医养结合服务供给方面已具备一定的规模，但也有着较大发展空间。

① 参见天津市民政局:《天津市“十四五”养老服务体系发展规划和二〇三五年远景目标纲要》,2022年10月14日。

表3-20 不同年龄老年人对居家社区服务的需求程度（%）

居家社区服务项目	年龄组		
	60～69岁	70～79岁	80岁及以上
老年饭桌或送餐 **	13.3	22.4	26.2
帮助日常购物 *	9.0	15.2	15.4
帮助打扫屋子 *	9.3	15.6	10.8
理发等个人护理	6.6	8.9	13.8
日间照料	8.2	11.3	9.2
智能呼叫 *	9.0	14.5	18.5
上门探访	8.2	10.3	6.2
上门护理看病 ***	12.8	16.3	30.8
康复训练 **	8.5	8.9	21.5
康复器具租用 **	10.4	8.5	20.0
免费体检	44.7	48.6	52.3
健康讲座	24.2	23.0	32.3
签约家庭医生 *	17.6	17.7	30.8
家庭养老床位	8.5	12.4	9.2

注:* 表示 $P<0.05$，** 表示 $P<0.01$，*** 表示 $P<0.001$。

通过进一步的交互分析发现，不同年龄和自理能力的老年人对于居家社区养老服务和医疗服务的需求有着明显差异。总体来看，随着年龄的增长和自理能力的退化，老年人的服务需求也随之增长，但自理能力的差异对于居家社区服务需求的影响明显较大，健康老人和失能老人在所有养老和医疗服务需求上都呈现出显著的差异。而在年龄差异方面，只有上门护理、老年饭桌或送餐以及康复服务需求存在较大差异，在理发、助浴等个人护理、日间照料和上门探访方面均呈现出需求较弱且年龄差异较小的情况，在免费体检和健康讲座两项社区医疗服务上则呈现出需求较强但年龄差异较小的情况。

表3–21 不同自理能力的老年人对居家社区服务的需求程度（%）

社区服务项目	自理能力等级			
	完全自理	轻度失能	中度失能	重度失能
老年饭桌或送餐 ***	9.8	17.2	34.0	36.4
帮助日常购物 ***	4.9	11.2	28.0	27.3
帮助打扫屋子 ***	7.4	10.4	26.0	30.3
理发等个人护理 ***	2.5	7.5	14.0	30.3
日间照料 ***	1.5	7.4	22.0	30.3
智能呼叫 ***	9.7	9.0	36.0	24.2
上门探访 **	8.5	3.3	18.0	21.2
上门护理看病 ***	10.2	15.6	48.0	54.5
康复训练 ***	6.0	8.2	40.0	30.3
康复器具租用 ***	7.1	7.4	38.0	33.3
免费体检 **	45.8	40.2	72.0	51.5
健康讲座 ***	23.6	13.9	56.0	30.3
签约家庭医生 ***	15.6	11.5	50.0	48.5
家庭养老床位 ***	1.3	4.9	22.0	39.4

注：* 表示 $P<0.05$，** 表示 $P<0.01$，*** 表示 $P<0.001$。

就子女照护者群体来看，其对父母所在社区的居家社区医疗服务需求主要集中于家庭养老床位和康复器材租用两项。其中，对家庭养老床位的需求率为20.2%，另有39.8%的子女照护者表示目前尚不需要，但未来有需要时愿意考虑该服务，而愿意花钱购买该服务的比例则高达59%。康复器材租用的需求率为12.7%，同样有近40%的被访者表示暂时不需要该项服务，对该项服务表达明确购买意愿的子女照护者占48%。

2. 老有所为、老有所学、老有所乐

从2002年世界卫生组织提出“积极老龄化”政策框架以来，老年人通

过参与社会、经济、政治等活动从而实现自身价值的机会越来越被国际社会所重视，相关理念也被纳入我国老龄事业的指导思想，尤其在2021年出台的《中共中央 国务院关于加强新时代老龄工作的意见》中，明确提出要发挥积极老龄观的指导性作用，强调街道和社区应提供文化体育活动场所，组织开展文化体育活动，实现老年人娱乐、健身、文化、学习、消费、交流等方面的结合，鼓励老年人积极参与家庭、社区和社会发展。《“十四五”国家老龄事业发展和养老服务体系规划》也提出，要扩大老年文化服务供给和支持老年人参与体育健身，通过改扩建或新建一批老年公共文体活动场所，加强配套运动场所和设施的规划建设，从而丰富老年人文体休闲生活。

此次调查发现，接近60%的老年人有着较高的社区活动参与意愿。而从老年人退休前的准备情况也能看出许多老年人对晚年生活是有着积极规划的，有33.8%的人在退休前尝试过调整心态以迎接退休后的生活，19.5%的人考虑过退休后生活方式的改变，还有25.5%的人筹划过退休后的休闲娱乐活动。交互分析发现，积极规划晚年生活的老年人也往往热衷于参与社区活动，可见积极的退休准备对于老年人的退休生活调适有一定的促进作用。

尽管被调查老年人对社区活动普遍表示出积极参与的意愿，但对于不同类型的社区活动却有着不同的兴趣程度，老年人对各类社区活动的参与意愿由高到低依次为娱乐活动、健康知识讲座、学习活动、志愿者活动、慈善活动、体育活动和关心青少年的教育活动，尤其是娱乐活动和健康讲座这类普适性的活动受到85%以上老年人的喜爱。需要指出的是，此次调查发现不少老年人尤其是城市户籍老人在继续学习和发挥自身价值的志愿、慈善活动上也表示出一定程度的兴趣，反映出天津市老年人终身学习的积极心态和较高的个人素质，同时与本调查的城市社区样本在和平区、南开区和河西区部分社区取样也有着一定关系。一些受访的工作人员表示，这些社区由于地处市经济文化中心，社区居民整体素质较高，特别是具有高学历和知识技能的老年人不在少数，如南京路社区就有退休老年医护工作者自愿组成的医疗服务队，定期为居民免费开展医疗志愿活动，既发挥了自身的价值和余热，也服务了社区居民，而这样的活动又反过来促进了社区的文化建设氛围，对鼓励更多老年人加入志愿活动有一定的积极影响。在此次调查中，就有61%的老年人表示自己所在社区居民整体的社区参与意识较高。

虽然老年人对于社区参与的意愿整体较强，但从调查结果来看，只有一半的参与意愿转化为实际参与率，有70%的老年人表示自己从未参加过任何形式的社区活动，另外有11.2%的老年人曾经参与过但近一年来并未参加过社区活动。在近一年来实际参与过社区活动的老年人当中，文体活动的参与比率达到了56.4%，环境卫生保护和治安巡逻等日常社区公益性活动的参与比率均在10%至20%之间，另有8.6%和3.6%的老年人参与过探访社区空巢老人和专业技术性志愿服务活动。在与部分老年人和社区工作人员的交流中发现，社区活动场地有限、活动类型单一、活动组织和宣传不到位以及行政思维浓厚是当前社区开展活动过程的突出问题，一些社区出于对活动效果等因素的考虑而较注重参与者的素质，使得一些社区活动总局限于固定的参与者，一定程度上限制了社区活动的影响力和参与覆盖率。

表3-22　老年人所住街道、社区文体设施及使用情况（2015和2021年对比）（%）

	附近没有		从不去		偶尔去		经常去	
	2015	2021	2015	2021	2015	2021	2015	2021
老年活动室	35.7	11.5	63.3	68.7	30.1	24.6	6.6	6.7
图书室	52.5	25.1	79.3	76.3	16.6	18.1	4.1	5.5
公共健身场地和器材	55.1	4.4	37.3	11.9	40.9	24.5	21.8	63.6

注：基于笔者在2015年和2021年的两次调查数据。

尽管近年来天津市政府在街道和社区活动场地规划方面取得了一定

的成果，“见缝插针”式的建设方案弥补了一些老旧社区缺乏活动场地的弊端，但整体来看，社区活动场地有限依旧是许多社区共同存在的问题。笔者在2015年曾对天津市南开、河西、河东、河北四个区的10个社区共计350位老年人的调查显示，街道或社区相关老年文体活动设施覆盖率较低，且老年人对各种文体活动场所的利用率也较低。而在此次调查中发现，时隔6年，街道或社区老年文体活动设施覆盖率和利用率都有显著提升。尤其在体育设施方面，仅有4.4%的老年人表示街道或社区附近缺少公共健身场地和器材，较2015年下降50个百分点，经常使用公共健身设施的老年人则提升了42个百分点，达到63.6%。而在文化设施方面，虽然老年活动室和图书室的覆盖率相较2015年调查数据提升了约25个百分点，但其利用率却依然不理想。在与个别老年人的交流中发现，目前大多社区老年活动室都存在有名无实，内部软件质量较差的问题，一些老年人表示“在那儿下棋还不如在小区院子里，近还热闹”“就一间空屋子，天冷的时候跳个舞还行，但地方不大，人多也站不开”“社区要搞个活动，这个屋子还能利用一下，平时也不来”“好像有画画，有书法。我没这爱好，我也不去”。

由此可见，一方面，硬件设施质量较低、软件配套不足且与老年人兴趣爱好匹配度低是老年人社区文体活动开展的基础障碍；另一方面，老年人参与文体活动较依赖于社区的有力组织，因而社区开展迎合老年人兴趣爱好的文体活动成为老年人文体休闲生活质量得以提升的关键因素。

3. 老有所安

随着中度老龄社会的到来，加强整个城市建设尤其是居家社区无障碍环境的改造既有助于提升老年人生活质量和增强其独立生活能力，也是对老年人居家和出行安全的基础保障。《天津市残疾预防行动计划（2022—2025年）》提出，要加强老年友好环境建设，持续推进特殊困难老年人家庭适老化改造，2025年实现公共建筑无障碍设施建设率达到100%。近年来，在天津市居家社区养老服务的快速发展中，社区适老化改造取得了较大的成效，例如和平区在2022年集中开展适老化改造工程，在部分老旧小区内进行加装扶手、折叠椅、无障碍设施等“微改造”项目，河西区2022年适老化改造重点项目通过安装扶手、防滑设施等方式，从行动、坐卧等方面为老年人搭建居家养老的基础。然而，在此次调研中了解到，不少老年人依然居住在缺少无障碍设施及便利性较低的老旧社区当中，对其家庭和社区生活带来了诸多不便，例如一些老年人仅仅因为腿脚不便而长期无法外出活动，这样的问题实际上通过一部成本相对较低的分段式接力电梯就可以解决。然而，现有的适老化改造服务相对缺乏，因而加强对老年人相关需求的调查及增强适老化改造意识对完善社会养老服务政策和营造老龄社会宜居环境有着重要的作用。

表3–23　老年人所住社区适老化改造情况及其需求（%）

无障碍改造项目	供给率	需求率	供需差
坡道改造	56.0	47.9	8.1
防滑设施、安全扶手	51.7	55.8	–4.1
安装电梯	43.6	61.9	–18.3
家庭适老化改造	11.9	28.8	–16.9

注：供给率为回答社区中有该项服务的老年人占比，供需差为供给率减需求率，为正表明供给充分，为负表明存在供需缺口。

此次调查数据显示，老年人对社区适老化改造服务的需求较为旺盛，除家庭适老化改造外，各类项目的需求率基本在50%以上，尤其在电梯安装和防滑设施、安全扶手方面的需求率高达60%左右。然而，相对其较高的需求率而言，老年人所在社区的适老化改造程度却相对不足。调查显示，只有坡道改造这一项服务在供给率和需求率上能够完全实现供需匹配，防滑设施和安装扶手的需求率略高于供给率，而安装电梯和家庭适老化改造服务则呈现近20%的供需差。

表3-24 社区适老化改造服务的供需匹配分类情况（%）

无障碍改造项目	供需匹配	供不应求	供过于求	无供无需	合计
坡道改造	33.8	14.1	22.2	29.9	100.0
防滑设施、安全扶手	33.0	22.9	18.8	25.3	100.0
安装电梯	34.8	27.0	8.9	29.3	100.0
家庭适老化改造	6.5	22.3	5.4	65.8	100.0

同时，仅仅从整体供需比例上无法判断社会养老服务供给的精细化匹配度，是否可能存在不需要服务的老年人获得了相关服务，而真正有需求的老人却得不到服务的现象？因此，通过计算被调查老年人个体的需求和服务可及性之间的匹配度，从而将老年人划分为供需匹配（有需求且能被满足）、供不应求、供过于求、无供无需四类。根据表3-24的数据，除家庭适老化改造服务外，约三分之一的老年人在其他三项服务上存在需求且能被满足，家庭适老化改造则在该项服务整体需求较低的情况下达到6.5%的供需匹配度，如果将供需匹配和无供无需都视为需求得以满足，则四项适老化改造服务均呈现约60%～70%的需求满足率。

在四种类型的老年人当中，最需要关注的是供不应求的老年人群体，四项适老化改造服务上均存在为数不少的需求无法被满足的老年人，其数量占比从高到低分别为安装电梯、防滑设施和安全扶手、家庭适老化改造、坡道改造，这显然与前述整体供需差的分析结论有所出入，即印证了确实存在真正有需求的老人却得不到服务的现象。具体来看，坡道改造的整体供需差为正，即老年人的整体需求小于服务供给率，但精细化分析中则发现14.1%的老年人需要该项服务但社区尚未提供相关服务；防滑设施和安全扶手从整体来看只存在较小的供需差，但精细化分析中则有高达22.9%的老年人存在需求无法被满足的情况；安装电梯和家庭适老化改造分别有27%和22.3%的供不应求率，均高于其整体供需差。

此外，在进一步询问时还发现，老年人反映社区中覆盖率较高的防滑设施和安全扶手主要是在楼梯及坡道处的扶手，而对于社区道路、广场等公共场所的防滑带和安全扶手等设施则较为欠缺，尤其在和平区等老旧社区较密集的区域存在公共坡道和防滑设施不足的问题，而这也无形中增加了老年人跌倒和失能的风险。因此，大力开展城市无障碍建设和改造，尤其针对老年人集中居住的老旧社区的适老化改造应作为社区居家养老服务的基础项目之一，以居住环境的完善带动养老服务的提升。

（二）被调查老年人的机构养老服务需求

机构养老是我国最早出现的社会养老方式，从新中国成立初期计划经济时代开始，由政府开办福利性养老机构为孤寡老人提供生活照护型粗放式养老服务成为机构养老的最初形态。随着社会经济的发展变迁和人口结构转变，机构养老由于其高成本、不符合老年人心理需求、服务和管理困境、居家社区养老服务兴起等因素，在几十年间的发展过程中逐渐转变为“补充和支撑”的角色定位，即当老年人无法通过居家养老和社区养老满足其养老需求时的重要补充，尤其对于缺乏家庭照护的失能失智老人来说是难以替代的养老模式，也是当前居家养老服务的重要支撑。因此，在当前大力发展居家社区养老服务的同时，必须要协调发展机构养老服务，针对机构养老的特点和优势统筹规划、合理布局，尤其加强医疗护理型、康养护理型养老机构建设，提升养老机构的医养结合能力。

截至2023年底，天津市共有养老机构377家，提供住宿的社会服务机构拥有床位5.89万张，[①] 尽管较10年前增加了近3万张床位，但每千名老年人拥有养老机构床位数不到20张，与天津市300万老年人口基数相比，依然存在着发展不平衡不充分的问题。尽管在调查中发现，仅有5%的老年人明确表达出机构养老的意愿，但当被问到什么情况下会考虑机构养老时，只有54.4%的老年人表示自己无论如何都不会去，约三分之一的老年人则表示当身体不好需要照料时会考虑养老院，另外分别有3.5%和2.2%

① 参见天津市统计局：《2023年天津市国民经济和社会发展统计公报》，2024年3月18日。

的老年人认为精神慰藉缺失和家庭矛盾等人际关系问题会促使自己选择养老院。

表3-25 不同年龄段老年人的养老意愿（%）

		60～69岁	70～79岁	80岁及以上	合计
养老意愿 ***	自我居家养老	72.6	72.3	69.2	72.2
	子女养老	8.8	13.1	27.7	12.2
	养老机构	5.6	5.0	1.5	5.0
	无所谓	13.0	9.6	1.6	10.6
考虑养老院的情况 *	失能需要照料	37.8	33.7	15.4	34.2
	孤独需要陪伴	2.4	4.6	4.6	3.5
	家庭矛盾	3.2	1.4	0.0	2.2
	绝对不去	50.8	54.6	73.8	54.4
	其他	5.8	5.7	6.2	5.8

注：* 表示 $P<0.05$，** 表示 $P<0.01$，*** 表示 $P<0.001$。

在对不同年龄人群的机构养老意愿作进一步分析时发现，老年人的自养意愿和能力存在着明显的年龄差异，低龄老人对养老院的接受度显著高于高龄老人。同时，子女数量也是老年人选择养老模式的重要影响因素，特别是无子女的老年人选择自我居家养老和机构养老的比重高出多子女的老年人近10个百分点，其对养老院的了解程度也明显高于多子女老人。由此可见，尽管当前老年人的机构养老意愿普遍较低，但伴随人口高龄化和家庭空巢化的进一步发展，尤其随着独生子女一代的父母进入高龄期后，当难以为继的家庭养老资源和旺盛的照料需求发生冲突时，养老院可能会成为越来越多老年人的选择。

表3-26 不同子女数的老年人养老意愿和对养老院的了解程度（%）

		无子女	独生子女	多子女	合计
养老意愿 **	自我居家养老	75.0	73.8	70.3	72.2
	子女养老	0.0	8.2	17.9	12.2
	养老机构	8.8	6.7	4.1	5.0
	无所谓	16.2	11.3	7.7	10.6
是否了解养老院 *	很了解	16.7	6.5	3.5	5.3
	了解一些	41.7	51.2	43.1	49.1
	不了解	41.7	42.2	53.4	45.6

注：* 表示 $P<0.05$，** 表示 $P<0.01$，*** 表示 $P<0.001$。

老年人较低的机构养老意愿一方面受到传统的“养儿防老”等家庭养老观念的影响，如在调查中发现，家庭成员的意见对于老年人在机构养老模式的选择上发挥着较大的影响，55.7% 的老年人都表示自己的家人反对机构养老模式，只有8.7% 的老年人表示家人同意自己入住养老院，“住进养老院会让人觉得子女不孝顺”“没面子”等想法依旧是许多老年人及其家人的顾虑；而就子女受访者的态度来看，尽管只有三分之一的子女对父母选择机构养老模式持绝对否定态度，但明确认同的比例也仅为20%，更多的子女受访者选择了“不确定”。另一方面，较低的机构养老意愿也与老年人对养老院的服务质量和价格等问题的担忧密切相关。尽管近年来天津市的机构养老模式在覆盖率和服务质量上都取得了较大的发展，但调查显示许多老年人对养老院持有负面的印象，只有6.4% 的老年人对养老院的印象很好，超过一半的老年人持有一般的印象，另有超过三分之一的老年人对养老院的印象较差。而子女受访者群体对养老院的印象虽然整体来看优于老年人的印象，但大多数人还是对养老院给出了印象一般的评价，认为较好或较差的比重分别为14.5% 和18.7%。此外，对养老院相关信息缺乏了解也在一定程度上影响到民众对养老院的印象。调查发现，老年人对养老院的了解程度普遍较低，45.6%的老年人对养老院完全不了解，很了解养老院的老年人只占5.3%。

表3-27　老年人对养老院的认知和印象（%）

是否了解养老院		对养老院的印象	
很了解	5.3	较好	6.4
了解一些	49.1	一般	55.3
不了解	45.6	较差	38.3
合计	100.0	合计	100.0

表3-28　子女受访者对机构养老的态度和印象（%）

对父母住养老院的态度		对养老院的印象		自己选择机构养老的可能性	
同意	20.4	较好	14.5	可以考虑	67.2
不同意	36.6	一般	66.8	绝对不会	15.7
视情况而定	43.0	较差	18.7	无法回答	17.1
合计	100.0	合计	100.0	合计	100.0

在对机构养老持非排斥态度的老年人当中，最多能承受的养老院费用水平为平均每月3 344元，这与其3 515元的月平均收入基本一致。超过60%的老年人能够接受的养老院费用为每月3 000元以下，其中有过半的老年人仅能承受不高于2 000元的养老院费用，另外有16%的老年人能够接受每月3 001～4 000元的费用，只有23.7%的老年人愿意负担每月4 000元以上的养老院费用。在对养老院的选择上，68.4%的老年人都将服务质量作为首要考虑要素，分别有11.9%和10.1%的老年人将居住环境好和收费低作为首要考虑要素。在养老机构提供的具体服务内容上，超过95%的老年人都将日常照料和医疗护理作为养老院的重要服务内容，78.3%的老年人看重养老院的康复保健服务，虽然文体娱乐活动在重要性排序中垫底，但依然有54.3%的老年人认为养老院应该提供丰富的文体娱乐服务。

老有所为、老有所学、老有所乐不仅仅是健康老人的专属，养老院也应该被打造为一个能够让老年人继续成长、身心愉悦的场所。

表3–29 老年人对养老机构的评价要素和服务需求（%）

选择养老院的首要评价要素		看重的养老院服务（多选）	
服务质量好	68.4	日常照料	98.2
居住环境好	11.9	医疗护理	95.0
收费低	10.1	康复保健	78.3
离家近	4.5	文体娱乐	54.3
离医院近	4.2		

尽管调查中发现，只有5%的老年人有着明确的机构养老意愿，但有40%的老年人表示在各种不确定因素下，未来也有可能选择机构养老。此外，就子女受访者群体来看，67.2%的人都表示自己未来可以考虑机构养老。由此可见，机构养老模式存在一定的需求和市场，且随着一代代人进入老年期，还将呈现需求增长态势，而天津市目前的养老院和床位供给显然无法满足这一意愿和需求，机构养老供需不匹配、信息不对称、传统家庭养老观念等因素共同成为老年人选择机构养老的障碍，天津市机构养老的发展依旧存在较大空间。

在当前“973”养老服务格局的目标下，失能半失能老人和失智老人是机构养老的主要对象，因而应以增加养老机构护理床位和建设护理型养老机构为首要发展目标。在完善日常照料的基本服务之外，以医养结合、康养结合为指导方针，加大医疗护理和康复保健服务的建设，同时重视老年人精神文化需求的满足，进一步加强专业化建设并拓展辐射至更广泛的社区老年群体。

三、小结

深入了解天津市老年人家庭对相关社会养老服务的需求及其特点对于完善社会养老服务供给制度有着重要的意义，有助于增强各类养老服务的针对性和实效性。此次调查发现，尽管天津市老年人大多拥有基本经济自养能力，但月平均收入尚不足天津市职工月平均工资的一半，只有不到三分之一的老年人对于未来养老做了经济上的准备，另有6.4%的老年人认为自身家庭经济困难。同时，每年人均6 000元的医药费使得12.7%的老年人在医药费开支上存在较大的经济压力。在健康方面，63%的老年人自评健康状况良好，71.6%的老年人在ADL和IADL方面都能达到完全自理状态，16.9%的老年人存在轻度失能现象，另有6.9%和4.6%的老年人出现中度和重度失能情况。同时，随着年龄的增长，老年人的功能健康水平也发生明显的下降，进入高龄期后，分别有近1/3、1/4和1/5的老年人存在轻度失能、中度失能和重度失能现象，仅有30.8%的老年人在ADL和IADL方面均能完全自理。洗澡是老年人在日常活动中能力退化最严重的活动，但该活动的隐私性以及当前不成熟的助浴市场导致老年人的能力退化难以转化为旺盛的助浴需求。对此，一方面应提升服务人员的技术水平和价值理念，另一方面应针对老年人及其家庭成员开展辅助器具的干预支持和使用培训。

在被调查老年人的家庭结构和家庭养老状况方面，有17.6%的老年人在日常起居上需要提供照料，女性老人的照料需求明显高于男性老人，高龄老人的照料需求明显高于低龄老人，因而女性老人尤其是女性高龄老人应作为当前社会养老服务的重点对象给予关注。对于有照料需求的老年人来说，其主要家庭照护者的比重从高到低分别为配偶、儿子和儿媳、女儿和女婿，仅有4%的老年人选择社会照料。同时，当高龄、失能与丧偶事件叠加之后，老年人对子女养老的依赖性快速上升，特别是女性老人比男性老人更加依赖子女照料。尽管许多研究都发现，家庭结构的变化和家庭养老功能的弱化也使得人们的养老观念开始由家庭养老向社会养老转变，但调查中依然有48.7%的老年人认同“养儿子能防老”的传统观念。在对老年人的子女价值观作进一步探讨时发现，儿子的养老价值不断弱化，但“传宗接代”角色相对牢固，女儿的养老和传承作用的不断增长对儿子价值产生了进一步冲击，越来越多的老年人将女儿作为养老资源的重要提供者，“女儿也是传后人”受到诸多老年人的认可。这也指出，以家庭养老作为基础养老模式依旧是当下我国老龄社会的基本国情。

长期照料体弱老年人对家庭成员带来了沉重的负担和压力，如经济开支过大、健康程度下降、失去个人时间、影响家庭关系等，而对家庭照护者来说，其承担的多重角色更加强化了照料压力感。对中年子女照护者来说，“上有老、下有小”的双重压力使其不得不在照料与工作、家庭之间辗转奔波，一些中老年子女照护者更是在照料父母之外，还面临着照看孙辈甚至既要照看孙辈又要工作的情况。此外，还有10.1%的老年人因照料高龄父母而加入了子女照护者的队伍，低龄老人照料高龄老人将成为未来老龄社会中愈发常见的现象。因此，社会养老服务供给体系构建需更多地融入家庭视角，在对老年人提供直接性养老服务的同时，还应通过完善家庭照护者社会支持这一间接性养老服务以减轻家庭养老负担并提升家庭养老功能。

居家社区养老服务作为家庭养老的重要补充，也是天津市打造的“津（金）牌养老”服务体系的核心内容。但在调查中发现，老年人对各项居家社区服务的需求和实际使用率之间依然存在一定的差距，老年人的服务需求与现有服务内容及质量缺乏有效对应。除送餐服务、帮忙购物、家务帮助、免费体检和健康讲座服务外，包括日间照料、个人护理、上门探访和智能呼叫在内的养老服务以及上门看病、康复训练、康复器具租用、签约家庭医生、家庭养老床位等医疗性服务的需求得以满足的比例均低于50%。而对家庭照护者来说，照料技能培训和心理咨询等服务也存在着一定需求和市场。在社区精神文化服务方面，接近60%的社区活动参与意愿和35%的实际参与率形成了巨大反差，社区活动场地有限、活动类型单一、活动组织和宣传不到位、行政思维浓厚成为社区活动影响力和参与覆盖率较低的重要原因。

此外，老年人对社区适老化改造服务的需求较为旺盛，包括电梯安装和防滑设施、安全扶手等各类项目的需求率基本在50%以上，但现有社区适老化改造程度却相对滞后，只有60%～70%的老年人在各类适老化改造服务上实现供需匹配，在老年人集中居住的老旧社区加强适老化改造应作为居家社区养老服务的基础和重点项目。总体来看，当前社区居家养老服务项目类别缺乏多样性及均衡性，主要集中于家务帮助、餐饮服务等专业程度低且盈利性较强的领域，而在保健、护理、出行、适老化改造等具备较强专业性且纠纷发生率较高的领域缺乏足够的关注，因而无法有效满足老年人的实际需求。

尽管天津市养老机构床位数较10年前翻了近一番，但在全市300万老年人口基数的背景下，依然凸显出发展不平衡不充分的问题。虽然只有4%的被调查老年人有明确的机构养老意愿，但40%的老年人表示在各种不确定因素下，自己未来也有可能选择机构养老，年龄、失能程度和子女数等家庭因素是老年人选择养老模式的重要影响因素，家庭养老资源和照料需求间的冲突将会使养老院成为越来越多老年人的选择。此外，老年人及家庭成员对养老院较低的了解程度和普遍持有的负面印象也在很大程度上限制了人们对机构养老的接受度。老年人对养老机构的负担能力与其经济水平基本一致，每月3 000元左右的费用支出在大多数老年人的承受范围之内。在对养老机构服务的重要性评价中，日常照料、医疗护理和康复保健是大多数老年人最看重的服务，这与养老机构推进医养结合的发展方向一致，但针对老年人的文体娱乐等精神文化需求，不管是在政策文件还是具体实践中都被纳入居家社区养老服务体系，机构老年人的相关需求始终被忽视，使得精神文化类服务成为当前机构养老中的短板。

总体来看，年龄、自理能力、家庭结构、文化程度、社区环境等因素都对老年人的养老服务需求产生一定程度的影响，因而在社会养老服务体系的构建路径中应将老年人的年龄、自理能力等个体特征、家庭结构以及社区环境因素同时作为服务提供的基本参数，基于老年群体及其需求的异质性，加强养老服务的分类建设管理；在对老年群体提供基本养老服务之外，应将家庭照护者纳入养老服务的对象范围内，以信息服务、喘息服务、培训和心理疏导等服务为切入点构筑社会养老服务体系建设中的家庭视角；发挥数据化信息库在社会养老服务供需对接和养老服务分类管理中的推动作用，加大对养老服务需求等资料的收集和分析力度，探索构建涵盖老年人口、养老需求和服务资源的数据信息系统和监测网络；推动社会养老服务信息平台建设，整合当前各类养老服务设施信息并向公众一站式公开，从而改善传统的“服务找需求”单一模式可能造成的供需不匹配问题，以“需求找服务”来增加老年人及家庭寻求养老服务的主动性。

第四章 供给侧——天津市社会养老服务的实践与问题

2011年国务院出台的《社会养老服务体系建设规划（2011—2015年）》指出，“社会养老服务体系建设应以居家为基础、社区为依托、机构为支撑，着眼于老年人的实际需求，优先保障孤老优抚对象及低收入的高龄、独居、失能等困难老年人的服务需求，兼顾全体老年人改善和提高养老服务条件的要求”，该规划首次提出社会养老服务体系的概念并为我国社会养老服务体系的建设确立了基本框架，即居家社区养老服务和机构养老服务是构成社会养老服务体系的两大主体。此后，各地纷纷制定出台以居家社区养老服务为主，机构养老服务为辅的社会养老服务相关政策规划，大力发展社会养老事业。

从2012年至2022年的十年间，天津市相继出台《天津市老龄事业发展“十二五”规划》《天津市“十三五”老龄事业发展和养老体系建设规划》和《天津市“十四五”养老服务体系发展规划和二〇三五年远景目标纲要》等宏观指导政策以及涉及居家社区养老、机构养老、嵌入式养老等多方面的具体措施，不断丰富和优化社会养老服务体系的科学内涵，并将供给侧结构性改革视角纳入构建路径，通过增规模、促整合、争创新等措施进一步完善了社会养老服务的有效供给，既注重各类养老服务设施的硬件建设，又注重文化、氛围、观念等软件塑造，以区域试点和树立典型案例为抓手逐步打造具有天津特色的社会养老服务体系。

然而，当前社会养老服务体系依然存在多种结构性不合理，如服务主体依然以政府为主，未能有效纳入社会力量广泛参与；政策落地和执行存在难度，宏观政策较多，具体指导性和细则性政策缺乏；服务内容较单一，医养服务较充分，而精神慰藉和社会参与等服务相对缺乏；人员结构不合理，专业性人才匮乏等。因此，本章将通过梳理天津市社会养老服务的政策条例发展历程和服务发展实践，聚焦目前存在的结构性问题，为开展社会养老服务供给侧结构性改革奠定实证基础。

一、天津市社会养老服务相关政策条例的演变

（一）从三次老龄事业发展规划的调整看天津市社会养老服务政策的演变

从20世纪末天津市进入老龄化社会以来，短短二十年的时间，60岁及以上老年人口数量已经翻了一番还多，其年均增速从21世纪的第一个十年的3.15%增加到第二个十年的6%，老龄化程度不断加速。“十二五”期间，天津市60岁及以上户籍老年人口突破200万大关，老龄化比重超过20%，年均增速达6.7%；“十三五”期间，户籍老年人口继续呈上升态势，年均增加10万，直至“十三五”末，60岁及以上常住老年人口突破300万[①]。“十四五”开局之年，天津市60岁及以上常住老年人口已达320万，占总人口的23.5%，提前跨入中度老龄社会。在人口老龄化加速发展带来严峻的社会养老问题这一背景下，天津市从2012年至2022年的十年间相继出台《天津市老龄事业发展“十二五”规划》《天津市“十三五”老龄事业发展和养老体系建设规划》以及《天津市“十四五”养老服务体系发展规划和二〇三五年远景目标纲要》，对社会养老服务体系从探索构建到完善健全，从夯实基础到优化布局，从强调基础设施建设到注重扩大有效供给，从政府为主体到促进社会力量为主体，从城市为先导到城乡共同发展，从适度普惠型为目标到打造兼具兜底性、普惠型、多样化的“津（金）牌养老”服务品牌。

① 2020年起，天津市以常住老年人口为主要统计口径并对外公布数据。

“十二五”时期是我国全面建设小康社会的关键时期，也是天津市老龄事业发展的重要机遇期。2012年天津市政府发布的《天津市老龄事业发展“十二五”规划》提出以促进养老服务体系建设为老龄事业的发展重点，推动养老方式实现“三个转变”，即由传统的单纯依靠子女和家庭养老向社会化养老转变，由单一的分散居家养老向以分散居家养老为主、集中居家养老为辅转变，老年人社会福利服务由补缺型向适度普惠型转变，最终实现选择居家养老的老年人占97%、选择入住养老机构的老年人占3%，即“973”目标，形成以居家养老为基础、社区养老服务为依托、机构养老为支撑的多层次养老服务格局。

在居家养老服务方面，规划提出通过加强日间照料服务中心和托老所建设、创新“虚拟养老院”模式、建设老年服务呼叫系统等方式推进居家养老服务社会化和市场化发展。在机构养老建设方面，规划提出着重发展失能老年人护理床位建设，并逐步推进养老机构市场化和社会化改革，发展多层次、个性化机构养老服务。除居家养老和机构养老外，“十二五”规划还特别提出老年宜居社区的建设思路和目标，规划建设10处规模较大的老年宜居社区以提供集约化、专业化和低成本的养老服务。总体来看，“十二五”时期是天津市社会养老服务体系的探索期，主要以基础设施建设为抓手，以创新服务模式为驱动，以满足老年人多层次需求为目标打造居家社区机构相结合的养老服务基础格局。从“十二五”时期开始，天津市更加重视社会养老服务体系的建设，关于养老服务的相关政策也明显增加。

“十三五”时期是全面建成小康社会的决胜阶段，也是天津市老龄事业改革发展和养老体系建设的重要战略窗口期。2017年，天津市政府发布《天津市“十三五”老龄事业发展和养老体系建设规划》，在“十二五”规划提出的“居家养老为基础、社区服务为依托、机构养老为支撑的多层次养老服务格局”的基础上加入医养结合新思路，通过推进医疗机构与养老机构合作、加强社区老年人健康促进和疾病预防服务、推进家庭医生签约和家庭病床服务等方式促进居家、社区和养老机构层面的医养结合发展，最终形成“居家为基础、社区为依托、机构为补充、医养相结合的养老服务体系”这一新表述。

在“十二五”期间初步构建起天津市养老服务体系的基础上，“十三五”规划强调扩大养老服务有效供给，并首次提出养老服务供给侧结构性改革的重要任务，通过城乡统筹发展，推动养老服务供给能力、质量和结构的优化，通过改进方式、转型升级、优化服务等多种渠道和措施，实现居家、社区、机构三个层面的养老服务有效供给。由于居家养老的实现需要依托于社区养老设施与服务，因而“十三五”规划中进一步规范表述，将“居家养老服务”调整为“居家社区养老服务”，强调进一步创新养老模式，在“十二五”期间发展虚拟养老院基础上探索“互联网＋养老”模式，推广智能居家养老服务；同时，在居家社区养老服务发展中引入家庭视角，构建家庭养老支持政策体系，支持成年子女对老年父母的赡养。在“十二五”期间加大养老机构建设力度并开展社会化改革的基础上，“十三五”规划强调落实全面放开养老服务市场，进一步细化公办养老院的改革模式，通过提升服务、加强监管、引入第三方评估、加强信用体系建设等方式建立起以质量和效益为导向的养老机构服务发展机制。

此外，“十三五”规划首次提出加强农村养老服务和推进京津冀养老服务协同发展。农村养老服务方面，在保障农村兜底性服务的前提下通过完善农村幸福院等养老服务设施，探索农村互助养老新模式；京津冀养老服务协同发展方面，通过建立联席会议、政策衔接、信息开放、项目对接、合作交流、委托调研等机制，促进京津冀三地养老服务事业协同规划、资源共享、服务对接、平衡发展。立足“十二五”期间天津市社会养老服务的探索性发展，“十三五”规划更加注重各类养老服务的整合，通过发展医养结合、养老服务社会化改革、引入“互联网＋养老”模式、完善农村养老服务等方式增加有效服务供给，不断健全和完善社会养老服务体系。

进入“十四五”时期，天津市社会养老服务体系的发展目标更加明确具体。2022年出台的《天津市“十四五”养老服务体系发展规划和二〇三五年远景目标纲要》提出到2025年，全面建立居家社区机构相协调、医养康养相结合的养老服务体系，打造“津（金）牌养老”服务品牌；到2035年，健全兜底性、普惠型、多样化的天津特色现代化养老服务体系。基于“十三五”期间天津市河西区居家养老改革试点经验，天津市“十四五”规划特别提出推广河西区居家养老服务模式，以嵌入式养老服务为抓手，以市、区、街道（乡镇）、社区四级网络建设为骨架，以长期护理保险为补充，推进居家、社区、机构养老“三合一”跨界融合，打造具有天津特色的“三边”（身边、家边、床边）“四不离”（不离家、不离亲、不离熟悉的环境、不离熟悉的朋友）养老服务体系。其中，在养老服务管理体系上提出“市级一平台、区级一中心、街道（乡镇）一阵地、居（村）一场所、家庭一床位”的思路，通过层级布局推进养老服务设施骨干网络建设。在优化居家养老服务方面，提出发展嵌入式服务，通过建设具备“三入四嵌一床位”（入托、入照、入户，嵌餐、嵌智、嵌康、嵌护，家庭养老床位）等综合服务功能的嵌入式机构打造“居家—社区—机构”综合型服务；细化养老服务需求，在推进老年人助餐服务的同时发展助浴服务、养老顾问服务等新型服务内容，推进养老服务产业化发展。在机构养老服务方面，天津市“十四五”规划特别提出鼓励养老机构规模化、连锁化、专业化发展，同时，通过优化床位结构、出台护理型床位认定和补助政策、发展失智老年人专业照护服务等方式以满足老年人多层次、个性化服务需求。在发展医养结合方面，基于“十三五”时期的初步布局将进一步深入推进，通过鼓励养老机构参加医联体建设、探索安宁疗护服务模式、鼓励社会力量举办医养结合机构、加强社区医养结合服务设施建设、建立健全医养结合服务政策体系和标准规范、依托嵌入式养老服务机构和农村幸福院等设施实现城乡共同发展等措施促进医养结合有序化和高质量发展。随着天津市“十四五”规划以及相关政策的出台与更新，天津市养老服务体系建设顶层制度设计趋于完善，各类养老政策不断细化与整合，具有天津特色的社会养老服务体系逐步完善。

（二）天津市居家社区养老服务相关政策条例的演变

早在2007年，天津市和平区就开始试点居家养老政府购买服务并逐步向全市推广，由政府发放居家养老服务（护理）代金券给经济困难的高龄、失能等老年人用于购买居家养老服务。2008年天津市人民政府颁布《关于加快我市养老服务业发展的意见》，提出要建设社区养老服务设施，新增综合性社区服务中心、社区老年日间照料服务中心等；拓展居家养老服务，以社会孤老、企业孤老、空巢老人、80岁以上高龄老年人、不能自理或半自理老年人和经济困难老年人作为居家养老服务重点对象。同时，提出设立"居家养老服务补贴"，即具有天津市户籍、享受最低生活保障待遇和特困救助需要生活照料的老年人可以享受补贴，且按照轻度、中度和重度的照料等级分别给予不同的养老服务补贴；同时对新建具有一定规模、符合标准的示范型老年人日间照料服务中心给予30万元的一次性建设补贴，以及对兴办老年护理、临终关怀性质的医疗机构给予政策补贴。同年，在《关于加快我市养老服务业发展的意见》基础上，天津市民政局制定了《关于推进居家养老服务政府补贴工作的实施意见》，对政府补贴对象作出了进一步限定，即具有天津市户籍、享受城市最低生活保障待遇、特困救助和抚恤补助的优抚对象中60周岁以上需要生活照料的老人，并明确了具体的照料程度评估标准和评估流程。根据补贴对象所需的照料程度，划分为轻、中、重度三个等级给予居家养老服务补贴（包括服务补贴和护理补贴），分别为每人每月150元、200元和400元；而评估流程则包括居委会资格初审、街道（镇）居家养老服务中心复审及上门评估、社区公示、区县民政部门审批等一系列环节。符合补贴标准的老年人可用补贴券就近购买由民政部门委托签约公益性企业提供的助餐、助洁、助浴、助医、助行、助急以及文化娱乐等服务，服务提供企业则定期向政府兑现；对于不符合政策补贴范围的老年人，则根据其经济能力提供抵偿服务或市场化的有偿服务。除政府购买居家养老服务补贴制度以外，天津市在日间照料中心和托老所建设等方面也制定了相应的财政补贴和管理制度，对于设施建设、运营管理和人员用工培训等方面都有着具体的补贴标准，从而有助于提高居家养老服务设施的建设力度和规范化管理。

2011年，天津市人民政府办公厅发布的《关于进一步发展我市居家养老服务的意见》提出社会养老服务的“973”体系格局目标，即实现97%的老年人依托社区服务居家养老，3%的老年人入住养老机构养老的目标，明确了居家养老服务的主体性地位。同时，该文件对居家养老服务相关补贴制度也做出了明确解释，包括对日间照料机构和托老所的建设补贴及床位补贴，对居家养老服务人员的培训补贴和社会保险补贴、对社区食堂和养老机构延伸服务的财政补贴以及困难老人居家养老补贴等。此外，在居家养老服务规范标准建设方面，天津市2013年制定出台的《居家养老社区服务规范》和《居家养老入户服务规范》明确居家养老社区服务应包括照护服务、膳食服务、康复保健服务、教育服务、精神关爱服务、文化娱乐服务、权益维护服务等内容；同时对社区老年人服务中心、托老所、社区食堂等服务设施以及服务组织、管理人员和服务人员等提出明确要求；特别对于居家养老服务人员提出硬性规定，即管理人员应具备大专以上文化程度或2年以上相关领域的管理经验，服务人员则要求接受相关专业知识和技能的培训，持有行业认定书上岗等。这些规范性文件进一步为居家养老服务提供了操作性标准，为其规范化管理奠定了有力的基础。

2017年，在老年人居家养老服务和护理需求不断增长的背景下，天津市民政局、天津市财政局发布《关于调整我市居家养老服务（护理）补贴标准的通知》，对符合居家养老服务（护理）补贴范围的老年人，按照轻度、中度和重度不同照料等级，补贴标准由每人每月150元、200元和400元，调整为每人每月200元、400元和600元。同年，为适应户籍制度改革要求，解决“人户分离”老年人无法享受居家养老服务的问题，天津市民政局、天津市财政局发布《关于调整居家养老服务（护理）补贴发放方式的通知》，居家养老服务（护理）补贴发放形式由养老服务券改为现金，采取社会化方式按月发放。2019年，在《关于明确我市居家养老服务（护理）

补贴有关事项的通知》中进一步明确了居家养老服务（护理）补贴的性质，即政府给予补贴对象用于养老的福利性补贴，并将其分为居家养老服务补贴和居家养老护理补贴两部分，采取现金形式发放，老年人可自主使用。随后，在《关于在农村地区全面施行居家养老服务（护理）补贴的通知》中，将符合条件的农村困难老年人全部纳入居家养老服务（护理）补贴范围。通过一系列的政策调整，不断明确居家养老服务的补贴范围与标准，为居家养老服务补贴提供了政策支撑。

2018年，天津市人民政府办公厅发布《关于制定和实施老年人照顾服务项目实施方案的通知》，提出通过完善困难老年人居家养老服务护理补贴制度，推行居家养老政府购买服务和推动专业化居家社区养老机构发展，加强适老化改造，完善交通、医疗等优待制度等方式提升老年人居家社区养老品质，同时采取随迁老人落户等方式完善家庭养老支持政策。2019年，由天津市民政局牵头建立了天津市养老服务联席会议制度，统筹协调全市的养老服务工作，从而有助于改变政府部门职能交叉和权责分配不清晰等问题。2020年，天津市第十七届人民代表大会常务委员会第二十四次会议修订通过了《天津市养老服务促进条例》，对2014年出台的该条例进行了系统修订，在养老服务主体责任、养老服务体系建设、养老服务人员队伍建设、优惠制度等方面提出了指导性意见，对居家社区养老服务和机构养老服务的具体发展模式作出了纲领性说明，并增加了医养结合服务相关内容，鼓励多种养老服务模式融合发展。

为实现天津市“十四五”规划中提出的2025年实现城乡老年助餐服务全覆盖的发展目标，天津市人民政府办公厅于2019年发布《关于推进老年人助餐服务工作试行办法》，以解决高龄和失能等老年人“吃饭难”问题为重点，兼顾其他老年人助餐需求，以政府扶持、社会化运营模式开设各级各类老人家食堂，通过补老人和补企业并举的“双补贴”方式，为老年人提供安全、方便、实惠的助餐服务。同年，天津市民政局、天津市财政局发布的《老年人助餐服务工作指引》进一步对助餐服务的申请、管理、补贴等方面进行了规范；天津市市场监管委发布的《天津市老人家食堂食品安全规范》对食堂中的食物选择、营养搭配、送餐等方面进行了详细规范，进一步保证了助餐服务质量。2021年，《关于强化养老服务领域食品安全管理的意见》提出要加强组织领导、明确责任分工、抓好督察检查，积极防范养老服务领域的食品安全问题。2022年发布的《关于完善我市老年人助餐服务工作若干措施》调整了享受补贴时间和用餐标准，并开始推进农村地区的老年人助餐服务。一系列相关政策和意见的出台进一步推进了覆盖城乡、布局均衡、方便可及、多元主体参与的老年人助餐服务体系的建立与完善。

从2021年到2022年，天津市陆续将“推进社区居家养老”和“建设养老服务综合体（含嵌入式养老服务机构）”列入“20项民心工程”，并发布《2021年推进社区老年健康服务和对失能半失能老年人提供入户医疗护理服务工作方案》和《关于深化嵌入式养老服务机构发展“建管扶用”23条措施》等文件，探索居家社区养老与医疗服务的结合路径，持续推进社区老年健康服务，尤其在《关于深化嵌入式养老服务机构发展“建管扶用”23条措施》中，从建设、管理、扶持和长效使用四个方面提出了措施，将嵌入式养老服务机构发展作为重要抓手积极发展居家社区养老服务。

进入“十四五”后，天津市进一步加强居家社区养老服务发展力度，天津市人民政府办公厅于2022年7月发布《天津市进一步推进老龄事业发展和养老服务体系建设具体措施》，在强化居家和社区养老服务能力方面提出居家和社区基本养老服务提升行动计划，支持和引导各方资源更多地投入居家和社区基本养老服务；完善城乡居家和社区养老服务设施网络，计划到2025年底前逐步完善“一刻钟”居家养老服务圈；继续推进日间照料中心建设，到2025年底，城镇和农村地区分别实现100%和70%的日间照料机构覆盖率（农村地区日间照料机构含农村互助幸福院）；支持社区养老服务机构延伸服务功能，发展家庭养老床位，将资源向居家养老倾斜等措施建议。

针对“十四五”规划提出的“建立特殊困难老年人巡访关爱制度”，天津市于2023年进一步出台《天津市开展特殊困难老年人探访关爱服务的实施方案》，对孤寡、空巢、独居、失能等老年人制定了细致的参考定义清单；通过构建工作体系、充实服务力量、开展服务摸排、落实服务频次、完善服务内容等方式建立探访关爱服务机制；强调利用科技和信息技术为探访关爱服务赋能；着力推动构建党组织领导的区域统筹、条块协同、共建共享的特殊困难老年人探访关爱服务工作新格局。

（三）天津市机构养老服务相关政策条例的发展

2007年，天津市政府发布《天津市养老机构管理办法》，对养老机构的行业资质、服务标准、管理和监督办法等方面做出了基本规范，为天津市机构养老的发展奠定了基本参考框架。在此基础上，天津市民政局于2014年出台《天津市〈养老机构管理办法〉实施细则》，对养老机构负责人和专业技术人员从业资质提出具体要求，要求养老机构提供分级分类管理并建立养老机构第三方评估机制；2021年，天津市发布新的《天津市〈养老机构管理办法〉实施细则》，在旧《办法》的基础上，对养老机构的界定与分类，登记和备案流程，养老机构的入院评估、统一的养老服务协议签订、服务内容和信息公开制度等内容进行了详细规定，要求提高养老机构医养结合服务能力，并提出通过建立“双随机、一公开”的抽检机制和“互联网＋监管”机制加强对养老机构服务和运营的监督检查。《天津市养老机构管理办法》作为机构养老发展的纲领性文件，在近20年的时间里结合人口老龄化和老龄事业发展的现实要求不断调整更新，与此同时，天津市也陆续出台与机构养老发展相关的其他政策文件，在鼓励社会力量兴办养老机构、完善养老机构定价机制和补贴制度、探索养老机构创新发展模式、改革养老机构设立标准和健全监管制度等方面不断丰富并完善机构养老服务政策体系。

从2008年开始，天津市加大对社会办养老机构的扶持，《天津市关于资助社会办养老机构管理办法》提出对社会兴办的符合标准的养老机构提供一次性建设补贴、床位运营补贴、培训和用工补贴、贷款担保和贴息、税收优惠等资助项目。2013年起，天津市响应民政部印发的《关于开展公办养老机构改革试点工作的通知》，大力推进机构养老模式创新改革，积极鼓励公建民营新模式以及利用企业厂房、商业设施和学校等现有设施资源改扩建养老机构，采用多种方式鼓励社会力量参与建设养老事业。2014年，天津市民政局发布了《关于推进公办养老机构公建民营办法的意见》，要求新建公办养老机构一律实行公建民营，现有具备条件的公办养老机构逐步实行公建民营改革。在“十二五”和“十三五”期间，天津市进一步加大对公办民营方式的支持力度，推动养老机构转型。2022年，天津市发布《天津市养老服务机构公建民营管理办法（试行）》，进一步增强社会力量参与养老服务事业的积极性，规范养老机构公建民营运营和管理，该文件在《关于推进公办养老机构公建民营办法的意见》（2014年）的基础上，将公建民营的范围从养老机构扩展至养老服务机构，包括区域性养老服务中心、社区老年日间照料中心、老年送配餐设施等在内的机构设施都被纳入公建民营政策范围，同时突出公建民营的普遍性和程序性要求，操作上更加明确具体，从而能够广泛激发社会力量参与养老事业的积极性。

为加大对机构养老的扶持力度，天津市不断健全养老机构定价机制和补贴制度。2010年，天津市物价局发布《关于核定本市国办社会福利养老机构护理费收费标准的通知》，规定了国办社会福利养老机构的护理收费标准，一级护理（介护）每人每日收费标准为30元，二级护理（介助）为16元，三级护理（自理）为8元。[①] 2014年出台的《关于调整养老机构补贴标准的通知》提出上调养老机构建设和运营补贴标准，对符合标准的新建和改扩建养老机构给予一次性床位补贴，对公建民营和社会力量投资建设的养老机构，根据入住老年人的护理等级给予差别化运营补贴。2015年，天津市财政局发布的《关于减免养老和医疗机构行政事业性收费的通知》中

① 2020年，天津市发展和改革委员会发布的《关于天津市退休职工养老院新增床位收费标准的通知》中提到护理标准仍按照该标准执行。

提出，对非营利性和营利性两种养老和医疗机构建设分别实行全额免征行政事业性收费和减半收取行政事业性收费，在财政方面进一步对养老和医疗机构提供优惠。2019年出台的《关于调整养老机构运营补贴标准的通知》进一步扩大了补贴范围，对接受经济困难的高龄失能老人的营利性养老机构床位也提供补贴并提高各类补贴金额。2022年《天津市养老机构补贴管理办法（试行）》的通知中进一步明确了养老机构建设补贴、运营补贴的标准及认定、申领和发放规范，养老机构补贴制度和监管机制更加规范化。

“十二五”时期，天津市探索出养老机构延伸服务和虚拟养老院的创新模式，2012年出台的《关于开展养老机构社区延伸服务（虚拟养老院）试点工作的意见》提出对参与养老机构社区延伸服务的试点单位给予一次性10万元购置设备补贴资金，同时对为社区开展服务的养老机构给予医保政策支持、社会保险补贴和工资补贴，鼓励养老机构通过将专业的养老服务延伸进老年人家庭，以满足居住在家、行动不便的老年人享受到养老机构专业化服务的需求。

“十三五”期间，为全面贯彻落实习近平总书记关于提高养老院服务质量的重要讲话精神，天津市从2017年开始实施为期四年的养老院服务质量建设专项行动，每年都确定专项行动的主要任务并制定实施方案，逐一解决养老院服务质量建设中的问题，实现养老服务质量年年有提升。其中，2017年的工作目标为实现全市养老院服务质量明显改善，养老服务标准化建设深入推进，完成60家养老院等级划分与评定工作，80%以上的养老院以不同形式为入住老年人提供医疗卫生服务，打造出一批质量有保证、服务有标准、人员有专长的专业化、连锁化养老院；2018年将主要目标定为提升养老院的管理服务质量类指标合格率，进一步消除安全隐患，全面建立养老机构服务质量内部管理基本制度，完成养老院等级划分与评定，进一步提高养老院的服务规范化、标准化水平；2019年的工作目标是全面清除养老机构已排查出的重大风险隐患，实现80%的养老机构符合《养老机构服务质量基本规范》国家标准，推出一批新型示范养老机构以辐射带动全市的养老机构服务质量；2020年将工作目标定为全面实施养老服务综合监管制度，推行全国统一的养老机构等级评定制度，继续开展养老院服务安全强制性国家标准的实施工作，逐步健全养老院服务质量建设长效机制。此外，为了深化2020年养老院服务质量建设专项行动，天津市出台了《关于进一步加强养老机构监管工作的通知》，提出要加强养老机构备案管理、信息公开和违规线索处置，完善养老机构综合监管体系，将违规行为与优惠政策、等级评审挂钩，确保老年人的生命健康安全，提升养老服务水平。

此外，天津市近年来也在不断推进养老机构设立标准改革和完善监管制度。2014年，天津市发布了《〈养老机构设立许可办法〉实施细则》，对养老机构的设立资质和主管部门分工机制进行了细致规定。2017年4月，根据《关于做好民政部等部委〈关于加快推进养老服务业“放管服”改革的通知〉贯彻落实工作的通知》的要求，天津市民政局对《天津市〈养老机构设立许可办法〉实施细则》的部分规定作出调整，优化更新了设立养老机构的材料、审核方式以及需要的文件等，从而进一步简化优化了养老机构设立许可相关审批手续。同年，天津市民政局、天津市发展和改革委员会发布《关于全面放开养老服务市场提升养老服务质量的实施意见》，指出全面放开养老服务市场，鼓励利用空闲的企业厂房、商业设施和学校兴办养老院，鼓励境外和异地投资者在津举办营利性和非营利性养老院，通过推动公办养老机构服务转型和鼓励实施公建民营提升机构养老服务质量。2018年，十三届全国人大常委会第七次会议对《中华人民共和国老年人权益保障法》作出修改，取消了过去关于设立养老机构需要许可的规定，明确养老机构登记后即可开展服务活动，并向县级以上人民政府民政部门备案。根据这一修改，天津市于2019年起取消了养老机构的设立许可，规定申请举办民办公益性养老机构，需依照《民办非企业单位登记管理暂行条例》规定，依法向各区行政审批局申请社会服务机构登记，同时加强过程中的监督管理从而保障服务质量，这一规定放宽了养老机构的准入门槛并降低了制度成本，促进了养老服务供给主体总量进一步增加。取消养老机构设立许可后，养老服务监管从事前监管向事中事后监管转变。2021年，天津市民政局《关于建立健全天津市养老服务综合监管制度促进养老服务高质量发展的实施意见》指出，重点从登记备案、质量安全、从业人员、涉及资金、运营秩序以及突发事件应对管理等方面对养老服务机构进行监管，提出要加强部门联动、协同监管、条块结合、逐级监管、风险分级动态监管和失信联合惩戒监管，构建政府主导、机构自治、行业自律、社会监督“四位一体”的大监管格局。同年，天津市民政局和天津市处非办发布《关于做好养老服务领域防范和处置非法集资工作的意见》，进一步加强对养老服务的资金监管力度，加大养老服务机构预收服务费用管理，加强以养老服务为名的非法集资风险排查力度，引导养老服务机构合法合规筹集使用各类资金。监管制度的不断完善为保障社会力量有序开展机构养老服务、提高机构养老服务供给水平奠定了基础。

（四）天津市社会养老服务要素支撑体系相关政策的发展

1. 健康要素支撑体系

从“十一五”时期开始，与人口老龄化相适应的医疗保健和公共卫生服务就在天津市有序发展，《天津市老龄事业“十一五”发展规划》提出将进一步扩大医疗保险覆盖面，不断提高退休人员基本医疗保险待遇水平，并通过完善社区医疗卫生服务功能，使老年人常见病、多发病在社区得到及时、有效治疗；同时提出“十一五”期间将实现社区卫生服务中心或社区卫生服务站在全市各街道办事处的全覆盖，创办一所以老年人康复护理为主要特色的大型医疗保健机构，以居委会、村为单位的城乡社区卫生服务覆盖率在2010年达到100%等目标。2012年出台的《天津市老龄事业发展“十二五”规划》一方面提出加强老年病医院、老年康复医院和综合医院老年病科的建设，另一方面注重发展基层老年医疗、护理、保健、健康检测等服务，并通过开展健康管理服务、老年健康教育服务、家庭成员专项培训等服务，巩固完善社区卫生服务网络和提高服务质量。

从2013年《国务院关于加快发展养老服务业的若干意见》提出积极推进医疗卫生与养老服务相结合以来，天津市开始将推进医养结合作为老龄事业发展的重要支撑要素。2016年天津市民政局发布《关于推进我市医疗卫生与养老服务相结合实施意见（试行）的通知》，提出要以“居家为基础、社区为依托、机构为补充”的养老格局为依托发展医养结合，在居家养老方面，为老年人建立健康档案、签约家庭医生、做好家庭病床服务；在社区养老方面，强化城乡基层医疗机构社区服务功能、增加社区医疗卫生服务、养老机构向社区延伸服务；在机构养老方面，兴建老年养护院、拓展医疗机构老年护理康复服务功能、拓展养老机构医疗服务功能、鼓励养老机构与医疗机构签约合作。

“十三五”时期，天津市对医养结合事业进行全面布局，《天津市“十三五”老龄事业发展和养老体系建设规划》提出通过支持养老机构开展医疗服务，提高家庭医生签约率和开展家庭病床服务，统筹医疗和养老服务资源等方式完善医养结合机制，通过推进社区健康教育、建立健康档案、丰富社区老年人康复健身体育活动等方式发展基层老年卫生和健康促进事业。2018年，天津市人民政府办公厅发布的《关于制定和实施老年人照顾服务项目实施方案的通知》中提出要加大推进医养结合力度，全面提升机构层面医养结合水平，鼓励养老机构申请开办老年病医院、康复医院、中医医院等；鼓励有条件的医疗机构设立老年护理院、老年病科等；鼓励养老机构与周边的医疗卫生机构开展多种形式的协议合作；鼓励各类医疗机构开展家庭病床服务并加大医保扶持力度。2022年出台的《天津市“十四五”养老服务体系发展规划和二〇三五年远景目标纲要》在“十三五”时期医养结合全面布局的基础上，提出进一步夯实基础设施建设、鼓励养老机构中具备条件的医疗机构参加医联体建设、健全服务标准和规范以及加强城乡共同发展，并探索建立符合天津实际的安宁疗护服务模式，从而推进医养结合的深入发展与创新实践。

此外，2018年发布的《天津市国民营养计划实施方案（2017—2030

年）》中提到要建立老年人群营养健康监测、管理与照护制度，逐步将老年人群营养健康状况纳入居民健康档案；依托家庭医生签约服务、社区宣传教育服务、机构养老配餐和社区助餐等服务，建立满足不同老年人群需求的营养改善计划。

从加大医疗设施建设、发展社区卫生服务网络到推动居家养老和机构养老层面的医养结合，天津市通过不断完善老年医疗卫生和健康政策，有力推动了老有所养、老有所医以及"健康老龄化"的实现。

2. 环境要素支撑体系

（1）倡导全社会树立积极老龄观——老有所为、老有所学、老有所乐

为适应老龄化社会的发展要求，促进老年人教育事业的发展，天津市于2002年出台《天津市老年人教育条例》，将天津市老年教育纳入了法制轨道，也为后续相关政策制定提供了基础。2005年发布的《天津市老年教育"十一五"发展规划》对老年教育提出了新的目标任务及工作要求，从提高老年教育覆盖率，发展各类老年学校，推动群众性老年教育活动，创办远程老年教育，加强老年教育科研等方面推动老年教育健康发展，实现终身教育体系的形成和完善。

进入"十三五"时期，天津市积极响应国家对老年教育事业提出的新要求，2017年发布的《天津市贯彻落实老年教育发展规划（2016—2020年）实施方案》中提出养教结合这一老年教育新模式，整合利用社区居家和机构养老资源，在日间照料中心、托老所、老年养护院、城市社会福利院、农村敬老院等各类设施内开展形式多样的老年教育，通过设立固定学习场所、配备教学设施设备、开设课程和讲座、展示学习成果等形式，推动老年教育融入养老服务体系，丰富住养老人的精神文化生活。

2018年，天津市政府发布《关于制定和实施老年人照顾服务项目实施方案的通知》，其中提出建立完善"市老年大学—区老年大学—乡镇（街道）老年学校—村（社区、居委会）老年教育学习中心"老年教育四级办学体系，到2020年，各区至少建成1所高水平的老年大学，力争各乡镇（街

道)、各村(社区、居委会)至少举办1所老年学校、1个老年教育学习中心;同时推动高校、职业院校和老年教育机构共同参与老年教育课程开发,并利用远程学习优势举办老年开放大学;此外,还提出通过因地制宜配备适合老年人的文体器材,在图书馆提供大字阅读设备和触屏读报系统等老年人专区服务,支持老年人开展文体娱乐、精神慰藉、互帮互助等活动,促进老年人"老有所乐"。

2021年,市教委等部门发布的《关于进一步推进天津市老年教育发展的意见》将老年教育发展目标由2016年提出的"到2020年,基本形成覆盖广泛、灵活多样、特色鲜明、规范有序的老年教育新格局。以各种形式经常性参与教育活动的老年人占老年人口总数的比例达到40%以上"更新为"到2025年,基本形成体系完善、结构优化、覆盖广泛、灵活多样的老年教育新格局。以各种形式经常性参与教育活动的老年人占老年人口总数的比例达到50%以上",同时提出进一步推进养教结合新模式,鼓励各类养老设施加挂老年学校的牌子,推动养老服务向"助学"延伸,老年教育与社区、机构养老模式互相促进。

(2)完善老年优待政策和老年宜居环境建设——老有所安

2005年,天津市老龄委发布《关于调整我市老年人优待服务政策的意见》,将享受优待服务的年龄标准由1993年相关优待政策中的70周岁调整为60周岁,在旅游、就医、公共交通、城市基础服务设施使用、法律援助等方面对60～69岁、70岁及以上老年人分别制定了不同幅度的优惠待遇制度。其中,在公共出行方面,天津市政府在2023年发布《天津市65岁以上老年人免费乘坐公共汽车实施办法》,对2010年颁布的相关政策进行了调整①,进一步扩大了该政策的普惠范围,将本市老人和临时来津等所有在津老年群体都纳入免费乘车福利对象,并通过增加免费乘车卡种类、强化卡片管理、调整补贴分担机制等方式不断完善交通优待制度。

---

①《转发市交通港口局拟定的天津市65岁以上老年人免费乘坐公共汽车实施办法的通知》(津政办发〔2010〕31号)。

为保障老龄社会的宜居环境，天津市近年来在居家适老化改造和社会环境适老化改造方面都加大了政策出台力度。2020年，为了贯彻落实《全国老龄办关于加快实施老年人居家适老化改造工程的指导意见》，天津市民政局等部门联合发布《天津市老年人居家适老化改造实施方案》，按照“政府引导、市场主导、社会参与、家庭主动”的模式，以特殊困难老年人家庭为重点对象开展适老化改造服务并予以补助，包括防滑和高差处理、安装床边护栏（抓杆）和扶手、配置淋浴椅和手杖、安装防走失装置等，为老年人居家养老提供更加安全的环境。2021年，为进一步改善特殊困难老年人的居家生活环境，提升居家生活品质，在2020年方案基础上发布了《关于做好2021年度特殊困难老年人家庭居家适老化改造工作的通知》，将特殊困难老年人补贴对象范围扩大至分散特困供养、低保、低收入救助家庭中的高龄、失能和残疾老年人，并针对老年人对适老化改造认同度不高的问题提出加强宣传教育，积极引导特殊困难老年人自愿进行改造，并将居家化改造作为居家社区养老服务的重点内容。2023年12月发布了《关于进一步规范特殊困难老年人家庭适老化改造工作的通知》，对改造对象、改造清单、改造范围、改造程序、改造机构、资金使用和数据共享方面进行了进一步的规范。

天津“十四五”养老规划中提出，在继续实施特殊困难老年人家庭适老化改造基础上，进一步推动公共场所适老化改造，通过改造或新建的方式对老旧小区、社区卫生服务中心、社区综合服务设施、公共交通设施、农村公厕等基础设施开展适老化改造服务。同年出台的《天津市2022年推行适老化交通出行服务实施方案》中提出要对出租车、公共电车、地铁等公共交通工具进行适老化改造，并确定完成改造的时限，切实提升了老年人出行的便捷程度。

为解决数字化进程中的数字鸿沟问题，使信息和智能技术更好地服务于老年人的生活，天津市于2021年发布《天津市解决老年人运用智能技术困难工作举措》，在疫情防控、交通服务、就医服务、消费服务、政务服务等方面加强适老化改造，采取完善传统服务和优化智能服务相结合的方式，并针对老年人开展智能技术应用培训，从而解决老年人运用智能技术过程中遇到的困难和不便，帮助老年人更好融入智慧生活。

二、天津市社会养老服务发展实践与典型案例

从2008年天津市《关于加快我市养老服务业发展的意见》出台至今，天津市在社会养老服务体系的探索、居家养老服务和机构养老服务内容拓展与模式创新、医养结合新发展、智慧养老设施建设等方面都取得了有效的成果。近年来，天津市政府不断加大养老事业的资金投入力度，尤其在“十三五”期间，市、区两级财政加大投入，每年福彩公益金的50%以上用于养老服务发展，2.4万困难老年人享受居家养老服务（护理）补贴。从2019年至2021年，天津市福利彩票公益金共支出7.8亿用于养老机构、社区日间照料中心一次性建设及运营补助、居家和社区养老全国试点补助、部分养老机构改造和床位运营补贴、老人家食堂建设、养老服务评估、养老护理员队伍建设、京津冀养老服务协同发展养老机构床位运营补贴、养老服务综合信息平台建设以及养老床位综合责任险等养老服务项目。①2023年，天津市福彩公益支出仅用于养老服务市级补助资金达1.04亿元，主要用于居家养老服务（护理）补贴、老年人助餐服务补贴、百岁老人营养补助费、日间照料中心建设补贴和运营补贴、养老机构一次性建设和运营补贴、嵌入式养老服务机构一次性建设及运营补贴、居家适老化改造等支出。② 在居家为基础、社区为依托、机构为补充、医养相结合的“973”养

① 参见天津市财政局：《天津市财政局关于天津市2019年度市级彩票公益金筹集分配使用情况的公告》《天津市财政局关于天津市2020年度市级彩票公益金筹集分配使用情况的公告》《天津市财政局关于天津市2021年度市级彩票公益金筹集分配使用情况的公告》。

② 参见天津市财政局：《天津市财政局、天津市民政局关于下达2023年养老服务市级补助资金的通知》。

老服务格局基础上，天津市正不断加快居家社区机构相协调、医养康养相结合的养老服务体系的构建步伐。

（一）天津市居家社区养老服务的发展历程及典型案例

天津市居家社区养老服务主要以家庭为核心，以社区为依托，以老年人日间照料、生活护理、康养服务、家政服务、精神慰藉等为主要内容，以上门服务、社区集中服务、日托服务和养老机构嵌入式服务为主要形式。这一界定既明确了居家养老服务与社区服务的一体性，也指出了机构养老服务与社区养老服务实现资源共享与整合的可能性。在这一原则指导下，天津市从2006年开始探索利用星光老年之家、老年活动站等设施，改造或新建各种居家养老设施和机构，从公益性居家养老服务中心到日间照料中心、老人家食堂，从虚拟养老院到智慧养老、养老机构嵌入式服务等方面的建设，经过十多年的发展，天津市已形成颇具规模和构架的居家社区养老服务体系，由政府牵头组织管理、社会力量参与运作的综合性养老服务中心、日间照料中心、老人家食堂、养老机构延伸服务、互助服务等在内的多元化服务模式已取得了显著的发展成果。截至2023年底，天津市已建成老人家食堂1 887个，老年日间照料服务中心（站）1 374个，提供床位数共计1.37万张。[①] 全市已建成街道（乡镇）级养老服务综合体180个，覆盖率超过70%，提前两年完成民政部“十四五”规划指标。[②] 2023年，天津市首家街道级养老服务指导中心在和平区劝业场街道落成，天津市“十四五”规划提出的“市级一平台、区级一中心、街道（乡镇）一阵地、居（村）一场所、家庭一床位”的五级养老服务网络建设正在加快建设步伐。

① 参见天津市民政局:《2022年天津市国民经济和社会发展统计公报》。

② 参见中华人民共和国农业农村部:《天津市街道（乡镇）级养老服务综合体达180个》,https://www.moa.gov.cn/xw/qg/202312/t20231211_6442495.htm,2023年12月11日。

表4-1　2016—2022年天津市日间照料服务中心和老人家食堂基本情况

	日间照料服务中心（站）（个）	日间照料服务中心（站）床位（张）	老人家食堂（个）
2016年	1 184	7 496	/
2017年	1 251	9 892	/
2018年	1 301	10 000	/
2019年	1 410	/	1 565
2020年	1 257	12 000	1 696
2021年	1 357	14 000	1 701
2022年	1 305	13 100	1 723
2023年	1 374	13 700	1 887

注：数据来源于2016年至2023年天津市国民经济和社会发展统计公报。

1. 日间照料中心 / 托老所

长期以来，天津市居家社区养老服务采取政府兴办和主管并委托社会力量运营和管理的主要模式，在充分发挥政府主导作用的同时广泛吸收社会力量的参与并探索市场化运作机制，在服务设施建设和运作方面都取得了初步的成果。以较早出现的日间照料中心为例，其作为天津市居家社区养老服务的主要项目，发挥着补充和支持家庭照料的重要作用，该设施主要由区县政府投资建设，由社会组织或企业经营运作，通过为居住在家的老年人及其家庭提供日间或短期托管服务，具体包括生活照料、康复医疗、精神慰藉和文体娱乐、就餐送餐等服务，以缓解家庭养老的压力并使更多的老年人居住在熟悉的社区当中，实现大多数老年人能够居家养老的政策目标。

在运营管理方式上，天津市政府强调改革日间照料中心的运营方式，提出“政府搭建平台、专业化管理、市场化经营、志愿者参与”的模式和“管办分离”的原则，采取政府购买服务或服务外包的方式，委托社会组织、企业等负责运营工作；同时，鼓励社会力量参与建设，对从事养老服务的社会组织给予岗位补贴和社会保险补贴，对从事社区养老服务的护理员也给予职业技能培训补贴。从现实情况来看，由于日间照料中心的护理对象主要为半失能老人，从而对护理、保健等专业性服务需求相对较高，因而由养老机构承接对口服务项目并派驻专业护理人员在日间照料中心进行日常服务是当前较为普遍且切实可行的模式。这一模式将养老机构的专业化资源与社区需求对接，是养老机构延伸社区服务的有益实践。但普遍来看，目前日间照料中心服务基本停留在配餐送餐和日常照护等基础性服务上，在康复保健和休闲娱乐等服务上较为欠缺，且在建设规模、人员配备等方面也有待进一步发展与完善。

典型案例：鹤童金融街托老所

简介

2016年成立，隶属鹤童公益养老集团，公建民营模式。

服务对象：周边社区家中无人照护和陪伴的半失能和失能老年人。

英伦式三层花园洋房建筑，建筑面积1 000平方米。

床位共33个，均为全自动护理床。

基本设施

设有康复治疗大厅、护士站、阅览室、浴室、美发室、洗衣房、卫生间，开水间、配餐室、餐饮中心，晒台、员工减压室等。

适老化设施：全院区域铺设防滑地砖与无障碍通道、防滑扶手、全自动卧式浴缸等。

托养服务

包括日托、周托、月托等多种模式。

配备护士、康复师、社工等专业照护团队，实行8小时轮班工作制，全天候全方位为老年人提供生活照护与精神慰藉服务。

为周边社区居家老人提供电话问安、入户护理、配餐送餐等服务。

为社区低龄健康老人提供活动场所和举办文化活动。

特色延伸服务

电话问安服务：面向周边社区独居、空巢、失能的居家老人，通过每天一个电话，问候平安和了解需求并提供帮助。

社区老年大学：与金融街社区党群服务中心合作开办“社区老年大学”，为社区健康老人打造老有所学、老有所为、老有所乐的社交平台。

其他服务：为周边社区有需求的居家老人提供入户护理、配餐送餐等。

2. 老人家食堂——舌尖上的关怀

助餐服务是天津市居家社区养老服务体系中起步相对较早、发展较为完善的为老服务项目。为实现天津市“十四五”养老规划提出的2025年城乡助餐服务体系全覆盖的发展目标，从2019年起，天津市民政局开始加快推动社区老年助餐服务的发展力度，截至2022年底，累计投入1 200万元补贴资金，建成一级和二级老人家食堂共计1 723个，158万人次老年人享受了助餐服务。但目前天津市老人家食堂点位不齐全的问题较为凸显，城乡之间、区县之间发展不均衡，部分区尚未落实“一个街道一个一级食堂，一个社区一个二级食堂”的布局，且由于供需不均衡和食堂环境较差等原因导致一些老人家食堂尤其是二级食堂有名无实。例如：河东区春华街某老人家食堂从2017年起开始投资运营，在街道内12个社区设置配餐点，但由于订餐量不大导致企业不盈利，大部分二级配餐点陆续被迫关闭，目前仅剩两家一级配餐点。

此外，助餐服务的发展也受制于送餐辐射范围，由于老年送餐服务不同于商业外卖，出于老人用餐和居家安全的考虑，因而送餐人员多以老人家食堂工作人员和社区工作者为主，有限的送餐人员数量导致老人家食堂配送范围局限于食堂附近社区。因此，在社区老年人食堂遍地开花的同时，其能否均衡发展和提供高质量助餐服务也成为发展中的重要问题。

3. 社区养老服务综合体——居家、社区、机构养老的跨界融合

为了提供全方位、多层次的养老服务，天津市在“十四五”期间大力发展社区养老服务综合体建设，推进居家、社区、机构养老服务跨界融合，以专业化和人性化、订单式服务满足居家老年人的多元化需求。其中，河西区作为天津市居家养老改革试点模板，在推进养老服务综合体建设，打造具有天津特色的“三边”（身边、家边、床边）、“四不离”（不离家、不离亲、不离熟悉的环境、不离熟悉的朋友）养老服务体系方面始终走在前列。截至2022年7月，河西区共建成居家养老服务中心45个，其中，街道级14个、社区级31个，总面积超过2.6万平方米，初步形成全覆盖的“15分钟服务圈”。①

以天津市河西区陈塘庄街道居家养老服务中心为例，1 700 多平方米的空间涵盖社区餐厅、日间照料站、多功能助浴室、健身康复室、心理咨询室、书画室、电子阅览室、多功能活动室等设施，为老年人提供助餐、助浴、助医、助急、助洁等服务，可服务周边 4 个社区的 4 000 余名老人，让老年人在“家门口”就能享受到多元化、多层次、一站式的养老服务。2023年12月投入使用的河西区桃园街道居家养老服务中心作为全区最大的养老服务综合体，改造面积达4 700平方米，其服务范围涵盖助餐、托养、上门照护、家政服务、理发修脚、口腔义诊、金融服务、农产品品鉴、艺术课堂、适老化产品展示展卖等，为桃园街道老年人提供了一站式服务。

① 参见天津河西网：《面积1700+m^2服务周边3000+老年人，陈塘庄街道居家养老服务中心启用》，https://www.tjssshx.cn/system/2022/07/13/030050455.shtml，2022年7月19日。

以政府出资建设、受政府委托、市场化经营和管理、提供集中和入户服务作为主要运作模式的养老服务综合体将政府扶持监管与市场化运作相结合，在接受政府监督考核的同时享有一定的自主权，采取政府补贴与自费购买服务相结合的服务方式，为政府补贴范围内的经济困难、失能、高龄空巢等老人提供无偿服务，并对其他有需求的老年人提供低偿和有偿相结合的服务，这一市场化运作模式将居家社区养老服务对象拓展至全体老年人，并突破了政府指令性的行政化运营模式，在服务质量上得到了更好的保障。

当前，天津市已建成社区养老服务综合体180个，其建设过程中充分结合所在城区社区设施布局特点，并充分整合利用周边菜市场、公园、社区卫生院等现有资源，依托这一养老服务设施，将有助于打造居家养老“15分钟服务圈”，实现老有所养、老有所医、老有所乐、老有所学。

典型案例：河西区陈塘庄街道居家养老服务中心

简介

2022年建成并投入使用，使用面积1 700多平方米。

整合利用周边菜市场、公园、社区卫生院等现有资源，打造辐射700米半径的居家养老“15分钟服务圈”，可服务周边4个社区的4 000余名老年人，提供多元化、多层次、一站式的养老服务。

中心共三层，设有社区餐厅、日间照料站、多功能助浴室、健身康复室、心理咨询室、书画室、电子阅览室、多功能活动室等设施。

服务内容

日间照料服务：提供日间照料、短期托养、旅居养老等服务。

助老服务：为社区居家老年人提供助餐、助浴、助医、助急、助洁、理疗等服务。

其他服务：不定期开展心理咨询、健康讲座、手工编织等文化娱乐活动。

特色与亮点

探索“医养结合”“住养融合”等智能居家养老服务模式，响应半失能、失能、空巢等各类老年人的养老需求。

开创“党建引领＋养老服务”新模式，中心成立党支部，引导党员志愿者参与中心宣传和需求调研活动，发挥退休老党员、楼栋长和志愿者骨干等党员志愿者的桥梁作用，及时精准反映社区内老年人的现实需求。

典型案例：滨海新区新城镇综合养老服务中心

简介

2023年正式运营，运营商为天津孝德智能科技有限公司。

中心共二层，设有新城镇智慧养老指挥中心、老年食堂、老年人托养区、认知症训练康复区、适老化设备体验区、文体活动室、老年大学等场所与设施。

辐射辖区内4 000余名老年人，提供入托、入照、入户、嵌餐、嵌智、嵌康、嵌护、家庭养老床位等服务。

服务内容

托养服务：床位22个，针对周边村居家中需要照护和陪伴的老年人提供日托、短期托及长住服务。

延伸入户服务：助洁、助浴、陪同就医、送药、紧急救助、家电维修、喘息服务等。

其他日间服务：老年大学、图书阅览、观影、棋牌娱乐、康复锻炼、高龄老人关爱寻访、长护险咨询、义务理发等免费服务；助餐、助购、老年用品租赁等收费服务。

医养融合服务：与新城镇社区卫生服务院合作，结合家庭医生签约制度，为居家和住养老人提供慢病管理、理疗康复、用药指导等服务；中心旗下护理站提供基础医疗护理及健康管理，为居家失能、慢性病、高龄、残疾等行动不便的老年人提供家庭病床、上门巡诊等居家医疗服务。

特色与亮点

首创“两网三前移”模式，即覆盖全镇的智慧养老服务网和重点老人关爱网，实现居家安全风险前移、为老服务前移、涉老管理前移。

搭建智慧居家养老服务平台，打造“3315”服务模式：依托物联感知设备实现24小时老人风险自动预警和应急呼叫救援，建立起家庭、社区网格、街道指挥调度中心3级响应机制，提供养老服务、健康医疗、应急响应3方面服务保障，构建15分钟应急响应圈、养老服务圈、医疗保障圈。

基本收费情况

短期托养：每月4 500～5 500元。

日间托养：每人120元（含三餐）。

喘息服务（护理员入户生活照料服务）：80元/1小时。

4.“三入四嵌一床位”的社区嵌入式养老机构

从日间照料中心、老人家食堂到当前大力推进的社区养老服务综合体以及嵌入式养老院等都属于嵌入式养老设施，即充分依托社区养老服务设施等资源，主要为社区内和周边有需要的老年人提供专业护理、生活照料、心理慰藉、居家入户等综合性养老服务的居家社区养老服务机构。[①] 尽管嵌入式养老是当前社会养老模式的一个新名词，但其在天津已有十余年的发展历程，最早由养老机构延伸服务演变而来，政府作为主管部门在与养老机构签订《养老机构社区延伸服务协议书》之后，通过福利彩票公益金等渠道向养老机构提供建设补贴资金以及社区延伸服务人员工资补贴等政策支持。以南开区望园养老院为例，其在2011年就开始探索拓展社区老年配餐和日间照料功能，面向周边社区老年群体推出一日三餐供应和日间照料"托老"服务，服务半径辐射周边社区，为居家老年人提供了更多便利。

当前天津市着力推进的居家养老服务中心（即养老服务综合体）这一新型嵌入式机构进一步扩大了资源整合渠道，充分吸纳除养老机构、社会组织之外的家政公司、餐饮机构、医疗机构等各类专业性服务单位共同服务于居家社区养老，从而在服务内容和辐射范围上更加广泛，是打造居家养老"15分钟服务圈"的重要载体。

根据天津市"十四五"规划，每个街道（乡镇）应不少于1家区域型嵌入式机构（即街道乡镇综合养老服务中心）、N家社区型嵌入式机构，具备"三入四嵌一床位"（入托、入照、入户，嵌餐、嵌智、嵌康、嵌护，家庭养老床位）等综合服务功能，以打造"居家—社区—机构"综合型服务。其中，入托服务是指为老人提供短期托养服务；入照服务是为老年人提供日间休息、生活照料、推送转介及其他护理服务；入户服务则指帮老人助浴、助急、助医、助行、助洁等居家养老服务；嵌餐服务即依托老人家食堂为老年人提供就餐、配餐、送餐等助餐服务；嵌智服务依托或建设智能养老服务平台，引入智能穿戴设备对老年人日常行动状态进行监测、预警和远程照护，为老年人提供线上线下相结合的菜单式智能养老服务；嵌康服务依托健康驿站，为老年人提供健康指导和代取药物等医养康养服务；嵌护服务则是为老年人提供长期护理服务，并发展家庭养老床位。

---

① 参见天津市民政局：《关于推进社区嵌入式养老服务机构发展的指导意见》，2021年。

典型案例：和平区益美嵌入式社区养老院

简介

2019年成立，天津市正式登记注册的首家嵌入式社区小型养老院。

运营方式：公建民营，运营商为和众社会工作服务中心。

单人间、双人间、三人间和四人间等多种房型，床位23个。

入住老年人：居家高龄、半失能、失能老年人。

服务内容

医养康养相结合的照护服务：社工介入下的日间照料、夜间照料、短期托老、长期照护、大病术后康复护理服务，与医疗机构合作，实现每日巡诊。

家庭护理能力提升服务。

延伸家庭入户服务，包括助餐配餐、社区康养、居家照护（如洗澡、理发、修脚等）、社区便民服务（如疏通管道、家庭卫生等）、排险上门等。

服务模式

以点带面，即以机构为支撑点，辐射居家床位，实现居家、社区、机构三种养老服务融合式发展；社工、护理、医疗、康复、营养、心理等多专业相结合开展服务。

基本收费标准

日间托养：1 400～3 000元／月。

24小时住养：2 500～5 200元／月。

居家服务：依老年人实际需求而定。

5. 昙花一现的虚拟养老院

伴随“互联网+”观念的提出和应用性发展，天津市较早开启了“互联网+养老”模式的探索之路。早在2012年，天津市出台《关于开展养老机构社区延伸服务（虚拟养老院）试点工作的意见》，开始探索虚拟养老院这一居家养老服务新模式，其与养老机构延伸服务的区别在于扩大了资源整合渠道，充分吸纳除养老机构之外的家政公司、餐饮机构等各类专业性服务单位共同服务于社区居家养老；其通过数字通讯方式将居家老年人需求与服务企业进行有效对接并进行监督评估，从而无需新建实体养老机构等设施，在节约资源、扩大服务覆盖面等方面都具有较大的优势；同时，借助政府购买服务的政策支持为生活困难、失能、高龄空巢老人等群体提供餐饮、家政、基本医疗、专业护理等服务，从而使居家老年人享受到专业性服务。

从2012年至2014年，天津市共有14家试点单位为1 332位老人提供了近10万次养老服务，这14家“虚拟养老院”提供的各种养老服务主要包括：养老护理员入户护理，执业医生入户提供基本医疗及康复指导，社工提供定期探访巡视及心理疏导，提供配送餐，培训助老志愿者队伍。[①] 然而，从其发展实践来看，由于政府购买居家养老服务的补贴对象仅限于部分老年人，使得虚拟养老院项目的服务对象尚未能拓展至所在辖区内的全体老年人，且服务内容也多集中于家政、送餐等方面，而在医疗护理、精神慰藉等方面未能引入专业机构服务，因而曾经呼声极高的虚拟养老院仅仅是昙花一现，未能获得长足和有效发展。

事实上，虚拟养老院只是依托互联网搭建了一个需求和供给信息收集的平台，服务基础设施的欠缺和服务模式的单一使得无法实现需求评估的主动性和有效性，也导致服务对象狭窄、服务内容单一、服务水平低等问题。

---

① 参见中国日报网：《天津14家“虚拟养老院”试点将养老服务延伸至社区》，http://www.cncn.org.cn/content/2013-12/1386553039879.html，2013年12月8日。

6. 智慧养老中心——科技赋能居家养老

随着物联网和人工智能逐渐应用于日常生活场景，借助科技创新推动智慧养老服务发展正在成为天津市社会养老服务发展的又一探索。与虚拟养老院不同的是，智慧养老充分依托物联网和人工智能技术，通过传感器、智能穿戴、语音交互设备等设施，一方面保障居家老年人处于实时安全监控状态，实现居家守护和医疗保障功能，另一方面通过提供语音读报、新闻播报和音乐播放等服务探索老年人精神文化需求的满足方式。

智慧养老模式在需求满足方式上体现为主动迎合、个性定制，突破了虚拟养老院被动等待需求呼叫的模式，从而能够提供实时、快捷、多样化、低成本的养老服务。2023年，工业和信息化部、民政部和国家卫生健康委员会公布了2023年智慧健康养老应用试点示范名单，天津市和平区被评为天津市“智慧健康养老应用示范基地”，劝业场街、五大道街获评“智慧健康养老应用试点示范街道”。目前，天津市在和平、河西、南开、东丽、滨海新区等区县已建成20余家不同规模的智慧养老中心，在智慧养老、智慧助老、智慧社区建设等方面正不断发挥应用试点的示范作用。

以滨海新区新城镇智慧助老指挥中心为例，其统筹联动社会资源，实现政府、社会组织、企业三方合作机制，利用人工智能、物联网和大数据等前沿技术，聚焦老年群体的居家安全和健康管理问题，配备SOS紧急呼叫器、燃气报警器、烟感器、红外探测仪、睡眠监测仪、动态体征检测仪、防跌倒摄像头、智能门锁、智能马桶、定位手环、语音交互机器人等智能仪器和感应设备，依托家属子女、党群志愿者、智慧养老指挥平台的三级响应模式，搭建15分钟应急响应圈，保障老年群体安全事件的快速发现和处置，实现主动关怀、智能预警、应急救助的全天候陪伴式安全守护。然而，智慧养老服务作为新生事物尚处于探索发展时期，一方面，其在服务对象范围上依然难以突破政府购买服务人群范围，民众对智慧养老较低的认知和接受度以及购买力成为该服务模式发展的重要限制；另一方面，作为政府和社会资本合作的PPP养老模式，如何实现养老服务的公益属性和智慧养老科技企业的盈利属性达成兼容，这是当前智慧养老服务发展要解决的根本问题。

典型案例：和平区劝业场街道智慧养老服务指导中心

简介

2023年成立，天津市第一家街道级养老服务指导中心，第一家实体化认知障碍友好服务中心。

服务内容

养老顾问、老年活动、日间托养、认知障碍友好建设、老年康复、辅具租赁、老年助餐、居家养老服务、智慧平台等。

基础设施

智慧康养指挥中心及呼叫中心：利用智慧养老系统平台，为街道现有的1家街级综合为老服务中心、2家日间照料中心、3家老人家食堂、7家养老机构和12个社区服务驿站的养老服务资源智慧赋能，实现“上中下”协调联动，横向对接各类服务资源。

智慧主导的“老人家食堂”：通过智能化管理为辖区老年人提供“小份菜”服务，配备自助点餐机，支持多种方式结算。

认知障碍友好服务设施：针对认知症患者提供心理疏导、放松治疗、怀旧治疗等非药物干预活动，以及自主完成认知症筛查评估、大脑训练、知识学习等服务设施。

智慧养老服务模式

引入第三方服务机构，搭建智慧养老服务平台，将辖区老年人的基本情况、既往病史、为老需求等信息记录在“云端”，同时将辖区内商户、企业的为老服务内容和价格发布于平台，通过大数据分析，实现供需精准快速匹配，并由街道对服务进行监督监管。

（二）天津市机构养老服务的发展历程及典型案例

1. 养老机构数量和区域布局的变化与发展

机构养老由于其专业性强、成本较高等特点，一直作为家庭养老和居家养老的补充形式而存在，随着人口老龄化程度的加剧和老年人口长期照护需求的增大，天津市养老机构在数量、质量和结构上不断发展与优化。截至2023年底，天津市各类养老机构共计387家，床位共计7.6万个，平均每千名老人拥有养老床位24个，预计到2025年，天津市养老服务床位将达到10万个。尽管养老机构提供的床位数量逐年增长，尤其从“十一五”时期至“十三五”时期，养老机构床位数翻了一番，但相较快速发展的老龄化趋势来说，老年人均拥有床位数与老年人的实际需求存在较大差距，也与发达国家的水平相去甚远。

表4–2 “十一五”至“十三五”期间天津市养老机构基本情况

	养老机构数（个）	养老机构床位数（万个）	平均每千名老人拥有床位数（个）
“十三五”末	387	7.60	24.0
“十二五”末	428	6.86	32.0
“十一五”末	306	3.00	15.4

注：以上数据根据天津市人民政府办公厅印发的《天津市老龄事业发展“十二五”规划》《天津市“十三五”老龄事业发展和养老体系建设规划》《天津市“十四五”养老服务体系发展规划和二〇三五年远景目标纲要》整理和计算。

从城乡分布来看，自“十二五”时期开始，天津市城市养老机构在政府购买需求的刺激和养老机构建设与运营补贴标准调整的双重影响下，呈现出稳定的发展态势。相反，农村地区则由于尚处于探索发展阶段，相关扶持性政策主要集中于困难老人群体且涉及范围较窄，加之农村地区养老设施不健全、服务人员数量不足和素质较低、养老观念更为传统、机构入住率低等原因，使得这一时期未出现明显发展趋势，反而在2013年至2017年间一度呈现机构数量和床位数的双重大幅缩减现象。

为了鼓励社会力量参与养老机构建设，天津市于2016年放宽养老机构准入条件。具体包括：精简行政审批环节，全面清理、取消申办养老机构的不合理前置审批事项，优化审批程序，简化审批流程；申请设立养老服务类社会组织，符合直接登记条件的可以直接向民政部门依法申请登记，不再经由业务主管单位审查同意。在这一政策影响下，2016年天津市养老机构数量和床位数呈现大幅增长。为了保障机构养老在数量和质量上同步增长，2017年，天津市在全市范围开展养老院服务质量建设专项行动，围绕“五查五改、对标达标”要求，联合相关部门开展了养老院安全大检查、大整治活动。2018年，天津市按照民政部的要求继续开展为期四年的养老院服务质量建设专项行动，从提高管理和服务水平方面推动全市养老院自我变革。仅一年多时间，天津市就关停了30余家“小散乱”养老院，其中大多是具有较长历史的敬老院，由于房屋、设施较为陈旧，难以满足老年人多元化需求。通过一系列改革，天津市养老机构数量和质量同步提升。2018年以来，养老机构数量开始呈稳步增长态势，2018年至2023年间，床位数量从5万个增长至7.6万个。

表4–3　天津市养老机构区域布局基本情况

所在区		养老机构数量	床位数	内设医疗机构的养老机构数量
市内六区	南开区	35	4731	11
	河西区	29	2584	2
	河东区	40	4658	5
	和平区	13	1209	8
	河北区	26	3860	3
	红桥区	28	2304	1

续表

所在区		养老机构数量	床位数	内设医疗机构的养老机构数量
环城四区	北辰区	21	3082	4
	津南区	13	4262	5
	东丽区	18	2692	8
	西青区	15	2451	3
远郊五区	蓟州区	50	3960	1
	静海区	6	1698	5
	宁河区	2	261	2
	宝坻区	29	3007	2
	武清区	13	1914	3
滨海新区		28	5786	12

注：以上数据根据天津市民政局2025年发布的各区养老机构名单整理，其中不包括市级国办养老院、社区嵌入式养老院等社区养老机构。

从养老机构区域分布来看，天津市全域养老机构分布受发展空间限制，呈现出中心聚集、郊区稀疏；中心规模小、郊区规模大；中心散点式、郊区组团化的特点。具体来看，市内六区的养老机构数量明显高于其他区域，呈现出稠密且均匀的分布特点，养老机构多为中小型机构，其中大多数为民办机构。虽然中心城区面积相对较小，却拥有全市近一半的老年人口聚居，且老年人口规模大、密度大、增速快。尽管城市条件优越、设施完善、交通路网密集，但新旧结合、空间有限、资源紧张的问题使得养老机构多数为中小型规模并呈现低程度聚集态势，其中，红桥区、南开区、河东区、河西区均有小范围集聚。

环城四区养老机构数量与中心城区比相对较少，但发展均衡。作为次中心城区，其轨道交通、城市基础配套设施稍次于中心城区，但是居住环境相对宽松、机构发展空间大，有利于养老机构的均衡发展和规模化发展。远郊五区养老机构多集中分布于农村地区，且数量有明显差异，机构分布不均衡。值得一提的是，远郊五区之一的蓟州区尽管距离市中心较远，区域位置较偏，经济发展水平与市内和环城区域有较大差异，交通设施相对不便，但由于养老成本低、旅游资源密集、生态环境较好等因素，呈现出养老机构数量明显偏高的现象。

表4-4　近年来天津市各区养老机构数量变化情况

所在区		2019 年	2021 年	2025 年
市内六区	南开区	29	20	35
	河西区	24	28	29
	河东区	32	38	40
	和平区	11	12	13
	河北区	22	21	26
	红桥区	23	24	28
环城四区	东丽区	16	17	18
	西青区	14	18	15
	北辰区	12	13	21
	津南区	15	15	13
远郊五区	蓟州区	36	51	50
	静海区	12	13	6
	宁河区	3	3	2
	宝坻区	28	28	29
	武清区	37	15	13
滨海新区		22	23	28
合计		328	340	366

2019年至2025年间，绝大多数区域的养老机构数量不断增长。从2019年起，在《天津市促进养老服务发展三年行动方案（2019—2021年）》的指导下，天津市稳步推进机构养老服务规范化建设，提升养老服务整体水

平，同时持续开展服务质量建设专项行动，推进质量隐患整治工作，健全养老机构安全监管机制。尤其进入“十四五”以来，在全市养老服务机构床位数达10万张的总目标以及养老机构规模化、连锁化、专业化发展的政策导向下，绝大多数区域的养老机构数量都持续上升。个别区域则呈现自身独特性，如武清区的养老机构数量从2021年起呈明显下降趋势，这与疫情期间养老机构实行封闭管理带来的运营压力密切相关，因而机构数量下降较为明显。但整体来看，各区养老机构发展普遍呈现平稳态势。

2. 养老机构的结构性发展

（1）功能结构

长期以来，天津市养老机构在结构布局上一直以普通照护型养老院为主，而针对失能老人和痴呆症患者等特殊护理型养老机构较为缺乏，从而导致健康和半失能老人一度成为机构养老服务的主要对象，而失能老人则被普遍排除在养老机构的服务对象范围之外，资源配置和使用结构不合理成为制约养老机构均衡化发展的重要问题。

近年来，随着政府养老政策的调整以及越来越多的社会力量涌入机构养老服务事业，这一失衡的机构养老格局已开始有所调整和改变。从“十二五”时期开始，相关政策文件均强调养老机构应以加强护理型养老机构为发展方向，将失能老人作为机构养老的主要服务对象，并且要针对老年痴呆病、临终关怀、康复训练等不同人群建立特殊需求养老机构。如《天津市老龄事业发展“十二五”规划》提出，为失能老人建设的老年护养院床位不低于养老机构总床位的60%，现有养老机构均要设立预留60%的床位用以接收失能老人；《天津市“十三五”老龄事业发展和养老体系建设规划》提出护理型养老床位占比不低于30%的目标值；《天津市“十四五”养老服务体系发展规划和二〇三五年远景目标纲要》则强调针对失智老年人的特殊需求，重点增设失智老年人照护专区，并提出养老机构护理型床位占比达到60%的约束性指标。

2010年，天津市民政局改建天津市失智老人康复照料中心（现更名为天津市第六老年公寓），特别针对失智老人的日常照料和健康安全等需求，成为天津市第一家以收养失智失能老人为主的国办养老机构，而像天津市养老院（现更名为天津市第二老年公寓）等其他国办养老机构在收住失能失智老人方面也承担了一定的责任。与国办养老机构相比，社会办养老机构出于其成本控制及效益核算的需要，目前在收住失能失智老人方面尚未能取得较大的发展，其服务对象依然主要限定于半失能老人，像天津市鹤童华苑老人院、鹤童认知症康复中心这类以接收失能失智老人为主的民办养老机构极其匮乏。

典型案例：鹤童认知症康复中心（东丽区鹤童老人院）

简介

隶属鹤童公益养老集团，成立于2018年，专门收治老年认知症患者的长期照护机构，同年，与天津医学高等专科学校合作成立鹤童长照学院，面向全国长期照护领域进行专业人才培训。

基础设施

设有照护床位129个，设置有康复区、活动区、就餐区、培训区、美容区、理发区、老年用品专卖区、医疗区、评估区、护士站等，集生活起居、文化娱乐、康复训练、医疗保健等多设施、多功能于一体。

特色与亮点

“忘不了”小镇：构建餐厅、便利店、咖啡厅、电影院、车站、怀旧角、模拟厨房、花园、手工坊等系列场景，在社工的守护下，认知症患者化身服务员、收银员、检票员、厨师、顾客等角色，参与各项“社会活动”，在生活化的场景中舒缓不安情绪，帮助他们延缓认知衰退，恢复社会功能。

“忘不了”餐厅：2019年开办的“忘不了”餐厅属于“忘不了”小镇中的重要设施和场景，以提前预定的方式对外营业，由患有不同程度认知障碍的老年患者担任服务员，帮助他们在社会环境中提升对角色的认知，在人际互动中增强沟通、交流的能力，从而延缓认知症的发展速度。

（2）属性结构

除了功能结构外，养老机构的属性结构近年来也发生了变化。“十二五”前后，民办养老机构“相对过剩”的尴尬和国办养老机构“一床难求”的现象依旧并存，这一“冷热不均”现象的原因主要源自民办养老机构硬件设施不完善，护理人员匮乏且专业技能不足等问题。笔者曾在2014年实地走访时发现，许多民办养老机构的环境设施较为简陋，服务项目局限于基本照护，人员配备不足且服务意识薄弱现象明显。政府的各项优惠政策和支持不到位以及机构养老发展规划不明确则是这些问题的深层次原因。

2014年起，天津市上调养老机构建设和运营补贴标准，对非营利性养老机构建设补贴由原来给予每个床位一次性建设补贴4 000元提高到15 000元；对公建民营和社会力量投资建设的养老机构，根据收养的入住老年人护理等级不同给予差别化运营补贴，其中，对收养生活自理老年人的养老机构床位，每年给予每个床位补贴1 050元；对收养生活不能自理和半自理老年人的养老机构床位，每年给予每个床位补贴2 250元[①]。同时，天津市从2016年开始对养老服务机构电、水、气、热价格按照居民生活类价格执行，以降低养老服务机构运营成本。2024年，天津市进一步改革非营利性养老机构补贴制度，养老机构法定代表人与养老机构房屋产权人为同一人的非营利性养老机构补贴15 000元，租赁房屋形式的非营利性养老机构补贴6 000元；收住中重度失能老年人的非营利性养老机构和公建民营养老机

① 参见天津市民政局：《关于调整养老机构补贴标准的通知》，2014年。

构，收住经济困难的高龄失能老年人的营利性养老机构按照每人每月300元进行核算运营补贴；收住其他老年人的非营利性养老机构和公建民营养老机构，按照每人每月100元进行核算运营补贴。[1]

此外，从2014年起，天津市响应民政部《关于开展公办养老机构改革试点的通知》，大力推进机构养老模式创新改革，积极鼓励公建民营新模式以及利用企业厂房、商业设施和学校等现有设施资源改扩建养老机构，采用多种方式鼓励社会力量参与建设养老事业，在转变政府职能，激发市场活力，创新服务供给方式，提升公办养老机构服务质量和效率方面不断开展有益探索。同年，天津市印发了《关于推进我市公办养老机构公建民营的意见》，明确养老机构改革目标，即从2014年起，新建公办养老机构一律实行公建民营，对于现有且具备条件的公办养老机构逐步实行公建民营改革。通过公建民营改革，打破了公办和民办的壁垒，既可以保持公办养老服务机构的福利服务性质，又能发挥民间组织的专业性，从而满足数量庞大且多元化的养老需求。2022年起，根据《天津市养老服务机构公建民营管理办法（试行）》，天津市进一步拓展公建民营范围，将养老机构的属性扩大为养老服务机构，包括区域性养老服务中心、社区老年日间照料中心、老年送配餐设施等都被纳入公建民营范围。"十三五"期间，天津市已形成公办和民办养老机构优势互补、有序发展的格局。

鉴于公办养老机构的兜底性功能定位，"十四五"时期开始，天津市加大公办养老院的建设和改革力度，提出各区至少建有一所公办养老机构（含公建民营）的硬指标，2023年末发布《天津市民政服务设施布局规划（2021—2035年）》中也提出通过新建或改建来扩大公立、公建民营养老机构数量及规模，提高公立机构比重，缓解周边地区养老压力并为民营机构建立运营范式，带动养老服务水平提升。2020年，民政部、国家发展和改革委员会在全国范围内遴选出49家公办养老机构改革优秀案例，天津市和平区老年人公寓、天津市滨海新区天同贻芳托老所和天津市静海区海福祥

① 参见天津市人民政府:《天津市养老机构补贴管理办法（试行）》,2022年。

养老院三家公办养老机构成功入选。其中，成立于1989年的和平区老年人公寓于2016年实行公建民营改革，通过“管办分离”的方式理顺权责关系，实行政府扶持与社会资源整合互补，养老机构运行与市场经济接轨，降低了政府日常财政负担并以生活照料、文体娱乐、疗养康复等多元化服务赢得了95%的服务满意率；2016年成立的滨海新区天同贻芳托老所定位为社区嵌入式小规模、多功能、复合型养老机构，由区政府通过公建民营的方式租赁给天同贻芳运营，通过整合各类服务资源，为辖区老年人提供生活服务、医疗服务、情感服务、文化娱乐服务等一站式专业服务，并探索出除24小时长期照护外的康复期日间托养服务，推动了机构、社区、居家养老服务的融合发展；2019年投入运营的海福祥养老院是静海区首家公建民营养老服务设施，以托老为基础，以护理为重点，探索“护理＋养老”的新照护模式，以医疗、护理、康复、营养、社工等综合团队为入住老年人提供24小时全方位服务，并提出“四个确保”原则，即确保特困供养老年人优先入住、确保国有资产不流失、确保服务质量不降低、确保本区户籍老年人优先入住，充分发挥政府兜底作用。

可以说，天津市相关优惠政策和公建民营改革在一定程度上降低了民办养老机构的建设门槛，在减少人员流失和保障服务质量方面发挥了一定的积极作用。然而，现有支持政策的着眼点在于建设而非后续管理，仅仅在建设和人力资源方面提供一次性补贴而缺乏人员培训、管理模式创新等方面的激励机制以及护理保险等层面的制度改革，从而使得民办养老机构的发展缺乏活力和持续性动力。因此，养老机构的服务对象定位、服务类型及所有制结构、人员管理和模式创新等方面也成为当前机构养老改革的关键所在。

典型案例——椿萱茂天津富民路老年公寓

简介

创办时间：2018年12月。

运营商：天津椿萱茂养老服务有限公司。

地理位置：靠近海河风景区，临近地铁9号线，紧邻河东光华医院，5公里范围内有8家三甲医院，位置优越，交通便利。

功能定位：协助照护型高端老年公寓，2020年、2022年评估等级为三级，2023年评估结果为四级。

规模设施：公寓共有8层，提供1居室、2居室及套房等多种房型以及医用护理床位，1、2层为自理区域，3层为失智楼层，5、6、7层为护理楼层，共86个房间，156个床位，公共休闲活动区域占比50%。

入住对象：自理、失能半失能及失智老人。

特色与亮点

引入国际照护服务体系，为老年人提供全方位、全链条的持续养护服务和私人定制康复计划，是天津椿萱茂养老服务有限公司在天津开设的第一家主打失能照顾特色的养老公寓。

中西医相结合的医养融合模式：设有健康管理中心，聘请具备三甲医院临床医疗和护理经验的医护人员和中医康复医师，中西医相结合满足失能老人的医疗和保健需求。

服务

基本照护服务；24小时健康监测服务；理疗服务，如针灸、熏蒸等；定制服务，如针对术后康复、慢病调养、重疾照料、高龄照护等提供个性化服务方案；文娱服务，每层都拥有独立的阅读、书画、健身区域，提供每日乐享活动课程，如书法、绘画、手工、大合唱、跳舞、棋牌等。

典型案例——天津市南开区静雅老人院

理念

不被定义，才能活得平等和继续成长；不给太多限制，才能活得自在和快乐。

特色与亮点

"哏都养老院"的"平行时空"：将短视频制作与养老服务相结合，通过剧本编排、老人演出、录制视频的方式，展示老年人的养老院生活和人生经验，以戏剧化的叙事手法赋予生死话题轻盈正向的硬核表达。在"哏都养老院"短视频账号中，老人们与病痛、衰老暂别，用变换的角色和情节，体验生活的各种可能，以此引导老年人对生死问题的豁达态度。通过参与短视频拍摄，丰富老年人的日常生活和提高社会参与感，获得存在感和成就感。

其他精神服务：以郊游等形式鼓励老人走出院门，参与社会；鼓励老人动手参与，如包饺子、剪窗花等，促进身心健康和提升人际关系。

社会反响

被新华社、《光明日报》等媒体报道，短视频平台账号有近百万粉丝量，获六百多万点赞。

（3）等级结构

2016年12月，习近平在中央财经领导小组第14次会议上提出要加快建立全国统一的服务质量标准和评价体系，加强养老机构服务质量监管。根据这一指示，天津市开始探索养老机构等级评定工作，2017年召开全市养老机构等级划分与评定工作试点单位培训会，该年度共有60家养老机构按照四个不同级别被划分等级。根据《天津市养老机构等级划分与评定标准》，养老机构被划分为四个等级，其中，一级分为达标和不达标；二级、三级、四级再分为甲等和乙等，四级甲等为最高，评级指标包括规模及床位利用率、环境建筑与设施设备、服务提供与质量控制、机构管理与制度建设、运营情况与发展能力五个方面共35大项。从2019年起，天津市正式启动全市养老机构等级评定工作，共计160家养老机构被评级。

表4-5　2019年天津市养老服务机构等级评定结果

所在区		四级	三级	二级	一级	合计
市内六区	南开区	5	7	13	7	32
	河西区	0	2	4	0	6
	河东区	1	5	4	1	11
	和平区	0	0	2	0	2
	河北区	0	1	7	0	8
	红桥区	1	2	4	1	8
环城四区	东丽区	1	4	5	1	11
	西青区	2	1	4	1	8
	北辰区	4	2	4	1	11
	津南区	3	2	1	0	6
远郊五区	蓟州区	0	1	5	11	17
	静海区	1	1	0	0	2
	宁河区	0	0	1	0	1
	宝坻区	1	2	3	1	7
	武清区	3	4	7	0	14
滨海新区		1	1	14	0	16
合计		23	35	78	24	160

注：以上数据根据天津市民政局推出的养老地图整理。

2024年进一步制定《天津市养老机构等级评定管理办法（试行）》，由此形成当前养老机构评级评定最新标准。该办法将养老机构等级评定分为五个等级，从低到高依次为一级（一星）、二级（二星）、三级（三星）、四级（四星）、五级（五星），级别越高，表示养老机构在环境建设、设施设备、运营管理、服务方面的综合能力越强。具体考察范围包括环境条件（如养老机构的交通便捷度、周边服务设施数量、无障碍程度、绿化率、室内温度、光照、噪音等环境指标）、建筑设施（包括居住和就餐区、活动场所、医疗卫生设施、康复空间等）、管理水平（包括行政管理、人员管理、安全管理等）、照护人员专业素质和服务质量（包括照料服务、膳食服务、医护服务、文娱服务、心理服务等服务质量）、老年人满意度等方面。

表4-6　2020—2023年天津市养老服务机构等级评定结果

所在区		五级	四级	三级	二级	一级	合计
市内六区	南开区	1	3	5	11	4	24
	河西区	0	1	7	13	3	24
	河东区	1	2	5	4	8	20
	和平区	0	0	4	5	5	14
	河北区	0	0	5	7	6	18
	红桥区	0	0	1	3	5	9
环城四区	东丽区	0	2	4	2	4	12
	西青区	1	0	2	2	1	6
	北辰区	1	0	3	7	0	11
	津南区	0	3	1	2	2	8
远郊五区	蓟州区	0	1	2	3	4	10
	静海区	0	1	1	0	0	2
	宁河区	0	0	1	0	1	2
	宝坻区	0	0	8	9	11	28
	武清区	0	0	5	3	2	10

续表

所在区	五级	四级	三级	二级	一级	合计
滨海新区	1	2	11	9	2	25
市级养老机构	5	0	0	0	0	5
合计	10	15	65	80	58	228

注：以上数据根据天津市民政局网站《2020—2023天津市养老机构等级评定结果名单》整理。

根据天津市民政局公布的《2020—2023天津市养老机构等级评定结果名单》来看，参与评级的养老机构评估结果集中在三级及以下的占比高达89%；四级及以上高等级的养老机构数量较少，且主要集中于中心城区，其中市内六区有8家，环城四区有7家，远郊五区仅有两家；5家市级养老机构全部达到5星级标准。而从比重来看，环城四区的高等级养老院占比高达19%，市内六区和远郊五区分别占比8%和4%。其中，在2023年的养老院等级评定中，仅有位于滨海新区的“国寿嘉园·天津乐境”养老社区通过了500余项标准的专业评估，成为唯一一家获评五级达标的养老机构。

五星级养老机构案例——国寿嘉园·天津乐境

简介

运营商：国寿（天津）养老养生投资有限公司。

功能定位：医养结合型养老养生社区。

地理位置和环境：位于天津空港经济开发区，占地面积7.4万平方米，容积率1.3，绿地率45%，紧邻两家三级医院。

社区划分为活力生活区（提供35～88m^2 5种户型）、专业照护区（单人间、双人间等多种房型）、乐享生活汇、乐境广场、配套医院五大功能区。

入住对象：健康、失能半失能和认知症老人，提供床位数千余个。

基本设施

中西医结合医院、24小时医务室、超5 000平方米的健康管理体检中心。

1所老年大学——国寿长者学堂。

棋牌室、健身室、音像室、图书室、品茗室、瑜伽舞蹈室、游泳馆等各类活动室。

服务内容

基本日间生活照料服务，其中餐饮服务较具特色，健康老人为自助餐形式，照护区老人为半自助+特殊套餐形式。

医护服务：包括疾病治疗、基础体检、健康跟踪管理、康复服务、认知症照护等。

文娱服务：包括五大活动板块——大型主题节庆活动、节假日活动、纪念日活动、外出活动、日常活动；提供钢琴、舞蹈、瑜伽、书法等十余种课程；定期举办节庆演出、运动会、生活会、文娱汇演等特色文体活动。

特色与亮点

医养结合：着力打造“医疗、康复、护理”三项服务能力——医疗方面搭建基础内科、中医等专科科室，实现中西医结合治疗；康复方面嫁接社区医疗、护理资源，为老年人提供全疾病周期的康复管理服务；护理方面融合日式精细化照护理念，制定71项照护服务标准提供专业化照护。以强大的医疗资源和专业护理团队提供“养、护、防、疗、康”五位一体的健康生活方式，做到“小病不出园，养生有人管，大病有保障”。

科技助老：从居住品质、空间环境、适老化设计、绿色节能等多方面规划建设，引入7大科技创新与新技术应用，从无障碍设计到智能求助，确保老年人的生活便利与自由安全。

文化养老、精神养老：打造“个人—家庭—邻里—社区—社会”五重交往空间，以丰富多样的设施和活动确保老年人随时随地探索世界、学习知识和满足社交需求。

3. 医养结合——养老机构与医疗机构的融合发展

随着“医养结合”模式的兴起，天津市自2008年起在养老机构层面积极探索“医养结合”服务，坚持“政府主导、政策支持、社会参与、市场运作”的原则，以促进养老机构与医疗机构互融发展为重点，在机构养老服务层面上着力打造养老机构自生发展模式、医养机构联合运行模式、医疗机构转型服务模式。

2015年起，天津市正式启动医养结合养老试点，一方面，已建成的养老机构可以申请引进医疗机构，另一方面，基层医院可利用闲置的床位申请增设养老服务，以多种方式促进“老有所养”和“老有所医”的融合。2016年，天津市人民政府发布的《关于推进我市医疗卫生与养老服务相结合的实施意见（试行）》提出分类有序推进医养结合的发展思路，通过兴建老年养护院、拓展医疗机构老年护理康复服务功能、拓展养老机构医疗服务功能、养老机构与医疗机构签约合作等形式全面提升机构层面的医养结合力度。在这一政策推动下，仅2017年就新建两所医养结合型养护院，推动3所社会办养老机构提升改造为养护院，截至2018年，天津市共有内设医疗机构的养老机构42家，其中纳入医保定点的有30家，签约医疗机构的养老机构有305家，养老机构内设医疗机构或与医疗机构签约率为95.6%，医养结合已覆盖95%以上的养老机构。①

① 参见天津市卫生健康委员会：《天津市卫生和计划生育委员会关于对市十七届人大一次会议第1010号建议的答复》，https://wsjk.tj.gov.cn/ZWGK3158/JYTABL1095/202008/t20200803_3357993.html，2018年7月4日。

2020年，天津市卫生健康委、天津市民政局等10部门联合印发的《天津市深入推进医养结合发展实施方案》进一步提出，强化医疗卫生机构与养老服务机构签约合作服务，保持医养签约服务覆盖率100%；以简化登记手续和支持市场定价机制等方式鼓励医疗机构为社区养老机构提供医疗服务；鼓励养老机构中具备条件的医疗机构参加医联体建设；以取消行政审批和实行备案管理等方式支持养老机构内设诊所、卫生所（室）、医务室、护理站等。同年发布的《天津市养老服务促进条例》也提出，根据老年人口数量和分布等情况统筹医疗卫生和养老服务设施与资源，发挥互补优势；建立老年人健康档案，完善家庭医生签约服务，为老年人提供疾病预防、健康检查、慢性病管理、合理用药指导等服务。

“十三五”期间，天津市老年人健康管理率达到70%，家庭医生签约服务160万名老年人，共有71家养老机构内设医疗机构，养老机构与医疗机构签约率达到100%，稳步构建了老年健康服务体系。在此基础上，《天津市“十四五”养老服务体系发展规划和二〇三五年远景目标纲要》提出，2025年，天津市城乡社区65岁及以上居家老年人规范健康管理服务率达到70%，医疗卫生机构与养老机构签约合作服务覆盖率达到100%的发展目标，并进一步提出鼓励养老机构中具备条件的医疗机构参加医联体建设，畅通双向转诊渠道，为老年人提供便利化、连续性、全流程的医疗服务。以联勤保障部队第九八三医院与天津河北环宇医院医联体建设为例，环宇医院作为一家医养结合的民营医院，病人大多为年老体弱的老人，偏瘫失能、常见病、多发病及并发症较多，而第九八三医院作为一家三甲医院，在急诊绿色通道、胸痛中心、卒中中心、重症救治等方面能够快速响应老年人的紧急救治需求，尤其在老年病人专科救治、康复理疗及护理方面具备经验和优势。

因此，通过医联体建设能够充分发挥三甲医院在医疗技术、专业人才和医院管理等方面的优势，通过技术帮扶、人才培养、双向转诊等多种方式，共同致力于推动医疗服务与养老服务的精准对接及深度融合，为老年患者提供更加精准、高效的医疗养老服务。此外，天津市也进一步加强社区基层卫生服务中心参与医联体建设，推动优质医疗和康复资源进基层，为社区老年群体的医疗和养老需求提供了有力保障。

以天津市河西区和南开区为例，截至2023年底，河西区14家社区卫生服务中心与河西医院（二甲）建立医联体，南开区4家区属公立二级医院与12个社区卫生服务中心签订片区包保合作协议，共同组成区域医联体，依托区域检验中心、影像中心、转会诊中心，积极协助基层医疗机构对接上级医院，实现区域内优质资源的共享，形成辖区内二级医院与社区卫生服务中心之间双向转诊、上下联动的协作关系。

2024年，国家卫生健康委公布全国医养结合示范县（市、区）和示范机构名单，天津市和平区、南开区和天津延安医院都名列其中。其中，和平区通过不断探索养老机构层面的医养结合新模式，如驻区三甲医院、社区卫生服务中心和民营医疗机构以老年日间照料服务中心等社区设施为阵地，为老年人开展慢病防治、应急救护等健康讲座和义诊服务；社区卫生服务中心与养老机构签约定期提供家医签约、老年体检、健康管理、药品保障、巡诊等服务；医养结合机构为老年人开展康复训练、中药调理、针灸推拿、仪器治疗乃至安宁疗护等专业养老和医疗护理服务，积极促进医、体、康养的深度融合。

医养结合示范机构——天津延安医院

简介

隶属鹤童公益养老集团，1998年注册的民办非营利性一级甲等医疗机构，天津市首家面向老年人群体的老年病专科医院，开设有内科、外科、中医科、老年病科、临终关怀科、康复医学科等科室。依托其老年病专科优势，鹤童公益养老集团于2002年成立鹤童华苑老人院，与延安医院软硬件共享，开始医养结合运营模式。

基本设施

延安医院共分四层，一层为医疗机构；二至四层为老人院，分别命名为鹤童华苑二院、三院、四院。

鹤童华苑二院：设有单间、餐饮中心、护士站、康复治疗中心、理发角等。单间中使用德国原装进口的全自动护理用床；餐饮中心每日餐食由鹤童餐饮配送中心统一配送，由专家营养师精心制定品牌菜，每周更新食谱；护士站与配液室中放有每位服药老人的七天药盒，上面有老人照片、姓名，扫描二维码可以看到老人服药的种类和频次；每月定期聘请美发专业志愿者到院里理发角，为老人提供专业服务；康复治疗中心中有电动升降PT床、电动站立床、上肢协调功能训练器、康复脚踏车、手摇康复训练器、平行杠、训练用扶梯等康复器材。

鹤童华苑三院：设有双人间、四人间、九人间，满足不同老人的个性化需求。其中，三楼独设的后ICU病房是照护危重症的专科病房，通过“医生、护士、护理、社工、志愿者”五位一体的服务模式，使老人从医疗、身体、心理、社交等方面得到无微不至的关怀。该院引进德国专业的护理技术，医疗护理团队实行三班8小时工作制，为老人得到高质量的照护服务提供保障。

鹤童华苑四院：设有单人间、三人间、四人间、九人间，以及安宁疗护病房，为临终老人提供安宁疗护服务，减少在临终阶段的痛苦和不适症。

特色服务与亮点

临终关怀服务：院内6个病房的24个床位提供“临终关怀服务”，专门收住生命垂危或需要临终关怀的老年病人，为其提供24小时的医疗服务和生活照护，社工和医护人员定期对患者及家属进行心理慰藉，以及完善的殡仪服务等。病区设有护士站、治疗室、处置室、谈心室（评估室）、关怀室（告别室）、配餐室、沐浴室、康复中心及日常活动场所。

延伸服务：开设护理门诊，邀请高校和三甲医院的护理教授与专家定时应诊；面向周边社区举办疾病预防与保健知识讲座；定期举办鹤童老年福利协会会员的免费体检；开展对社区老年人家庭的入户护理指导等；对鹤童在天津所辖的多所老人院进行医养结合延展服务，如延安医院医生巡诊建档、药品配送、开辟医院急救车绿色通道等。

后ICU病房：独创的后ICU病房是照护危重症的专科病房，通过“医生、护士、护理、社工、志愿者”五位一体的服务模式，使老人从医疗、身体、心理、社交等方面得到无微不至的关怀。

乐龄活动：开展丰富的康乐活动，如“乐享银龄创意手工坊”“移动超市”“春季园游会”等，通过人际交流与互动降低孤独感，恢复和提升老年人自我调适、融入社会的能力。

荣誉与称号

2001年，被批准成为天津市首批医保定点医疗机构之一。

2012年，被确定为“中国生命关怀实践基地”。

2016年，被确定为国家级医养结合试点单位。

2022年，被认定为第二批老龄健康医养结合远程协同服务试点机构。

2024年，被认定为全国医养结合示范机构。

三、天津市社会养老服务发展中的问题

从“十一五”到“十四五”，天津市居家社区养老服务和机构养老服务在建设规模和形式创新等方面不断发展，已初步建成居家社区机构相协调、

医养康养相结合的养老服务体系，并以"津（金）牌养老"服务品牌为目标打造具有天津特色的养老服务模式。然而，在当前各类居家社区养老和机构养老设施建设速度明显加快的背景下，却存在着各类养老服务设施概念模糊与功能混淆、分布格局和结构等级方面缺乏细致规划，建设和运作模式上缺乏统一指导和管理、政府的行政干预和市场化运作模式之间尚未能取得最佳平衡等问题，从而造成社会养老服务存在一定程度的管理散乱、服务意识不足且缺乏足够的运作活力、服务覆盖面较窄、社会力量参与有限、政策落地难等现实困境，制约着社会养老服务的全面深入开展。因此，必须对当前天津市社会养老服务体系存在的问题作深入剖析，从而有助于构建符合天津市人口老龄化及社会经济发展现状的社会养老服务体系。

（一）社会养老服务理念不完善

当前，天津市社会养老服务体系强调以社区居家养老服务为核心，充分反映出我国政府对传统家庭养老基础性作用的认同和保护，以居家养老服务等方式帮助老年人实现在熟悉的社区和家庭中养老的意愿，在满足老年人养老需求和意愿的同时兼顾成本效益原则，这一养老体系可以说是符合我国国情的一种制度设计。然而，在这一制度的具体设计及实施过程中却存在着诸多问题，如服务模式和内容单一且缺乏整合、结构不合理、专业性欠缺、社会参与不足等问题较为明显，而究其根源则在于当前养老服务体系的设计理念和视角存在不合理性。原本旨在提高老年人晚年生活质量的养老制度却夹杂了对效益的追求和便利性的考虑，同时缺乏一定的全局观念，致使政策及服务体系的碎片化现象较为明显，而本应具备的人本理念、积极理念、需求视角和家庭视角在当前养老服务制度中则更为缺乏，从而导致政策体系的割裂和可持续性的缺失。

以居家养老服务为例，其作为对家庭养老的重要补充和支持，旨在帮助老年人维持良好的功能状态从而继续生活在社区当中，因而对老年人功能状态的评估和整体性的支持应成为具体的政策目标导向，需求视角和家庭视角则必须贯穿于具体制度设计和落实中。从国外经验来看，日间照料中心等设施强调在对老年人生理、心理和社会需求作出整体性评估的前提下提供个体化服务而非笼统的基本性服务，同时亦强调对家庭照护者的喘息服务即对老年人家庭的整体性支持。然而，当前居家养老服务实践中却缺乏一定的需求导向和家庭视角，例如天津市对日间照料中心的服务对象界定为“以生活不能完全自理、日常生活需要一定照料的半失能老年人为主”，① 将服务对象局限在政府补贴范围内的某些特殊老年群体，如“经济困难且高龄失能老年人”，② 过于强调经济条件和失能等级的评估标准，而对心理社会评估、营养评估、风险评估和兴趣调查等其他方面的评估则较为缺乏，从而无法针对老年人有效需求提供个性化和全方位服务；同时，对家庭照护者的技术援助和情感支持等也未能体现在当前日间照料服务项目中，使得传统的家庭养老方式无法充分发挥其功能，在无法激发和维持家庭内在动力的情况下仅依靠外在支持的这种做法也制约了居家养老服务的实践效果和可持续性。《天津市“十四五”养老服务体系发展规划和二〇三五年远景目标纲要》提出针对家庭照护者开展失能和高龄老年人家庭照护者的“喘息服务”和加强照护者培训等，但对于当前天津市老年人家庭照护者的数量和结构等基础信息尚未明确，对这一群体的特征和需求调查的缺失将限制家庭视角下的养老服务发展。

此外，包括社会养老服务在内的老龄政策普遍存在着忽视老年人主观能动性和积极性的被动性视角，其仅仅将老年人视为被动的服务接受者，而事实上，老年人也可以成为服务的主动推动者与贡献者。这一被动视角在当前机构养老及居家社区养老服务中都有所体现，大多数老年人倾向于被动接受服务，过多依赖家庭、社区和机构，而忽略了自身对服务的主动选择和参与构建的能力，从而导致志愿服务、互助活动等充分发挥老年人能动性的活动展开较少。

因此，明确社会养老服务的价值理念是发展和完善当前社会养老服务

---

① 参见天津市民政局:《社区老年人日间照料中心管理规范》,2021年12月。

② 参见天津市民政局:《关于调整养老机构补贴标准的通知》,2014年3月。

体系的首要任务。当前老龄政策应摆脱传统视角限制，关注老年人的社会参与，构建起社会公众对老年人自身潜力的尊重和信任这一价值理念，以成功老龄化、积极老龄化等理念指导政策制定从而应对不断加速的老龄化趋势。[①]

（二）政府职能有效性及服务供给主体利益协调问题

社会养老服务作为一种公共服务，是为满足全体老年人基本生存、生活和发展的需求而提供的，其公共服务的属性决定了政府在其中应扮演主导性角色。[②] 然而，在社会养老服务由补缺向普惠的转变过程中，仅靠政府的单方推动越来越难以支撑养老服务的发展，广泛依靠社会力量和市场化运作成为推进社会养老服务的出路。尽管近年来天津市通过补贴、税收、土地、人才等优惠扶持政策在加快养老机构的公建民营步伐、推进社会力量兴办日间照料中心、推进日间照料中心的社会化运营和管理等方面取得了一定的成绩，大力推动了社会力量参与养老服务发展，但当前社会养老服务实践中依然存在着政府职能不清、权责不明确、对基层实践干预过多的现象，自上而下的行政化管理模式在一定程度上限制了社区自治能力和社会养老服务的市场化发展，激励制度的欠缺也进一步制约了包括企业、事业单位、科研机构和高校等社会力量的广泛参与。

当前我国社会养老服务从权责归属来看隶属民政部门管理，但由于其涉及社会保障、卫生健康、无障碍改造、社区环境治理、财政补贴、市场监管等各类事项，因而需要包括财政部门、卫生部门、住房建设部门、发改委等在内的多部门在政策制定和信息发布、监督和管理等方面各司其职、协力合作，由此带来的政府部门之间的职能交叉和权责分配不清晰成为社会养老事业管理上的一个突出问题。尤其对于社会养老服务来说，其服务内容和对象与残联部门的关注对象和服务内容有很大程度的交叉，但

① 参见［波兰］兹比格纽·渥兹涅克：《老龄社会政策的新视野》，陈昫译，社会科学文献出版社，2019年，第89～90页。

② 参见陈英姿、满海霞：《中国养老公共服务供给研究》，《人口学刊》，2013年第1期。

在现实政策及落实中缺乏资源的共享与整合，导致相关社会养老服务设施的使用和管理上存在矛盾现象，从而造成一定程度的资源浪费。例如，天津市日间照料中心作为居家养老的主要服务方式，其服务对象以半失能老人为主，而针对半失能老人提供的照料、医护、助餐等服务也符合残疾人等群体的需求。因此，实现社会养老服务对象与残疾人、痴呆症患者及其照料者等群体的适度整合及资源共享将有利于社会福利服务事业的进一步发展，而优化政府的职能分工及合作则是解决这一问题的根本所在。

尽管政府在社会养老服务中扮演主导角色，但当前养老服务的社会化发展方向决定了市场和社会也承担着服务供给主体的重要角色。然而，基于企业的生存和发展考虑，养老服务社会企业必然以逐利性作为重要目标，由此造成养老服务自身的公共服务属性与养老服务社会企业的盈利动机的调和问题。以当前天津市大力推进的社区智慧养老服务为例，一些社会组织和相关企业在政策鼓励下开启了广泛铺点抢占先机的市场化行为，和平区、河西区、南开区、西青区、武清区、滨海新区等地不断增设智慧养老服务站点和设施。然而，就提供的服务和运营来看，一方面，现有智慧养老服务站点主要针对高龄失能和空巢老人等特殊群体的居家安全需求，而对于老年人的精神文化需求和社会参与需求则难以提供相应服务；另一方面，即便在居家安全服务上，其服务对象也难以突破政府购买范围，如何扩大服务覆盖面和服务领域成为当前智慧养老服务发展的桎梏。

除智慧养老服务之外，天津市日间照料服务站点和老人家食堂的建设与运营中也存在类似问题。根据天津市民政局网站发布的社会化运营和社会力量办社区老年日间照料服务中心信息公开清单来看，除养老院、家政公司、智慧养老企业和社区医疗机构作为运营主体以外，还存在不少以物业公司为建设和运营主体的日间照料服务中心，而在实地走访中发现，各类运营主体的日间照料服务中心均存在有场地无服务、网络信息无更新的现象，尤其在物业公司运营的日照中心和远郊县日照中心当中更为普遍。同样，一些老人家食堂也存在有名无实现象，如笔者在市中心一高端社区调研发现，该老人家食堂已挂牌近三年，但始终没有提供任何形式的餐饮服务，而根据天津市相关助餐服务和日照中心建设补贴政策来看，这类现象是否存在套取政策补贴嫌疑？在政府要求日间照料中心和老人家食堂全覆盖的建设目标下，为完成任务而完成是否存在资源浪费？因此，如何将政策有效落地、如何加强机构和服务监管成为天津市养老服务发展亟须解决的问题。

由此来看，政府相关养老政策的初衷与实际落地存在不一致情况，各主体间的动机和利益不协调是造成这一现象的根本因素，而在实际运营和服务监管过程中的政府职能缺失与不作为成为助推器，加剧了当前养老服务设施有名无实、名不副实的情况。

（三）服务需求分类管理制度不完善

老年人群是一个需求差异较大的群体，这决定了社会养老服务体系应在清晰界定目标人群的基础上进一步加强服务对象的分类服务和管理。当前天津市养老服务体系由居家社区养老服务和机构养老服务两部分构成，前者针对健康和半失能的居家老人，后者则发挥着为失能失智老人提供专业性服务的功能。此外，天津市正大力推进嵌入式养老设施建设，以期实现居家养老服务和机构服务的整合。然而，就老年人来说，对其养老服务需求的评估不能仅仅使用健康与失能这一标准，性别、性格、兴趣、家庭结构、小区特点、居住类型等因素都会影响老年人的养老服务需求，而忽略上述因素的基本清单式统一服务，势必无法结合各个小区特点和老年人群差异性而提供多元化、个性化服务。

以日间照料中心为例，无论是从政策规定还是实践来看，其服务对象仅局限在半失能老年人群，而与其需求相似的残疾人和短期有特殊需要人群则无法利用该设施。在走访中发现，尽管日间照料中心作为老龄社会应对家庭照料困难而开办的养老服务设施，但其宣传定位若只局限于半失能老年群体，一方面忽略了其亦作为社区公共设施应面向整个社区服务的属性，另一方面也限制了日间照料中心在服务功能上的拓展，导致现有的图书阅览、棋牌等休闲娱乐设施和健身康复设施被闲置。而对于一些日间照料中心来说，尽管其在开展精神文化娱乐活动方面做了大量工作，但活动参与群体较为固定，一些承担隔代照料责任的老年人由于时间和精力所限难以参与到社区老年活动中来，一些外来随迁老人也因信息缺乏或社区认同度较低等问题而无法被社区活动所吸引。

此外，诸如城市核心区域一些高端学区房类的社区内开设的日间照料中心存在的只挂牌不营业现象，也反映了运营商在建设初期对社区居民结构和需求缺乏调研、对设施功能定位不清等问题，现有针对半失能老人开设的相关服务在面对社区大量年轻人和儿童、低龄健康老人、外来随迁老人等群体时无法发挥其功能，从而无法实现日间照料中心的运营可持续性。

养老服务尤其是居家社区养老服务以缓解家庭照料压力为核心目标，但在当前居家社区养老服务设施有限以及人力资源不足的情况下，无法实现为有需求的家庭提供全覆盖服务，许多家庭依旧采用传统的家庭养老模式，因而家庭照护者这一群体面临的养老压力也应成为养老服务政策与服务的关注点。但当前居家社区养老服务中的家庭视角存在缺失，不管是日间照料中心、老人家食堂还是综合性养老服务中心都将服务对象界定为老年人群体，而对其家庭需求缺乏相应的关注与回应，如家庭照护者的压力疏导、照料技能培训、休闲娱乐和个人发展等服务未能进入居家社区养老服务范畴，从而限制了居家社区养老服务对家庭养老的支持作用的发挥。

在机构养老服务方面，目前也存在着养老机构类型结构不合理、供需不匹配的问题。尽管天津市从“十二五”时期开始就将建设护养型养老院和特殊养老院作为老龄事业主要发展项目之一，《天津市“十四五”养老服务体系发展规划和二〇三五年远景目标纲要》中进一步指出要“提升失能老年人照护能力，增设失智老年人照护专区”，并提出“到2025年，全市养老服务床位达到10万个，养老机构护理型床位占比不低于60%”的发展目标，但依然无法满足天津市15万失能老人的护理需求（这一数据来自

2016年，尚无最新官方数据发布）。[①] 对于真正有机构养老需求的失能失智老人来说，护养型养老机构和特殊养老机构数量严重不足，养老机构重养轻医及类型结构不合理现象依然未从根本上改变。

因此，扩大养老服务对象覆盖面并对服务对象及需求作分类管理应作为社会养老服务发展的重要方向。

（四）各类养老服务设施概念模糊与功能混淆

“十二五”以来，天津市社会养老服务设施种类不断增加，功能不断完善，尤其在居家社区养老服务方面相继出现虚拟养老院、日间照料中心、老人家食堂、综合养老服务中心、智慧养老服务中心、嵌入式养老服务中心等新型养老设施，通过不断更新和完善功能为居家老年人提供更加全面的养老服务。然而，从实践来看，当前各类养老服务设施存在名称不统一、定位不清乃至功能混淆的问题。

在调研走访中发现，现有居家社区养老服务设施名称五花八门，仅日间照料中心的名称就包括“日间照料中心”“日间照料服务中心”“老年日间照料中心”“老年日间照料服务中心”“嵌入式日间照料中心”“老有所依照料中心”等，同时一些日间照料中心无单独挂牌，而是依托于“综合为老服务中心”“居家养老服务中心”“居家养老服务驿站”等综合性养老服务设施为老年人提供相应服务。一方面，名称各异的日间照料中心虽名为“日间照料”，旨在为居家老年人提供日间托养服务，但在实践中发现，家属免于接送麻烦的心理动机和运营机构的盈利动机不谋而合，这使得大量的日托老人最终变为长期居住老人，日间照料中心在一定程度上变为社区养老院。尽管这一现象从降低家属照料压力、提供更加全方位服务等方面来看具备一定的合理性，但这使得日间照料中心名不副实，如果社区养老院相较而言更能满足老年人及其家属需求，那日间照料中心的建设意义何在？且日托变为全托是入住老年人的主观意愿，还是在运营机构与家属

① 参见中国政府网：《天津试点医养结合服务失能老人》，https ://www.gov.cn/xinwen/2016-02/29/content_5047267.htm，2016年2月29日。

协商下的被动接受尚不得知。另一方面，相关政府文件指出日间照料中心的服务内容应包括精神文化和休闲娱乐服务，[①] 当前绝大多数日间照料中心也确实将棋牌室、阅览室作为必要配套建设，但在实地调研中发现，这类休闲娱乐设施既不适用于身体功能较差的入住老人，也未能将社区健康老人有效纳入服务范围，因而相关设施闲置或低使用率现象普遍存在。

不管是从政策文件还是实践操作来看，"日间照料中心"都将功能定位于服务失能、半失能老人这一群体，但在当前我国人口老龄化的低龄化特征较明显，即低龄老年人口占比较高的背景下，庞大的精神文化和社会参与需求对社区服务提出了更高的要求，打通养老服务"最后一公里"的日间照料中心如何扎根社区、因地制宜，为有需求的居家老年人提供多元化服务是其实至名归的重要依托。

除日间照料中心外，"嵌入式养老"作为天津市"十三五"时期出现和发展的新模式，同样存在着概念模糊和功能不清的问题。2021年天津市民政局发布的《关于推进社区嵌入式养老服务机构发展的指导意见》将嵌入式机构界定为：充分依托社区养老服务设施等资源，主要为社区内和周边有需要的老年人提供专业护理、生活照料、心理慰藉、居家入户等综合性养老服务的居家社区养老服务机构，并提出每个街道（乡镇）建设不少于1家区域型嵌入式机构、N家社区型嵌入式机构，到2025年实现区域型嵌入式机构覆盖全市所有街道（乡镇），社区型嵌入式机构按需而建的发展目标。

从天津市和平区2019年建成全市第一家嵌入式养老机构以来，以"嵌入式社区综合养老照料服务中心""嵌入式养老服务中心"或"综合养老服务中心"为名的嵌入式养老机构不断发展起来。然而，从名称和功能来看，其与原有的居家（社区）养老服务中心并无明显区别。如2008年天津市政府发布的《关于加快我市养老服务业发展的意见》中对综合性社区服务中

① 参见中华人民共和国民政部网站：《社区老年人日间照料中心服务基本要求》，ttps://www.mca.gov.cn/n2623/n2687/n2696/n2747/c117030/part/16054.pdf，2016年10月。

心、日间照料服务中心等社区养老服务设施的定义为“为老年人提供生活照料、医疗保健、文化娱乐等服务的社区设施”，这一定义与当前嵌入式养老机构的提法并无根本区别，当前一些社区确实也以“综合养老服务中心”为名开展所谓的嵌入式服务。而《天津市“十四五”养老服务体系发展规划和二〇三五年远景目标纲要》指出，“依托社区型嵌入式机构、居家养老服务中心、社区老年日间照料服务中心、农村互助幸福（大）院等载体，推进社区（村）级养老服务机构建设”，这一说法将嵌入式机构和居家养老服务中心、日间照料中心等机构视为并列关系，这意味着嵌入式机构具备有别于其他居家社区服务机构的独特属性。那么，嵌入式机构究竟与现有居家养老服务中心、日间照料中心的区别和联系是什么，当前政府大力推进的嵌入式机构建设是否存在重复建设行为值得探讨。

四、小结

从“十一五”到“十四五”，天津市经历了人口老龄化的快速发展，不到20年的时间，天津市老年人口翻了一番以上，快速步入中度老龄社会。与此同时，天津市社会养老服务政策不断丰富和细化，养老服务规划日益明确和聚焦，从探索构建养老服务体系到完善健全，从注重基础建设到扩大有效供给和调整布局，从“973”的多层次养老服务格局到居家、社区、机构融合式发展，从政府主导到公建民营，从城市为先导到城乡共同发展，天津市社会养老服务经历了大刀阔斧的改革，不断丰富养老服务内涵，创新养老服务模式，正在向打造兼具兜底性、普惠型、多样化的“津（金）牌养老”服务品牌这一发展目标前进。

居家社区养老服务作为天津市社会养老服务体系的基本盘，从2006年开始发展以来，公益性居家养老服务中心、日间照料中心、虚拟养老院、老人家食堂、智慧养老服务中心、嵌入式养老机构等居家养老设施和服务模式不断更新迭代，以最新的养老服务综合体建设为抓手，天津市正在实现居家、社区、机构养老“三合一”跨界融合式发展，“市级一平台、区级一中心、街道（乡镇）一阵地、居（村）一场所、家庭一床位”的五级养老服务网络建设正在加快建设步伐。

在机构养老发展方面，从“十一五”末到“十三五”末期，天津市养老机构数量和床位数量呈同步增长趋势，各类养老机构数量从306家增加到387家，床位数从3万张增长到7.6万张，翻了一番以上，平均每千名老人拥有养老床位数从15.4张提升至24张。其中，城市发展步伐快于农村地区，且城市地区评级为四星及以上的养老机构数量明显多于农村地区。各区分布上呈现出中心聚集、郊区稀疏；中心规模小、郊区规模大；中心散点式、郊区组团化的发展特点。与此同时，养老机构的功能结构和属性结构也在不断优化。从天津市老龄事业的“十二五”规划到“十四五”规划，都对养老机构的护理型床位占比提出明确发展目标，一批以收住失能失智老人为主的公办和民办养老机构也相继出现。在大力发挥公办养老机构兜底性作用的同时，公建民营的改革步伐不断加大，天津市在建设和运营补贴、场地租赁、税收优惠等方面相继出台优待政策，推动实现当前公办和民办养老机构优势互补、有序发展的格局。

从当前天津市社会养老服务体系建设和发展来看，推动居家、社区、机构养老服务的跨界融合，促进居家社区和机构层面的医养结合是发展的重点和方向。目前，天津市以发展具备“三入四嵌一床位”等综合服务功能的嵌入式养老机构和养老服务综合体为着力点，大力建设“居家—社区—机构”综合型服务设施，在实现三种养老模式的融合式发展和一站式服务的同时，也将医养结合式发展蕴含其中，依托和整合区域性优质医疗资源、社区医疗资源与养老服务机构自身康养资源，共同推进居家社区层面的医养结合发展。在机构养老层面，通过养老机构内设医疗结构、医疗卫生机构与养老机构签约合作服务、建设医联体等方式，已实现71家养老机构内设医疗机构，养老机构与医疗机构签约率达到100%的医养结合发展新局面，天津市和平区、南开区和天津延安医院分别获批成为全国医养结合示范区和示范机构。

总体来看，天津市在20年的发展历程中已初步建成居家社区机构相协调、医养康养相结合的养老服务体系，但在当前人口老龄化速度加快和养老服务需求升级的背景下，也依然存在诸多发展问题，如社会养老服务理念不完善，现有政策中的人本理念、需求视角和家庭视角不足，积极老龄观在养老服务中缺乏充分体现；各养老服务供给主体间的动机和利益不协调，实际运营和服务监管过程中存在政府职能缺失与不作为现象；服务需求分类管理制度不完善，对老年群体养老服务需求缺乏针对性调查和服务细化，缺乏对以家庭为单位的养老需求的回应；以及各类养老服务设施概念模糊与功能混淆等问题，从而制约着天津市社会养老服务的全面深入开展。

第五章

比较与省思：社会养老服务发展的地方经验

回顾天津市社会养老服务20年的发展历程，以及养老服务中存在的服务主体结构、需求结构、功能结构等问题，可以看出，调整养老服务的供给结构，推动养老服务的市场化运作是当前社会养老服务体系改革的重要方向。随着社会养老服务在全国范围内的发展，各地不断结合区域特点探索自身发展模式。尤其像北京、上海等老龄化程度较高且经济发达地区在养老服务发展方面始终走在前列，起步早、覆盖面广、老年福利待遇好、顶层设计完善、养老服务品牌化和连锁化发展、重视人才培养等发展优势使其在养老服务领域不断探索模式创新和推动服务精细化。而像成都等城市则在智慧养老服务、认知障碍友好社区建设 、五社联动推进社会养老服务发展等方面积累了自身的经验。

此外，城乡二元分割带来的农村养老资源缺失等因素使得城市以居家社区机构相结合、医养康养相协调的模式难以在农村开展，互助养老成为当前我国农村地区普遍推广的模式，并出现了如肥乡模式、奉贤模式、金华模式等地方经验。因此，本章将通过对北京、上海、成都等地社会养老服务的发展经验进行梳理和反思，整合吸收各类服务理念及模式的优势为构建高效灵活的社会养老服务供给体制提供参考借鉴。

一、北京市社会养老服务发展现状与经验

北京市从2021年进入中度老龄社会以来，老龄化比重进一步快速增

长，截至2023年末，60岁及以上常住人口已达494.8万人，占常住人口的22.6%，预计老年人口比例在“十五五”初期将超过25%，到2026年这一比例将超过30%，届时北京市将进入重度老龄化社会，[①] 并将面临着进一步增大的社会养老压力。为应对这一挑战，北京市加强政策引导、鼓励社会参与和推进市场运作，通过完善三级养老服务网络、丰富养老服务供给、加强供需精准对接、提升家庭养老照护能力、推动医养融合发展等多方面的努力，已构建起一个覆盖全体老年人、保障适度、可持续的养老服务体系，以满足老年人不断增长的服务需求。

（一）北京市社会养老相关政策

2021年，北京市印发的《北京市养老服务专项规划（2021—2035年）》为养老服务提供了清晰的发展方向和远景目标，明确了养老服务的设施布局和建设标准，强调进一步引导社会资本进入居家养老服务领域，培育推广居家养老服务优秀品牌，并为北京市普惠性居家社区养老服务提供明确指导和规范。同年印发的《北京市“十四五”时期老龄事业发展规划》提出，至 2025 年将初步建成“具有首都特色的与国际一流和谐宜居之都相适应、与首都城市战略定位及京津冀协同发展战略相协调的老年友好型城市”，着力开展城市居住社区建设补短板行动，推进居住社区无障碍规范化建设和改造；健全以居家为基础、社区为依托、机构充分发展、医养有机结合的多层次养老服务体系，特别要重视发挥家庭养老基础性作用，完善家庭支持体系。2023年11月，北京市印发《关于完善北京市养老服务体系的实施意见》，特别提出“培育品牌化市场主体、构建就地居家和异地康养社区两种养老模式、实现老年人各类养老服务需求全面覆盖”的工作思路，形成事业和产业协同发展的工作格局，推动居家、社区和机构养老服务协调发展，构建三级养老服务网络以打通为老服务的“最后一公里”，并建立养老服务清单动态调整机制，从而满足老年人多样化的服务需求。此

① 参见人民网:《北京：普惠养老服务送到老人家门口 年内建设100家区域养老服务中心》,https://bj.people.com.cn/n2/2024/0717/c82840-40914654.html,2024年7月17日。

外，依托北京养老服务网和小程序端，北京市正全力打造区域养老服务中心信息平台，构建完善以“一清单、一平台、一张网”为基础的养老服务体系，让老年人快捷简单地获取各类养老服务。[①]

尤其在居家社区养老服务方面，北京市自2009年起就发布《关于北京市市民居家养老（助残）服务（“九养”）办法的通知》和《北京市居家养老服务条例》等政策，通过政策引领，北京市确立了政府主导、社会参与、专业运营的居家养老服务模式，推动居家养老服务市场化创新实践。[②]2016年，北京市印发《关于开展社区养老服务驿站建设的意见》，正式启动社区养老服务驿站建设，截至2022年底，已建成运营的养老驿站共有1 424家，[③]极大提升了养老服务的便利性。随着2008年提出的“9064”养老服务模式格局已经向99%的老年人选择居家养老，1%的老年人选择机构养老格局的转变，北京市于2022年4月印发了《关于推进街道乡镇养老服务联合体建设的指导意见》，提出全面推进街道乡镇养老服务联合体建设，养老服务联合体正式从朝阳区、西城区试点走向全市。同年10月，北京市在西城区广内街道启动了创新居家社区养老服务模式试点工作，一年间共组织59个街道、72个点位复制推广试点经验和服务模式，参与试点推广的30多家市场主体累计签约长期上门居家照护服务接近1 400单，这一工作将专业机构的养老服务延伸至了老年人家中，有效缓解了居家照护的难题。

为进一步推动居家养老服务的发展，北京市于2023年12月发布《北京市居家养老服务网络建设工作方案》，强调加强居家养老服务设施建设、推进街道（乡镇）区域养老服务中心建设、优化社区服务、培育市场主体、

---

① 参见北京市民政局：《2024北京养老服务行业发展四季青论坛成功举办　这些亮点不容错过》，https://mzj.beijing.gov.cn/art/2024/6/21/art_4490_731052.html，2024年8月10日。

② 参见蔡玉梅、陈功：《普惠型居家社区养老服务的模式创新——以北京市养老服务联合体为例》，《北京社会科学》，2024年第1期。

③ 参见章荧、张文洁、胡子超：《社区养老服务驿站政府监管问题研究——基于北京市M街道的案例分析》，《中国行政管理》，2023年第12期。

精准匹配服务需求、提供家庭养老指导、加强无障碍环境建设、探索医养结合服务模式并规范服务质量管理等方面的重点工作要求。

此外，北京市印发的《关于加快推进养老服务发展的实施方案》和《北京市街道（乡镇）区域养老服务中心建设管理指引（试行）》等政策文件，通过培育品牌化市场主体、创新居家养老服务模式、落实小微企业普惠性税收减免政策和社区家庭服务业税费优惠政策、连锁运营的社区养老服务机构单体门店享受小微企业普惠性税收减免政策等，助力养老机构降低运营成本和提升服务质量，鼓励小微机构嵌入社区提供居家养老服务，从而不断推动居家养老服务体系的建设和完善。

（二）北京市社会养老服务发展现状

截至“十三五”末期，北京市社会养老服务以居家服务为重点，已构建并完善具有北京特色的“三位一体”发展模式，养老照料中心、社区养老服务驿站数量、养老服务机构和床位数量显著增加，累计建设并运营养老照料中心262家，社区养老服务驿站1 005家，养老机构544家，养老床位10.7万个，养老服务便利性得到了大幅提升；初步形成1家市级和16家区级老年健康服务指导中心的组织架构，并建设老年友善医疗机构253家，不断完善老年健康服务体系；此外，建成老年大学30余所，80%的街乡建立社区教育中心，老年人精神文化服务供给不断增加。①

1. 居家社区养老发展现状

根据北京市统计局2019年开展的居家养老服务状况及需求调查数据显示，北京市居家社区养老服务或设施覆盖率根据服务领域不同存在较大差异，其中医疗卫生服务覆盖率最高（75.1%），其次为健身休闲场所设施及老人体育活动比赛（66.7%），无障碍设施和公共文化设施及活动的覆盖率均在40%以上，助餐服务、法律与援助以及教育培训等服务的覆盖率在20%至30%之间，而诸如家政服务、日间照料服务、家庭护理和紧急救援

① 参见北京市人民政府网：《北京市“十四五”时期老龄事业发展规划》，https://www.beijing.gov.cn/zhengce/gfxwj/202111/t20211126_2545746.html，2021年11月11日。

等服务覆盖率则均低于20%。同时，各类居家社区养老服务或设施覆盖率也存在较明显的城乡差异，除医疗卫生服务、健身休闲设施和体育活动、公共文化设施及活动以外，其他服务领域均呈现城市覆盖率明显高于农村的现象。①

在适老化服务方面，根据北京市《关于进一步推进老年人居家适老化改造工程的实施意见》和《加强设计服务推动居家适老化改造和产业发展实施方案（试行）》等相关政策，通过创建全市统一的居家适老化改造服务平台，为特困老年人家庭提供适老化补贴，为相关企业提供投资补助和贴息支持等方式，北京市大力推进居家社区适老化改造服务。2023年5月发布的《北京市居家社区适老化改造情况调研报告》显示，受访社区普遍安装了适老化设施，其中，无障碍通道、扶手、低位服务柜台在各社区的配置率均较高；此外，超过80% 的社区能够为居民提供地面改造和物理环境改造服务，超过70% 的社区能够提供卫生间设备改造、门改造和日常生活照料服务，近半数社区能够提供厨房改造；在居家适老化改造方面，近30% 老年人接受过住房适老化改造，改造内容集中在地面改造和如厕洗浴改造；在应急服务方面，92.4% 的社区配备了应急呼叫等基础应急服务，98.5% 的社区提供了恶劣天气避险等综合应急服务，这些适老化改造措施获得了老年人的广泛认可，95.2% 的老年人表示对改造成果感到非常满意或比较满意。②

2022年，北京康养集团在广安门内街道开展创新居家养老服务模式试点，借助专业化社会力量和市场运作方式为签约长期居家照护服务的老年人提供高质量和全方位的照护服务，同时还发展社区助餐、助医、助洁、

① 参见北京市人民政府网：《居家养老备受关注 供需对接尚需完善——北京市居家养老服务状况及需求调查报告》，https://www.beijing.gov.cn/gongkai/shuju/sjjd/202007/t20200721_1953627.html，2020年7月21日。

② 参见北京市统计局网：《北京市居家社区适老化改造成效显著 统筹资源精准对接需求仍需加力推进——北京市居家社区适老化改造情况调研报告》，https://tjj.beijing.gov.cn/tjsj_31433/sjjd_31444/202305/t20230518_3107018.html，2023年5月18日。

助浴等以服务周边居家老年人，由此形成了可复制、可推广、可持续的居家养老服务模式。2023年，北京市将这一创新居家养老服务模式试点进一步推广至五六十个街道，以便更好地满足老年人的养老需求。①

为进一步实现养老服务供需精准对接，帮助公众跨越养老服务的“资讯鸿沟”，北京市于2023年建立并上线“北京养老服务网”，其开设养老政策、养老人才、志愿服务、京津冀养老、养老线上办事、养老课堂等服务板块，以“一网通查”形式打造便捷的养老服务“网上超市”，一方面为老年人及其家庭查找服务机构、相关政策提供便利，另一方面也有助于养老服务主体寻求资源和人才，为养老服务供需对接、精准匹配以及养老服务行业的发展提供了便利的信息基础。此外，在居家社区养老服务数字化平台建设方面，北京市也开展了一系列探索，打造出多个社区居家养老综合服务平台，其中，“怡亲安安”作为北京市首个综合养老服务平台，其以数字化平台模式为老年人及其家庭提供养老服务及相关信息、老年生活辅助用品等，从而解决老年人及其家庭、养老服务供应商、养老服务驿站之间供需信息不对称问题，在为老年人提供专业化、精准化养老服务方面提供了创新思路和模式。

典型案例：“怡亲安安”社区居家养老综合服务平台

简介

2019年11月18日，北京市首个社区居家养老综合服务平台“怡亲安安”启动试点，该平台整合了生活照护、医疗保健、居家改造等多种服务，通过手机一键下单为老年人提供精准服务，首批服务已覆盖10个区的78个养老服务驿站。

① 参见北京市人民政府网：《99%的老年人选择在家养老 针对这一实际情况——创新居家养老将扩大试点范围》，https://www.beijing.gov.cn/fuwu/bmfw/sy/jrts/202305/t20230523_3110212.html，2023年5月23日。

服务内容及收费

5项养老服务：生活照护、保姆护工、医疗保健、居家改造、文旅康养。其中，生活照护类服务作为主体性服务，包括常规服务（上门送餐、助浴、清洗衣物、打扫卫生等）、专业护理技术性服务（伤口拆线和压疮、吸痰、鼻饲等）、专业照护服务（针对中度及重度失能老人的专业照护）、个性化服务（陪伴拜访和购物等）等四个方面。

5大主题涉老产品：床上用品、卫浴用品、生活用品、生鲜食品、代步用品。

收费标准：包括按小时收费和全程收费两种方式，如日间上门陪护40元/小时、上门助浴或床上擦浴80元/小时、铝合金折合拐杖椅890元、普通折叠轮椅1 490元等。其中，纳入服务流量补贴的19类项目可使用北京通—养老助残卡，享受老年服务补贴。

服务流程和形式

用户完成小程序二维码扫描并关注成功后，可在平台内选择距离最近的养老驿站进行服务预约。平台提供两种服务模式：一是由驿站工作人员直接上门服务，二是在驿站内接受定点服务。若驿站无法满足需求，系统将智能转接至第三方合作服务商，由其安排专业人员提供上门服务。

保障机制

该机制包括四个核心机制：服务机构备案登记制度、资质准入与动态退出规范、服务质量监管机制、用户投诉相应处理机制。在服务商筛选方面，平台优先从北京市老龄产业协会的200多家会员单位中择优合作，所有入驻机构均需通过严格的资质审核。为确保服务性价比，平台要求合作方提供的服务价格需低于市场平均水平，且入驻前要缴纳保证金以保障老年人权益不受损害等。

2. 北京市机构养老发展现状

相关研究发现，接近三分之二的北京市老年人口集中居住于总面积不足全市十分之一的中心城区。近年来，北京市通过完善法规、疏解城市功能、改造老旧社区、推广养老服务驿站等措施以缓解中心城区养老压力，但居家社区养老服务供给仍存在较大缺口，因而中心城区发展机构养老的现实需求日益明显。①

根据《北京市养老机构行业发展报告》，截至2024年3月，北京市共有养老机构578个，床位总数达到10.9万个，入住养老机构的老年人约4.5万名，平均入住率保持在45%。在入住的老年人当中，大多数属于高龄或有特殊照护需求的群体，"老老人"即80岁以上或失能失智老年人占比高达91.57%。这一方面说明北京市机构养老在满足失能失智等特殊老年人的养老照护需求方面发挥着重要作用；但另一方面，较高的床位空置率和较大的潜在需求形成了鲜明对比，其背后则是老年人的观念与消费能力的阻碍。目前北京市养老机构月平均收取总费用6 611元，不同区域的养老机构收费存在较大差异，如朝阳区、西城区和丰台区的月均费用最高，约8 000元，而延庆区、密云区和平谷区等远郊区的费用相对较低，介于2 500至3 100元之间。而国家统计局北京调查总队2018年的调查数据显示，具有机构养老意愿的老年人首要关注的就是养老院收费问题，86%的被访老人都表示自己仅愿承受每月4 000元以下的收费标准（2019年北京市平均退休工资为4 175元/月）。

为提高老年人的养老服务消费能力和推动机构养老发展，2018年出台的《北京市养老机构运营补贴管理办法》将政府养老机构补贴政策从单一补贴改为差异化补贴，即根据养老机构收住服务对象身体状况、服务质量星级评定、信用状况、医疗服务能力等4个维度分别建立补贴标准，可叠加享受补贴。同时增加补贴金额，如失能和重残运营补贴每月增加100元

---

① 参见赵杨:《北京市机构养老供给现状及环京布局》,《北京社会科学》,2022年第9期。

到200元不等，并且取消一次性奖励，星级越高补贴越多，从而鼓励养老机构提升服务水平。此外，在对老年人的补贴方面，2019年出台的《北京市老年人养老服务补贴津贴管理实施办法》提出，为重度失能老年人或持残疾证的老年人提供长期照护的经济支持，根据残疾等级，补贴金额被定为每月600元、400元或200元；对于80岁及以上的老年人，根据年龄提供100元至800元不同的养老服务消费津贴。《北京市困境家庭服务对象入住养老机构补助实施办法》则提出针对五类困境家庭服务对象，将提供每人每月最高3 600元的补贴用于支付养老机构费用。

面对北京市中心城区地价和人工费用较高导致的养老机构运营成本过高继而收费较高的发展局限，北京市还提出优化机构养老服务资源空间规划，推动中心城区养老功能外溢的发展思路与方向。如《北京市国民经济和社会发展第十四个五年规划和2035年远景目标纲要》提出"在平原新城和新市镇建设一批交通便利、生活舒缓、宜居宜养、医养结合的养老设施，支持发展康养小镇"。《北京市养老服务专项规划（2021—2035年）》则提出功能疏解、减量发展的方针，指出原则上不再批准大型养老机构的建设，并将逐步引导规模以上机构养老设施合理布局，同时探索利用郊区生态涵养地块实现首都核心区的养老需求与康养需求向外扩展。

此外，北京市大力推进医养结合养老机构的建设，通过扩大医养结合服务供给数量、提升服务能力、深化机构"放管服"改革、加强人才队伍建设等方式加强医养结合发展，尤其在推动社区卫生服务中心积极转型、建设老年护理床位、培养老年护理员、建立家庭医生团队等工作方面取得了积极成效。根据北京市老龄办、北京市老龄协会发布的《2022年北京市老龄事业发展概况》，仅2022年一年时间，北京市就推动东城区朝阳门社区卫生服务中心等10家机构实现转型，共建设老年护理床位200个，培养老年护理员50人，472家医疗机构创建为老年友善医疗机构，建立家庭医生团队5 950个。截至2022年底，北京市两证齐全的医养结合服务机构（兼具医疗卫生服务资质和养老服务能力的医疗机构或者养老机构）共计215

家，占全市养老机构比重达36.6%，其中有18家养老机构具备提供嵌入式医疗卫生服务的能力，医养结合床位数共计5.9万个。[①] 整体来看，通过一系列政策和实施方案，北京市的医养结合服务在数量、质量和人才建设方面均取得了显著进步，目前已基本形成养办医、医办养、医养签约合作、医疗卫生服务向社区和家庭延伸等四种相对成熟的医养结合服务模式。

典型案例：北京康养·颐寿嘉园（医养结合）

简介

创办时间：2022年1月成立，北京首家市属培训疗养机构转型普惠养老示范项目。

运营方：北京康养集团所属北京京能颐寿轩康养有限公司。

地理位置：顺义核心区域光明街道裕龙社区。

基础设施

园区占地面积1.4万平方米，总建筑面积1万平方米，内部公园面积4 200平方米。

居住活动空间共包括五栋物业楼，实行自理半自理老人、失能半失能老人和认知症老人的分区照护与个性化服务。房间数量164间，包括单人间、双人间和一室一厅三种户型，床位数量共200余个。

配有医务室、康复大厅等医疗设施，餐厅、书画室、健身中心、影音室、疗愈花园等公共生活休闲场所。每栋物业楼每层单独设置起居室，便于同层老年人日常交流活动与满足就餐需求，打造街坊式环境空间。

配备全智能化管理设施，包括全智能化配套设备，大数据运营管

① 参见新京报电子版：《京籍百岁及以上老年人共计1 629人》，https://paper.bjnews.com.cn/html/2023-06/30/content_832880.htm，2023年6月30日。

理和智能化技术及产品应用。

医养结合服务特色

依托机构内部医务室与康复大厅，聘请专家团队巡诊，连通医保，提供西医康复训练与中医理疗、推拿按摩等专业康复服务。

构建数智康养园区，采用24小时医护值班制和紧急呼叫响应机制。

每年为入住老人提供一次健康体检服务，建立并持续更新老人健康档案，定期进行健康指导，慢病管理、药品管理及急救处理等医疗服务。

项目紧邻首都医科大学燕京医学院和优质医疗机构，满足老人第一时间急救需求。

认知症照护专区服务特色

设有生活起居厅、特色怀旧专区、感知觉训练专区、植物疗法专区、疗愈花园等设施，注重空间设计。

配备多学科服务团队，提供“标准化＋个性化”健康服务和管理。

收费水平

以北京市养老机构四星标准提供服务，项目收费采取“小额押金＋月费制”收费模式，结合入住户型缴纳4 200～5 500元/月/人不等的床位费，护理费用与认知症照护费用结合老人身体健康状态评估情况分等级按月收取，医疗押金4万元，基础服务费1 000元/月/人，餐费1 500元/月/人。

典型案例：北京市双井恭和苑（医养结合）

简介

创办时间：2012年。

运营方：乐成集团运营。

地理位置：北京市东三环国贸核心区域。

机构性质：民办营利性养老机构。

收住对象：自理、半自理、需要全护理和特护的老人（包括异地老人）。

规模设施：床位数400余个。

2013年被北京市政府确定为首个“医养结合”试点单位。

医养结合服务特色

服务模式与内容：通过在养老院附近设立医疗服务中心，配备护理床位、专业护理设备、专业护理员等，为入住老年人提供一系列医疗服务。

为入住的老人提供专业化、个性化护理服务，由固定护理团队提供连续性照护，包括每两小时定期巡房及生命体征监测；构建完善的医疗支持系统，涵盖用药指导、就医陪同及特殊护理等专业服务；配备智能化安全设施，在各居室安装24小时应急呼叫装置，并设立院内急救站点确保及时响应；在养老机构内设置标准化医务室，组建由执业医师和专业护理人员构成的高素质医疗团队，通过持续的专业培训提升服务质量，为老年人提供全方位的医疗养护保障。

典型案例：北京金泰颐寿轩敬老院（医养结合）

简介

创办时间：2001年。

运营方：北京金泰集团有限公司。

机构性质：国有公办连锁养老机构。

规模设施：共设4家分院，床位近500个。

医养结合服务特色

服务模式与内容：与北京市第二医院签订《医疗服务合作协议》，医院专业医生团队定期为敬老院开展义诊活动并为老年人建立健康档案；为已确诊疾病的老年人制定针对性的诊疗方案，为存在患病风险的老年人提供健康指导；为病情较重或复杂疾病的老年人提供医院相关科室医生出诊服务；为突发疾病的老人提供救护车服务，及时将老人接入医院进行治疗。

敬老院内设医务室、药房、医生办公室，为老年人提供日常查体保健服务和常规药物的开药服务。

（三）北京市社会养老服务主要经验

1. 区域养老服务联合体

2018年10月，北京市首家养老服务联合体在东城区朝阳门街道正式揭牌，以养老照料中心和社区养老服务驿站为核心，联合区域内外养老、医疗以及其他便民养老服务资源共同组建服务联合体，为辖区内老年人就近提供居家养老服务。通过与助老企业签约，将这些企业纳入养老服务联合体的“养老服务金三环”中，从而增强服务的多样性和专业性。作为一种长效机制，养老服务联合体为居家社区养老服务提供了持续的创新和发展动力，促进了社区参与和社会合作，形成了医养康养相结合、多元社会力量参与的居家社区养老服务发展格局。

2022年4月，中共北京市委办公厅、北京市人民政府办公厅印发了《关于推进街道乡镇养老服务联合体建设的指导意见》，提出将全面推进街道乡镇养老服务联合体建设，创新普惠型居家社区养老服务模式。这是北京市在居家社区养老服务领域的一次有益尝试，它通过整合多方资源，为老年人提供了更加完善的养老服务，具有较强的借鉴性和可复制性。

典型案例：什刹海区域养老服务联合体[①]

简介

作为老年人口相对集中的老城区和平房区，什刹海街道于2019年开始养联体建设工作，以“服务需求联调、服务力量联合、服务监管联治”为核心模式，以养老照料中心和养老服务驿站为核心服务单位，联合区域商户、公共服务商以及区域外的各类服务商共同构建起“服务、文化、公益”三位一体的区域养老服务联合体。

服务组织架构

养老服务联合体：养老驿站、养老照料中心。

公益服务联合体：区域商户、公共服务商、域外服务商、低龄老人志愿者。

文化服务联合体：文化服务场所。

服务范围和内容

整合155家服务商资源，为辖区老年人提供家政、维修、康复、餐饮、银行、邮局等26大类、108项具体养老服务项目，为老年人提供常态化“7+N”服务。

① 参见北京市西城区人民政府网：《养联体案例 | 西城区什刹海街道：构建“服务、文化、公益”三位一体模式》，https://mp.weixin.qq.com/s?__biz=MzU5MTA5OTI3NA==&mid=2247505985&idx=1&sn=a72945d215b0554cb502a8133fd0daa3&chksm=fe36bca4c94135b2d198308d80a6e6517fd6c16cacf9718c921a26ce4e092bb0b9c8c07df7c5&scene=27，2023年12月7日。

运作机制

联席会议机制：在街道党工委领导下，以市民服务中心为负责单位，制定《什刹海街道养老服务联合体议事协商制度》，联合养老服务机构、志愿服务团体、为老服务商户、医疗机构、物业设施等共同搭建“联合体议事协商机制”，商讨辖区内养老服务需求管理和服务供给等事项，由什刹海街道老年协会执行联席会决议。

需求联调机制：一是组织专家指导社区工作人员、志愿者、第三方机构开展专项调查以及时反映养老服务需求；二是社区组织志愿者每半年开展一次需求调查，定期掌握养老服务需求；三是以社区工作人员和志愿者主动发现、老人及家属主动上报的方式，在网格化服务过程中采集养老需求；四是各养老服务驿站通过定期巡视探访采集和更新养老服务需求数据。

资源整合与服务递送机制：由市民服务中心发挥牵头作用，通过对接辖区内企业商户、第三方养老服务机构、养老驿站等，打造10分钟养老服务圈；组织服务商与社区养老驿站签署服务合作协议，确保各社区养老驿站拥有均衡化、多元化的服务资源，精准满足辖区内老年人个性化需求。

2.“物业＋养老”新模式

面对日益增长的社会养老服务需求，调动多元社会力量和社会资源介入养老服务领域成为当前养老服务发展方向。相较其他社会机构和组织而言，物业企业作为社区的运营管理者，其贴近居民和快速响应的优势为依托物业公司开展养老服务奠定了基础。对此，北京市积极探索“物业＋养老”服务模式，2020年5月，北京市人民政府办公厅发布《关于加快推进养老服务发展的实施方案》，其中提出探索实行“物业＋养老”这一居家社区养老服务的新方向。同年12月，住房和城乡建设部等部门联合发布《关于推动物业服务企业发展居家社区养老服务的意见》，支持物业企业通过与医疗、养老等专业机构合作开展居家社区养老服务，组建专业化养老服务队伍，并鼓励规模化、品牌化、连锁化经营。

在政策引导下，北京市各区县开展了一系列实践探索，基于不同社区类型发展出形式各异的“物业＋养老”服务新业态。以朝阳区劲松北社区为例，作为一个已成立45年的老旧小区，于2020年底开始试点“物业＋养老”，4位物业员通过包楼包片的形式，每人负责对接200多户有老人的家庭，为其提供物业维修、帮忙买药等服务，特别对其中高龄、独居和失能老人进行每周至少走访一次、通话一次的服务，同时对接各类第三方服务商提供更加多元化和专业化服务。同属朝阳区的八里庄街道远洋天地家园社区，其作为高档商品房社区，同样面临社区老龄化严重和较为普遍的养老服务需求。该社区于2023年6月创建了北京市首批“物业＋养老”型养老驿站试点单位，通过社区党委、物业公司和养老驿站三方联动，充分发挥物业企业“人熟”“地熟”优势，整合周边医疗卫生单位和便民服务商户资源，共同为居民提供助医、助洁、精神慰藉等服务，开展社区百家宴、义务扫除日等活动，打造“美好会客厅”和“银龄金街”等设施，在提升老年人社会参与和社区凝聚力，丰富老年人精神文化生活和提供生活便利方面发挥了重要作用。

典型案例：石景山区金顶街三区社区“物业＋养老”服务

基本情况

创办时间：2022年。

物业企业：首华物业石景山分公司。

居民构成：以首钢集团退休职工为主。

基础设施和服务

将占地1 500平方米的物业配套用房改造为社区养老服务驿站，

包括社区食堂、日间照料室、便民理发室和其他各类活动设施。

提供助餐、日间照料、便民服务、文化娱乐、心理慰藉等服务。

主要经验

养老管家包干服务制：由物业管家转型为养老管家，每位管家负责社区若干户基本养老服务对象的巡视探访、助洁助行、代开药品、精神慰藉等居家养老服务。

为老志愿服务队：由“物业管家”、物业员工和低龄老年人等共同组建社区为老志愿服务队，为居民提供“搬”“扫”“换”三项服务，如搬重物、打扫房间、更换水龙头或灯泡等。

开发“双暖为老”小程序：页面以大号字体标注“搬”“扫”“换”三大类服务，老年人通过点击相应服务即可链接物业部门得到帮助，正在探索“救”“问”“陪”“订”“买”“送”等其他服务。

养老服务队伍专业性建设：定期开展岗前培训和技能实训，内容涵盖：①养老政策法规解读与行业发展趋势分析；②老年健康管理与康复护理专业技能实训；③智慧养老平台操作实务培训。通过在线学习、测试、考核的立体化培养和检测程序检验服务人员的学习成果。

链接专业资源：以社区养老服务驿站为阵地，协同周边医疗服务、健康管理服务、法律咨询服务、金融服务等社会力量开展公益活动，提供多元化服务。

3. 京津冀养老服务协同发展

为疏解非首都核心功能，解决北京市社会养老资源拥挤且负担过重的问题，2024年3月，北京市民政局、天津市民政局、河北省民政厅共同印发了《关于进一步深化京津冀养老服务协同发展的实施方案》，提出深化三地养老服务协同发展，推动北京养老项目向河北等地区延伸，共同打造养老服务现代化示范区的工作方针和思路。打造三地养老服务协同工作机制，必须促进政策、项目、人才、医疗卫生等多方面协同，通过建立区域结对共建机制，优化区域养老服务资源配置和共建养老机构，为京津冀老年人提供更多异地养老选项，增加养老的灵活性和多样性。

典型案例：燕达金色年华健康养护中心

简介

燕达金色年华健康养护中心隶属燕达国际健康城，首批京津冀养老服务协同发展试点项目之一。

运营时间：2011年正式运营。

地理位置：北京东燕郊开发区。

服务对象：面向自理、介助介护、认知照护和舒缓疗护等不同需求的老年人，已共入住近6 000人，其中95%以上为北京籍老年人。

规模设施：总建筑面积92万平方米，设置养老床位15 000个。

医养结合特色

养护中心内设老年病科，配备脑科、心脏科、骨科、妇科、心理、中医及全科医生等专业医护人员，为老年人提供慢性病和常见疾病的诊疗服务，定期开展免费体检和上门健康服务，为老年人建立健康档案并制定健康管理方案，同时提供24小时值班等服务。

内设康复中心，一方面配备脑科康复师、心肺功能康复师、心脏康复师、肢体康复师、运动康复师和中医康复师等专业康复指导人员，另一方面配备各类现代化康复设备，综合提供康复指导、康复治疗、个性化康复方案定制等服务。

与相邻的燕达医院，以及北京朝阳医院、天坛医院、北京中医医院、北京协和医院等权威三甲医院开展合作，通过知名专家及老中医长期坐诊、北京医保实时刷卡结算等方式，提供高质量医疗服务和就医便利。

京冀交通服务

周一到周五提供班车，为在住老人提供北京往返接送服务，并配有护士全程陪同。

文化娱乐服务特色

养护中心内设多功能大街，开展老年大学、电影放送、健康养生讲座、各类展览、交谊舞会、集体生日会、节庆联欢会等活动。

成立燕达爱晚书画社、燕达金色年华合唱团、燕达东方京剧社等多个文娱社团。

总体来看，北京市通过前瞻性的规划和政策，构建起区级、街道（乡镇）、社区三级养老服务网络，实现了养老服务的全面覆盖和有效对接，尤其在养老服务的政策引导、服务网络构建、养老资源整合、服务模式创新和社会力量参与等方面体现出协同和创新理念，为其他地区提供了可借鉴的经验。

二、上海市社会养老服务发展现状与经验

上海市于1979年就进入老龄化社会，比全国平均水平提前20年，是我国最早进入老龄化社会的地区。在30多年的老龄化发展道路上，上海始终处于领跑地位，始终是我国老龄化和高龄化程度最深的地区。上海市老龄委等部门发布的统计数据显示，截至2023年末，上海市60岁及以上老年人口已达568.05万人，约占总户籍人口的37.4%，其中，80岁及以上高龄老

年人口为81.64万人，[1] 占老年人口的14.4%。据预测，上海市户籍老年人口将在2025年达到585万人，并在2031年前后将达到顶峰，近600万人。同时，高龄人口将在2025年达到90万人，随后将快速增长至2035年的180万人左右。[2]

面对庞大的老年人口及应运而生的养老问题，上海市最早开始探索社会养老模式和路径。2005年，上海率先提出构建“9073”养老服务格局的发展思路；并在2014年进一步提出，到2020年全面建成涵盖养老服务供给、服务保障、政策支撑、需求评估、行业监管“五位一体”的社会养老服务体系；2021年发布的《上海市老龄事业发展“十四五”规划》则提出，持续推进老年友好型社会建设，持续夯实积极老龄化“健康、参与、保障”三个支柱，在积极老龄化、健康老龄化和幸福老龄化，以及老龄事业和产业高质量发展、老年群体高品质生活提升上取得新突破的发展目标。近年来，上海市不断探索构建和完善养老服务体系，在全国率先将养老列入社会基本公共服务，为建立新型养老服务体系提供了重要经验。

（一）上海市社会养老相关政策

早在2001 年，上海市民政局就发布了《关于全面开展居家养老服务的意见》，提出大力发展居家养老服务体系，形成机构养老和居家养老相结合的服务网络这一发展思路。2005年，上海市率先提出“9073”养老服务格局，即90% 的老人采用居家自我照料或家庭成员照料模式；7% 的老年人依靠日间照料等社区养老服务；3% 的老年人接受机构养老，这一养老服务格局的提出为我国发展社会养老服务体系提供了重要方向。2014年6月，《上海市养老机构条例》正式实施，成为我国第一部关于养老机构运营、管理与服务的地方性法规。此后，为全面提升养老服务质量，上海市

① 参见中国新闻网：《2023年末上海市户籍老年人口达568.05万人》，https://www.sh.chinanews.com.cn/shms/2024-07-08/126335.shtml，2024年7月8日。

② 参见上海市卫生健康委员会：《对市政协十四届二次会议第1069号提案的答复》，https://wsjkw.sh.gov.cn/zxtadf/20240620/cb07396340264c0282700714f99c5e16.html，2024年6月20日。

先后发布《老年照护等级评估要求》《养老机构设施与服务要求》《养老机构服务应用标识规范》《老年宜居社区建设细则》《社区居家养老服务规范实施细则》等地方标准和细则，并推出多项养老服务创新项目，如2014年开展的“长者照护之家”试点，2015 年以社区卫生服务中心为载体推进医养结合的行动，2016 年建设“为老服务综合服务中心”项目以及“养老服务包”实施项目，分类梳理、整合资源为居家老年人提供多元化、精准化养老服务。

2015年，上海在全国率先实施老年照护统一需求评估制度，根据评估结果确定照护等级并提供相应养老服务，探索建立轮候与转介机制，并创新梯度化的医保支付和财政补贴政策，以优化养老服务供给结构。2017年，上海市作为全国首批开展长期护理保险试点的15个城市之一，在徐汇、普陀、金山三个区率先试点长期护理保险制度，至今已有超过73.5万失能老人享受待遇，占全国总数的三分之一。[①] 随着长期护理保险制度的发展，老年照护统一需求评估进一步用于长护险准入门槛评定，为不同失能等级的老年人享受相应的保险待遇提供了规范化依据。

在《上海市老龄事业发展“十四五”规划》提出的持续推进老年友好型社会建设的总目标下，近年来，上海市不断完善各项养老政策和推陈出新各类养老服务项目，相继发布《关于进一步深化本市养老机构医养结合发展的若干措施》《上海市推进养老科技创新发展行动方案（2024—2027年）》《上海市“颐美乡村”养老服务提升计划（2024—2026年）》等政策，并在实践中探索出“养老院＋互联网医院”“智慧养老院”等创新养老模式，在提升医养结合能力和创新医养结合方式、发展智慧养老和推动养老科技创新、优化农村养老服务供给等方面提供了重要的经验借鉴。

（二）上海市社会养老服务发展现状

“十三五”期间，上海市在“9073”格局的基础上大力发展居家社区养

① 参见中国新闻网：《上海：全面推行长护险试点至今已有超73.5万失能老人享受待遇》，https://www.chinanews.com.cn/sh/2024/05-27/10224142.shtml，2024年5月27日。

老服务建设，率先打造社区嵌入式养老服务体系。截至2023年底，上海市共建成社区综合为老服务中心459个，日间照护机构918家，日均服务老人1.72万人，建成1 926个助餐服务场所，219个康复辅具社区租赁服务点。仅2023年，上海市长护险居家照护服务就高达356.06万人次，享受养老服务补贴居家上门服务达65.36万人次，政府购买服务的应急救援呼叫覆盖人数约30.13万人，居家环境适老化改造户数共计7 715户。[①]

面对上海中心城区高地价和高老龄化率并存的局面，上海市重点推广社区嵌入式养老服务模式，通过盘活各类服务资源，因地制宜均衡社区养老服务设施布局，着力推进社区综合为老服务中心和“长者照护之家”建设，目前已实现社区综合为老服务中心在各街镇的全面覆盖。2018年，上海市民政局发布的《关于鼓励和引导本市养老机构提供社区居家照护服务的实施方案的通知》提出，以步行15分钟左右的路程为服务半径，就近为社区老年人提供照护服务。以上海市徐汇区为例，近几年按照800米服务半径，一共规划设置42个社区综合为老服务中心（睦邻汇）。此外，上海市正在推进建设每个街道和乡镇设置“1+N”个社区为老服务圈，将社区综合为老服务中心直接与所辖居委会的老年活动中心链接，以进一步增强社区养老服务的便利性。同时，作为一个老龄化和现代化程度都极高的国际都市，上海市在构建社区养老服务中心时也考虑到全龄化和代际融合视角，综合老年人与年轻人的全体性需求，探索出“苏河之眸”零距离家园服务综合体等极具上海特色的实践案例。

① 参见上海养老服务平台：《2023年上海市老年人口、老龄事业和养老服务工作综合统计信息发布！》https://shyl.mzj.sh.gov.cn/homePage/headline_details?uuid=9062f761-4235-4b8d-a4a4-718f6fc7b3d5&title=2023，2024年7月8日。

典型案例："苏河之眸"零距离家园服务综合体

简介

"苏河之眸"地处黄浦区南京东路街道的黄金地段，以"宜居、宜业、宜游、宜学、宜养"为目标，将"夕阳红"服务与繁华市景融合，提供面向全年龄段人群的多元化服务，成为复合型功能的"零距离家园"实体阵地和全年龄段"一站式"的服务综合体样板。

基础设施和服务

设有社区卫生服务站、社区食堂、日托所、长者照护之家（49个床位）、智慧健康驿站、长者运动健康之家、健身驿站、城市书房、咖啡馆、景观露台等公共设施。

以居家老年人为重点服务对象，提供日常医疗、社区日间照料、智慧养老、助餐等服务。

面向各年龄段人群，提供基本医疗和中医理疗、文化休闲娱乐、运动健身等服务。

主要经验与亮点

前期调研与需求评估：通过"零距离家园"理事会、座谈会等方式，广泛征集社区各年龄段居民的意见与需求，并将其融入功能设计中。

全龄化设计理念：一方面，针对医疗、助餐等传统为老服务项目拓宽服务对象；另一方面，开设面向年轻人的文娱休闲等服务，赋予社区公共设施与服务以全龄化理念，从而增加使用率并保障服务项目的可持续性。

市场化运营模式与资源联动：以免租金方式，吸引地产养老、读者文化、天好咖啡、星之健身等企业单位发挥品牌优势，入驻社区并参与社区服务；联动上海音乐厅、上海木偶剧团、长征医院、上海第一食品商店等单位，为社区居民提供音乐演出、义诊、食品展销等服务。

上海在推进机构养老服务体系建设方面取得了显著成效。自2010年起，通过系列政策创新和加大资源投入力度，实现了机构养老服务的跨越式发展。“十一五”时期开始，上海将养老服务纳入市级战略规划体系，2014年创新性地制定了全国首个养老设施专项规划《上海市养老设施布局专项规划（2013—2020年）》。“十二五”和“十三五”时期，上海中心城区和郊区分别按照老年人口的2.5%和3.5%配置床位资源，并将床位建设纳入年度民生实事工程，持续超额完成预定目标。2010年以来，上海每百位户籍老人拥有养老机构床位数接近3个，基本实现了“9073”格局中机构养老占比3%的发展目标。① 2022年上海市民政局印发《上海市养老床位统筹及轮候试点工作方案》及《上海市保基本养老机构（床位）管理办法》，通过加强对养老床位的统筹利用，以提高养老床位的利用效率。截至2023年底，上海市养老机构共700家，相较2010年增加了100多家，床位总数为16.69万个，较2010年增加近7万个。② 在养老机构数量和规模不断增长的同时，上海市着力创新机构养老服务模式，鼓励养老科技发展及其转化应用，在建设智慧养老院和“互联网医院＋养老院”上不断加快步伐。其中，“互联网医院＋养老院”模式是指具备互联网诊疗资质的医疗机构与养老机构建立协作关系，在卫生行政部门监管下，为养老机构老年人提供线上慢性病管理、处方开具、药品配送及检查预约等医疗健康服务的新型医养结合服务模式。该模式通过线上线下资源整合，实现医疗服务的院内延伸，有效解决了养老机构住养老人就医用药的便利性问题。

2021年，上海市民政局联合市第一人民医院在松江区开展“互联网医

① 参见高慧、周海旺:《上海机构养老服务发展问题研究》,《上海城市管理》,2023年第6期。

② 参见上海养老服务平台:《2023年上海市老年人口、老龄事业和养老服务工作综合统计信息发布》,https://shyl.mzj.sh.gov.cn/homePage/headline_details?uuid=9062f761-4235-4b8d-a4a4-718f6fc7b3d5&title=2023,2024年7月8日。

院＋养老院”试点，至2023年底全市共推进建成84家“互联网医院＋养老院”。[①] 2022年，上海市民政局印发《上海市推进智慧养老院建设三年行动方案（2023—2025）》，明确了智慧养老院建设的总体框架及主要建设内容，截至2024年底，上海市已有36家养老院基本完成智慧养老院建设。通过引入各类养老服务机器人、智慧门禁、24小时实时场景监控、定位追踪系统、电子围栏、电子翻身卡、智能床垫等高科技产品，打通数据信息和资源对接渠道，将互联网就医“云诊室”与养老院服务相融合，打造“从入院到离院”的全周期智慧服务体系，时刻关注老年人的最核心需求，已成为当前上海市机构养老发展的新方向。

典型案例：仁济医院试点“互联网医院＋养老院”[②]

简介

上海交通大学医学院附属仁济医院作为上海首批获牌照运营的公立互联网医院试点医院，通过“互联网医院＋养老院”医养结合创新模式，推动优质医疗服务下沉，打通医养服务的“最后一公里”，不断扩大优质医疗资源对养老机构住养老人的辐射效应，形成数字赋能医养结合的范例。目前已发展为拥有48个学科，1 100余名医生注册执业，签约养老机构44家，覆盖1.5万个养老床位，累计服务量近100万人次的综合型线上执业平台。

主要经验与特色服务

开设“养老机构云诊室”专属线上就诊通道：通过整合多学科医

① 参见中华人民共和国民政部：《上海市推动互联网医院远程服务养老机构》，https://www.mca.gov.cn/n152/n166/c1662004999979995387/content.html，2023年10月25日。

② 参见中国新闻网：《上海：医院、民政部门打造“互联网医院＋养老院”创新模式》，https://www.sh.chinanews.com.cn/yljk/2023-06-01/112367.shtml，2023年6月1日。

疗资源（涵盖心血管、神经内科、消化系统等十余个老年常见病专科），构建“线上＋线下”协同的医疗服务体系。具体服务内容包括：专业医师上门健康评估、远程医疗咨询、医院预约挂号、慢性病复诊续方、医保在线结算、药品配送到院、生命体征远程监测、就医绿色通道以及健康知识宣教等全流程医养服务，为机构住养老人提供便捷、连续的医疗健康管理解决方案。

建设“智慧检验窗口”：创新“院内采样、中心检测”的服务模式，即依托互联网医院平台，将医院的检验系统与养老院信息系统深度对接，老年人无需离院即可完成包括条码远程打印、标本采集、物流送检、报告查询等全流程检验服务，享受与三级医院同质化的检验检查服务，有效解决了养老机构住养老人外出就医的难题。

“适老化”智慧服务配套建设：开通互联网医院跨院复诊、大病医保结算、老年人子女互联网医院代诊等线上便捷服务。

随着上海市人口老龄化的加剧，现有的养老方式和养老资源已经无法满足上海老年人所需要的多元化养老需求，因而上海市开始探索和发展长三角异地养老模式，充分利用周边地区的养老资源缓解上海人口老龄化的压力。2019年，江苏、浙江、安徽三省共40个城市与上海16个区全面开展区域养老一体化试点合作工作。2021年下发的《关于本市老年人入住长三角区域养老机构长期护理保险费用延伸结算试点有关事项的通知》为上海参保老年人使用长护险支付异地连锁养老机构照护费用提供了政策便利，目前，已有32家连锁品牌养老机构纳入这一政策试点，有效调动了长三角养老机构创新异地养老模式的动力，并保障了上海市老年人异地养老的权益。截至2022年底，可接纳上海户籍老年人入住的长三角异地养老机构共有108家，核定床位数达4.71万个。[①]

（三）上海市社会养老服务的相关经验

上海市作为全国最早进入老龄化社会且老龄化程度最高的城市，在养老服务领域积累了丰富的经验，这些经验不仅反映了上海在应对人口老龄化挑战中的前瞻性思考，也展示了其在政策设计、服务体系建设、数字化转型等方面的实践成果。

1. 认知症友好社区建设

上海是全国第一个推广认知症友好社区建设并开始加强脑健康教育的城市。作为全国最早进入老龄化社会的城市，上海约有14%～18%的老年人处于患认知障碍的风险期，[②]这一比例要求城市必须尽早采取行动，以提供针对性的照护服务。

2018年，上海市启动老年认知障碍照护服务建设，通过在养老机构内建立认知障碍专区、在街镇层面建设老年认知障碍友好社区，以提供专门的、持续的支持从而使认知障碍老年人能够在社区中安全、尊严地生活为核心目标，逐步构建起具有上海特色的老年认知障碍照护服务体系。2019年，上海市颁布《上海市老年认知障碍友好社区建设试点方案》并启动"上海市老年认知障碍友好社区试点"。2023年发布的《老年认知障碍友好社区建设指南》为进一步提升老年认知障碍友好社区建设水平提供了操作性指引和专业保障。

截至2023年底，上海全市共建成220个老年认知障碍友好社区。这些社区通过设置专门的认知障碍照护床位、提供对认知症友好的公共设施，以及培训专业的护理人员，为认知障碍老年人提供了系统化的照护服务。

---

① 参见上观新闻：《长三角异地养老机构名单再添新军 老年人跨区域养老有更多选择》，https://sghexport.shobserver.com/html/baijiahao/2022/09/30/868551.html，2022年9月30日。

② 参见新民晚报：《阿尔茨海默病日丨"上海模式"防控认知障碍 破解"阿尔茨海默病"早诊难题》，https://baijiahao.baidu.com/s?id=1744545684081739219&wfr=spider&for=pc，2022年9月21日。

此外，上海市的护理型床位达10.66万个，其中养老机构内认知障碍照护床位占1.2万个。[①] 认知障碍照护床位的设置不仅优化了上海市养老机构的服务结构，也为失智老年人提供了更加有针对性的专业照护。

长宁区作为上海市认知症友好社区建设的先锋地区，在率先实现老年认知障碍友好社区建设覆盖所有街道的基础上，于2024年1月揭牌启用了全市首个老年认知障碍友好城区赋能支持中心——“小蓝花市民中心”，聚焦“理念传播、筛查干预、家庭支持、行业赋能、友好网络”的功能定位，通过开展全龄友好、专项服务和公众传播等各类活动打造服务品牌，以一站式、专业化、标准化、全链条服务支持体系，不断提升认知障碍服务支持的显示度、友好度和可及度，该中心的建立也标志着上海市在认知障碍照护服务领域迈出了新的步伐。[②]

典型案例：徐汇区江南新村社区“江南邻里汇”老年认知障碍支持中心

简介

启动时间：2021年。

承接方：上海剪爱公益发展中心。

在徐汇区2022—2023年度老年认知障碍友好社区建设试点督导评估中获评A级。

斜土路街道江南新村社区被命名为2021年全国示范性老年友好型社区。

---

① 参见上海养老服务平台：《2023年上海市老年人口、老龄事业和养老服务工作综合统计信息发布！》https://shyl.mzj.sh.gov.cn/homePage/headline_details?uuid=9062f761-4235-4b8d-a4a4-718f6fc7b3d5&title=2023，2024年7月8日。

② 参见上海市民政局：《勿忘我！长宁开出一片“小蓝花”》，https://mzj.sh.gov.cn/2024bsmz/20240718/71bb629299ff4cdfbf382dd1d13cd545.html，2024年7月18日。

主要设施

“静明荟健康生活方式激活中心”——面向风险人群提供早期干预服务。

“知友之家老年认知障碍家庭支持中心”——面向确诊后人群提供支持服务。

主要服务与经验

早期风险筛查与转介机制：采用分层分级工作逻辑，即根据社区科普活动、老年人体检数据、居委会排摸等情况，从而形成风险人群清单和优化转介机制。

早期干预服务：依托“静明荟健康生活方式激活中心”，对筛查出的风险人群开展运动、中医理疗、睡眠、心理等早期干预服务。

帮扶照护服务：依托“知友之家老年认知障碍家庭支持中心”，为认知症老年人家庭提供咨询热线服务、志愿者上门帮助、照料技能培训、情绪纾解等支持服务。

宣传教育服务：开展科普宣传、志愿者培训、早期风险干预小组、认知症家属互助会等线下社区活动及团体服务，为认知症人群及其家庭提供信息服务，并辐射更多社区居民。

资源链接与合作：链接上海市第六人民医院、中国银行、交通大学、上海大学、壹棵松基金会、傲诺瓦助听器等28家项目相关友好单位或团体，开展首届斜土脑健康游园会，加强社会宣传；对接专业机构，对辖区内日间照护中心、养老院护工等开展认知症照料培训，对有需要的老年人提供转介服务。

2. 养老顾问制度及数字化建设

上海市在养老顾问制度和数字化建设方面的探索同样值得关注。2018年，上海在全市推行养老顾问制度，通过线下养老顾问、掌上养老顾问、空中养老顾问等方式，为群众提供精准化、个性化的养老信息服务。其中，“线下养老顾问”由街道综合为老服务中心的管理人员兼职担任，面对面为老年人提供养老服务资源与设施信息、养老政策咨询等服务。“掌上养老顾问”则是上海市民政局推出的微信公众号“上海养老顾问”，其机构查询功能模块可“一屏查询”养老院、长者照护之家、社区综合为老服务中心、日间照护机构、助餐服务场所、社区养老服务组织、护理站（院）等七大类养老服务设施及机构信息，同时还可通过距离、价格、区域、空余床位数、长护险定点、是否收住认知症老人、是否提供早中晚餐等多种条件灵活组合，对各类养老机构设施进行精确查询检索；养老百科功能模块提供全市各类为老服务项目、老龄数据、养老顾问点、个人办事指南和机构办事指南等养老实用信息；养老服务地图模块提供地图查找功能，可实现“一键直达”任意养老服务设施和机构。“空中养老顾问”即由上海市民政局和上海人民广播电台联合打造的“市民政务通——空中养老顾问”专栏节目，采用“养老顾问”现场答疑解惑的方式，帮助市民找到适合自己的个性化养老方式。

2019年开设的“上海市养老服务平台”同样体现了数字技术在养老服务中的运用，这一平台运用大数据和智能化推荐技术，让老年人可以根据自身身体状况、经济状况等信息和个性化需求精准匹配养老服务设施、政策和养老方式，不仅提升了养老服务的效率，也为老年人提供了更加灵活和多样化的选择，在养老需求和养老供给之间架起一座高效便捷的科技桥梁。

在大力推进养老服务数字化建设的同时，上海市也在不断寻求老年人面临的“数字鸿沟”难题的破解之道。《上海市养老服务发展“十四五”规划》明确提出“十四五”时期将开展长者智能技术运用能力提升行动，常态化推进老年人智能手机应用培训和帮办服务，以“一键通”服务推动老年人挂号就医、康复出院、紧急救援、叫车出行等高频生活服务事项的适老性改造，提升老年人数字化技能水平并让其享受智能化服务带来的便利。以“一键通”为例，上海市于2021年试点推行的这一应急呼叫项目，通过政府购买与家庭自费相结合的方式为居家老年人安装“一键通”电话，以一键救援、一键咨询、一键挂号、一键打车的操作方式，拨通各区“一键通”呼叫中心人工服务电话并由呼叫中心对接相应服务，从“医”“食”“住”“行”“康”“养”“护”“询”等方面帮助老年人解决日常生活中的高频急难事项。这一创新模式不仅有效提升了老年人日常生活的安全性和便利性，也为其他地区提供了可复制的经验。

总体来看，上海市以完善的顶层设计和养老服务领域的创新实践，特别是在认知症友好社区建设和养老顾问制度及数字化建设方面的经验，为其他地区养老服务发展提供了重要参考和启示。

三、成都市社会养老服务发展现状与经验

四川省作为我国第五人口大省，老龄人口基数十分庞大。截至2023年底，60岁及以上人口已达1 816.4万人，占四川省总人口的21.7%，老龄化率排名全国第七。作为四川省的省会城市，成都市在人口老龄化道路上也始终走在前列。截至2022年底，成都市60岁及以上老年人口为324.24万人，占户籍总人口的20.63%，高于全国平均水平。[①] 2020年，成都市老年抚养比为18.6%，与2010年相比提高了5.8个百分点，社会养老负担明显提升。面对人口老龄化和高龄化进程的明显加快，成都市政府将改革触角深入养老服务领域，通过深入调研与精准摸排，全面把握老年群体的多样化、个性化养老服务需求，按照“分类建档、分层服务”的原则，为每位老年人建立个人服务需求档案，[②] 并在此基础上，采取了一系列创新举措如

① 参见四川发布：《成都市2022年老年人口信息和老龄事业发展状况报告》，https://www.scpublic.cn/news/getNewsDatail?id=745285，2023年9月6日。

② 参见成都市民政局：《成都市“十四五”养老服务业发展规划》，https://www.pidu.gov.cn/gkml/uploadfiles/1607625235320909832/1187050259553976320成都市“十四五”养老服务业发展规划.pdf，2021年11月2日。

优化养老服务资源配置、强化养老服务技能培训、创新养老服务供给模式等，旨在实现养老服务供给与老年人实际需求的精准对接，确保每一位老年人都能享受到高质量、个性化的养老服务。

（一）成都市社会养老服务发展基本现状

1. 居家社区养老服务发展情况

在居家养老服务方面，成都市作为全国首批居家和社区养老服务改革试点地区，政府积极探索服务模式创新，致力于构建覆盖城乡、便捷高效的居家社区养老服务体系，让老年人在熟悉的环境中享受高质量的养老服务。截至“十三五”末，城市社区和农村社区养老服务设施覆盖率分别达到100%和92%，其中，城市社区构建起“一院一中心多站点”的城市居家社区养老服务网络体系，共建成社区日间照料中心2 740个，30张床位以上小规模、嵌入式社区养老院224个，设立养老服务站点3 000余个；农村社区则积极探索“一中心、多站点、重巡访”居家养老服务模式，建成1210个农村居家养老服务中心，1 789个农村互助养老服务站点，基本建成城乡社区“15分钟养老服务圈”。[①]

（1）全龄友好社区建设

近年来，成都市在老年友好型社区建设基础上进一步探索全龄友好理念，大力推进城市社区嵌入式服务综合体建设，整合各行业公共服务设施并进行统筹规划，集中布局便民服务、教育、医养、体育、文化等5大特色主题场景，创新复合城市功能空间，为包括老年人在内的全体居民就近提供均衡优质的城市公共服务。

① 参见成都市民政局：《成都市“十四五”养老服务业发展规划》，https://www.pidu.gov.cn/gkml/uploadfiles/1607625235320909832/1187050259553976320成都市“十四五”养老服务业发展规划.pdf，2021年11月2日。

典型案例："喜乐荟"社区综合体

简介

该综合体所属的锦江区喜树路社区面积0.38平方千米，常住人口3.3万余人，是一个典型的新市民融合社区。在打造"15分钟社区幸福生活圈"的过程中，锦江区依托社区综合体建设，推进引入与周边既有业态错位的社区商业和生活服务项目，为居民提供餐饮、就医、理发、缝补等8类58项优质服务，实现"幼有善育、青有所为、老有颐养、弱有众扶"的全龄段、全时段服务。喜树路社区综合体获评"全国社区综合服务中心创新示范工程"。

基本设施与服务

"喜乐荟"社区综合体占地18 000平方米，内设多项公共服务设施和便民服务场所，包括老年食堂、老年大学、托育中心、图书馆、理发店、修锁铺等，以满足不同年龄层居民的需求。

针对老年人群体，设有老年健康促进中心，为老年人提供健康管理、疾病预防、康复护理等全方位的健康和医疗服务；通过组织各种社区活动如兴趣班、讲座、演出等，为老年人搭建交流平台。

引入木工体验坊、染布工坊、小首饰店等新业态，丰富了社区的商业生态，为居民提供更多元化的选择和体验。

运营模式

采用"公益＋商业"的混合模式，"喜乐荟"社区综合体60%的面积用于公益服务，40%的面积用于商业运营，确保了公共服务的供给和商业运营的可持续性。

理念创新

秉持“全龄友好”的服务理念，不仅关注老年人的需求，也兼顾了其他年龄层居民的需求。在养老方面，这种全龄友好的设计使得老年人能够更加自然地融入社区生活，与其他年龄段的居民共享社区资源和服务，从而营造出温馨、和谐的社区氛围。

（2）智慧科技助力居家养老服务创新

成都市政府积极推动养老服务的智能化和信息化发展，实现养老资源的优化配置和高效利用。目前，成都市已在居家养老服务方面构建起“互联网＋养老”模式，以动态化养老“关爱地图”为切入口，以大数据、云计算技术为支撑，实现养老服务的精准匹配，致力于为160万老年人提供多层次、精细化、个性化的“一站式”养老服务。截至2020年，“关爱地图”已汇集126.5万名60岁及以上老人、38.7万名80岁及以上高龄老人、284个助餐点位、243家助老社会组织等数据信息。基于“关爱地图”，能够实现全市老年人分布情况、身体状况、经济来源和养老服务需求、各类养老机构、社区日间照料中心等养老服务点位情况实时呈现，数据详尽、实时更新、精准匹配，从而为居家养老服务提供科学有效的信息支撑。“关爱地图”的信息聚合功能吸引了2 000多家服务机构签约加盟，平台日均提供电话服务4 000余次，派发服务工单200余次，7×24小时的服务为老年人居家生活提供了便利和舒适。

同时，成都市推进老年人信息管理系统建设，组织各区（市）县下辖乡镇（街道）开展“老年人证电子证照培训”，为老年人获取养老服务提供便利，并提高了养老服务管理效率。[①] 此外，成都市加快智慧养老服务发展步伐，如2022年，为10 193户符合条件的空巢独居老年人家庭安装燃气报警器、智慧手环、智能门磁感应、联网式独立烟感等智能居家安全设备，

① 参见四川发布：《成都市2022年老年人口信息和老龄事业发展状况报告》，https://www.scpublic.cn/news/getNewsDatail?id=745285，2023年9月6日。

以智能科技和互联网技术持续助力居家养老服务。

此外，成都市在推进居家智慧养老方面也出台了有力的政策补贴制度，例如根据成都市居家和社区基本养老服务提升行动项目，具有本地户籍且经济困难的失能、半失能老年人可申请家庭照护床位建设补贴，其中，根据居家适老化改造内容、智能监测设施设备安装和维护等不同情况可最高享受5 000元的补贴。①

（3）公私合作养老服务发展实践

作为全国首批普惠养老城企联动专项行动试点城市，成都市充分发挥政府与市场的合力，推动养老服务供给侧结构性改革，增加有效供给，降低服务成本。以成都市新都区获批的2024年度国家级养老服务标准化试点项目为例，该项目不仅是成都市历年来首个以企业（四川省三益康养服务有限公司）为承担主体的国家级养老服务标准化试点，还体现了政府、企业和社会力量的紧密合作，共同推动养老服务体系的完善和创新。该项目将重点聚焦于“居家养老—社区养老—机构养老”三位一体服务体系的构建，通过标准化手段建立养老服务标准体系，制定关键核心标准，规范居家养老上门服务、长护险居家上门护理服务、日照中心运营、养老综合体和养老机构运营、智慧养老研发应用、社会工作服务等，从而为老年人提供更加便捷、高效、优质的养老服务，同时也能确保服务质量的可衡量性和可复制性。此外，项目还强调以“未来社区价值体系”和“全龄段生态智慧康养社区”为核心理念，通过打造应用示范场景，积极探索智慧养老、生态养老等新型养老模式，从而为养老产业注入新的活力，推动其向规模化、品牌化、连锁化方向发展。

2. 机构养老服务发展情况

成都市深入贯彻落实国务院关于促进养老服务市场发展的政策要求，

① 参见成都市民政局：《专业照护送到家 最高补贴5 000元/户！成都市居家养老服务更“近”一步》，https://cdmzj.chengdu.gov.cn/cdmzj_gb/c121875/2022-01/25/content_c7a9ac7baf4344baaa178b692239be55.shtml，2022年1月25日。

通过优化营商环境、放宽准入限制等举措，大力推动养老服务业市场化改革。一方面，不断深化公办养老机构体制机制创新，另一方面，积极引导社会力量参与，形成了多元主体共同发展的良好格局。据统计，过去五年全市累计吸纳社会投资达203亿元，重点打造了8个大型养老项目，吸引了多家国内外知名养老企业落户，充分展现了成都养老产业的市场吸引力和发展活力。这一成效的取得，主要得益于政府营造的开放包容的市场环境和持续优化的政策支持体系。① 此外，国内外知名企业的加入，不仅带来了先进的管理经验和技术，还促进了成都市养老服务市场的竞争和发展。截至"十三五"末期，成都市备案 / 许可养老服务机构共450家，② 各类养老服务床位已达到12.7万个（含筹建），每千名户籍老年人拥有养老床位40.28个，③ 这一数据相较天津市高出近一倍。2023年，全市养老机构等级评定中有71家机构获评"优秀"，139家获评"良好"，64家获评"一般"，32家获评"较差"，"优秀"和"良好"比例合计达68.6%。获 90 分以上养老机构数量排名前三的区（市）县分别是成都高新区、成华区、锦江区。④

成都市政府在推动养老机构发展的过程中，积极采取一系列政策措施，以全面鼓励和支持养老机构的蓬勃发展，推动养老机构从"重数量"向"重质量"转变。首先，成都市政府通过制定和实施优惠的财政补贴政策，直接为养老机构提供经济支持。如2022年发布的《关于加快推进养老

---

① 参见成都市民政局：《成都市"十四五"养老服务业发展规划》，https://www.pidu.gov.cn/gkml/uploadfiles/1607625235320909832/1187050259553976320成都市"十四五"养老服务业发展规划 .pdf，2021年11月2日。

② 参见成都市民政局：《成都市备案 / 许可养老服务机构清单》，https://cdmzj.chengdu.gov.cn/cdmzj_gb/c143003/2023-04/07/content_8960c7bb3b3b42ef90a23aabb92de3d1.shtml，2023年4月7日。

③ 参见成都市民政局：《成都市"十四五"养老服务业发展规划》，https://www.pidu.gov.cn/gkml/uploadfiles/1607625235320909832/1187050259553976320成都市"十四五"养老服务业发展规划 .pdf，2021年11月2日。

④ 参见金牛区人民政府：《成都市民政局关于 2023 年度成都市养老机构服务质量监测评价结果的通报》，https://www.jinniu.gov.cn/jinniu/c159531/2024-03/08/content_5e54009b0ca74ba0b0e98316d76ebda4.shtml，2024年3月8日。

服务发展若干措施》为引导社会力量投资建设和运营护理型、认知障碍症照护型等功能型养老机构提供了政策支持和保障。该文件强调，对床位设置30个的养老机构给予一次性建设补助80万元；床位设置超过30个的养老机构，每增设1个床位，按每个床位1.5万元的标准再给予一次性建设补助；其他社会化养老机构新增床位，按每个床位1万元给予建设补助。通过完善社会化养老机构床位运营补贴方式和提高补贴力度，各类养老机构收住失能、半失能老年人的热情被极大调动，目前成都市护理型养老床位占比达35%，新增护理型床位占全市新增养老床位数的60%。[①]

又如成都市《关于深化养老服务综合改革提升养老服务质量的实施意见》为推动养老服务品牌化、规模化、连锁化发展战略提供了政策依据，该文件指出，对在全市范围内经营连锁机构数达3家及以上且星级评定为二星级以上的养老机构，给予一次性奖励15万元；对在全市范围内连续3年连锁经营城乡社区日间照料中心数达10家及以上，且服务质量良好的养老服务机构或社会组织，经综合评估后给予每个日间照料中心一次性奖励1万元；对获得中国驰名商标的养老机构和养老服务机构，给予一次性奖励10万元。通过完善各类奖励机制，既有助于形成具有市场竞争力的品牌和规模化、连锁化经营，也有助于提升整个养老服务行业的专业性和规范化水平。

其次，成都市通过放开养老服务市场，支持养老机构运营模式创新。一方面，支持民间资本以租赁经营、联合运营、股权合作等形式参与公办机构转型，推动符合条件的公办养老机构实施企业化改制或采取“公建民营”运营模式，在保持公益属性的同时提升运营效率；另一方面，鼓励和支持境外投资者在成都兴办养老服务机构，以外来资金、先进的养老服务理念、技术和管理经验促进本地养老服务行业的升级和发展。成都市政府

① 参见成都市民政局：《成都市“十四五”养老服务业发展规划》，https://www.pidu.gov.cn/gkml/uploadfiles/16076252353209098832/1187050259553976320成都市“十四五”养老服务业发展规划.pdf，2021年11月2日。

不断打破传统体制束缚，激发养老机构运营活力，从而更好地实现养老服务供给和市场需求相匹配。

此外，成都市政府注重提升养老机构的服务能力和水平，市民政局养老服务指导中心不断加强对全市养老机构服务质量提升的培训工作，持续开展服务质量监测工作，并定期向社会公布监测评价结果。公众可以基于监测评价结果来选择更加优质的养老机构，也可以对存在的问题提出意见和建议，从而促进养老服务的持续改进。同时，成都市政府还加强了对养老机构的监管和服务，加强对规划实施情况跟踪分析，建立“年度评价、中期评估、终期总结”的闭环监测机制，定期开展综合评估和专项评估，及时发现和解决突出问题。通过建立健全的监管机制，确保养老机构依法依规运营，保障老年人的合法权益。①

3. 老有所医与医养结合快速发展

成都市依托其丰富的医疗卫生资源，近年来在老年医疗和医养结合方面不断取得新的发展。截至2022年底，成都市244家二级及以上综合医院全部开设老年人就医绿色通道，在高级别医疗机构中全面实施了针对老年人的优先服务政策，一定程度上缓解了老年人就医难的问题。同时，不仅仅限于高级别医院，绿色通道也广泛覆盖到了基层医疗机构，全市共801家一级医疗卫生机构开设老年人就医绿色通道，开设率为98.4%，极大地提高了老年人就医的便利性和可及性。639家综合医院、老年专科医院、康复医院、护理院、基层卫生院等被评为老年友善医疗机构，为老年人提供了更加安全、便利、舒适的医疗服务环境。179家医疗机构设立专门面向老年人提供诊疗服务的老年医学科，为老年病患提供住院治疗的老年病床位共计7 200余个。75家二级及以上医疗机构内设老年医学科，为老年病患者提供了充足的住院治疗资源，保障其医疗需求得到充分满足。此外，全市共有34家安宁疗护定点机构，安宁疗护床位共计510余个，2022

① 参见成都市人民政府：《成都市养老服务机构综合监管办法》，https://www.chengdu.gov.cn/gkml/cdsrmzfbgt/xzgfxwj/1635125982857797632.shtml，2022年8月19日。

年全年为临终老人提供安宁疗护服务2 100余例。①

在推进居家社区养老与基层医疗机构融合发展方面，成都市在“十三五”末期已培育形成医养结合机构108家，其中90家机构纳入医保定点，占比高达83.3%，这大大增强了老年人享受医疗服务的便利性和经济性。医养结合机构床位总数共计30 332张，其中包括13 648个医疗床位和16 684个养老床位，医养结合服务人员达到14 615人，医疗床位的增加意味着更多的老年人可以在机构内接受专业的医疗护理，养老床位的扩充也满足了更多老年人的居住需求。截至2020年底，成都市已有97%的养老机构与辖区医疗机构建立基本医疗卫生服务关系，其中，建立合作关系的医疗机构与养老机构达404对，建立合作关系的医疗机构与日间照料中心达1 621对。此外，成都市还组建家庭医生团队2 420个，共签约698.63余万人，其中重点人群363.10万人。②

典型案例：成都市第八人民医院（医养结合）

简介

成都市第八人民医院成立于1979年，是全市唯一的公立老年专科医院。2004年起，该院探索创新医养结合服务，构建形成院内养老、健康管理、医疗、康复、照护、临终关怀“六位一体”的新型医养服务模式，探索出公立医院发展医养服务特色道路。

探索专科创新

一是建设市级康复重点专科，整合现代康复医学技术与中医传统

① 参见四川发布：《成都市2022年老年人口信息和老龄事业发展状况报告》，https://www.scpublic.cn/news/getNewsDatail?id=745285，2023年9月6日。

② 参见成都市民政局：《成都市“十四五”养老服务业发展规划》，https://www.pidu.gov.cn/gkml/uploadfiles/1607625235320909832/1187050259553976320成都市“十四五”养老服务业发展规划.pdf，2021年11月2日。

疗法（如针灸、推拿），为失能及半失能老人提供个性化床旁康复治疗方案，建立中西医结合的特色康复服务体系。

二是建立“阿尔茨海默病中心”，创新应用“怀旧疗法”，通过构建怀旧场景、设置记忆触发物品、引导回忆对话等干预手段，激活阿尔茨海默病患者的远期记忆功能，延缓认知衰退进程。

三是建立“老年营养科”，尤其针对老年吞咽功能障碍易引发的噎呛、误吸风险，重点开展肠内营养支持研究，开发防误吸特殊膳食。该科室凭借创新的营养管理模式，成功获评中国老年医学会“老年营养示范病房”。

制定照护规范

成都市第八人民医院被中国老年医学会命名为西部唯一“老年医疗照护培训基地”，5年间对外培训考核护理员近2万名，培训合格率超90%；组织专家编制的《老年患者照护培训教材及视频》成为成都市老年照护培训标准。

“孝爱医”文化建设

一是每年开展“争当一日护工”活动，要求全院干部职工每年至少完成一个工作日的临床护理实践，通过亲身参与基础照护工作，直接发现服务短板，精准识别老年人需求，促进服务质量持续改进。

二是与成都市慈善总会建立战略合作，设立专项爱心助老基金，为困难老人提供医疗费用补助、康复设备支持等公益援助。

近年来，成都市在养老机构数量、床位配置、服务人员数量等方面都呈现稳步增长的趋势，同时，通过广泛的合作和融合发展，实现了医疗与养老服务的高效对接，不断为老年人提供更加全面、便捷的医养结合服务。

（二）成都市社会养老服务发展经验与特色案例

1. 开在大学里的养老院

“老少同楼”“多代同楼”以及“青老同楼”等创新的养老模式正逐渐受到社会的关注，这一新模式直面老年生活中普遍存在的“精神孤独”问题，通过跨代社交的方式，为老年人提供了与年轻一代交流互动的平台，打破了传统养老院中老年人生活圈子单一、受限的状况。目前，我国仅有为数不多的几家开在大学校园里的养老机构，建设在西南财经大学天府学院内的成都市成华区天府众合老年护理中心就属于其中之一。

坐落于成都市成华区的西南财经大学天府学院于2018年建立康养护理学院，下设7个专业，包括社会工作、健康服务与管理、护理学、康复治疗学等4个本科专业，以及护理、社区康复、智慧健康养老服务与管理等3个专科专业。依托该校的专业优势建立养老院，既给学生提供了专门的实习基地，也解决了本院教职工及该养老机构专职人员的家属赡养问题。

养老院所在的楼栋原来是高达十几层的宿舍楼，截至2023年，该养老院已开放4楼和5楼的区域，共有床位68个，每个房间的面积约35平方米。目前该院已收住47位老年人，其中主要为校内教职工及养老机构员工的家属，此外也有市二医院龙潭院区转介过来康复及养老的老年人。该养老院收费标准按入住老人的自理能力强弱分为5个等级，收费从每月3 000～9 000元不等，属于成都市养老院收费的中等水平。

依托专业的医疗、康复和护理资源，成都市成华区天府众合老年护理中心形成了医养结合服务特色。一方面，按照医院的配置在养老院中设立对应科室，以及药房、检验室、影像室、抢救室、治疗室等功能设施，另一方面，与成都市第二人民医院等多家医院建立合作关系，形成“双向转诊合作单位”，确保入住老年人能够及时获得专业的医疗服务。通过将大学、医疗与养老相结合，该护理中心成为产学研结合的示范平台。学校可以利用护理中心进行科研和教学实验，推动养老领域相关技术的创新和发展，护理中心则可以借助学校的科研力量和人才优势，不断提升自身的服务质量和管理水平。

这一建在大学校园里的养老院，不仅为老年人提供了高质量的医养结合服务，也增加了老年人与年轻人接触的机会和时间，让入住老人在年轻化的校园生活中重拾自己，以丰富的生活体验提升幸福感。

2. 认知障碍友好社区

2019年，上海市开始试行认知障碍友好社区建设并在28家单位进行了试点，成都市继上海市之后，成为全国第二个提出打造老年认知障碍友好示范社区的城市，并不断探索发展自身特色。

2023年起，成都市民政局牵头开展全市老年认知障碍友好社区试点建设，以社区老年认知障碍支持中心、社区认知角作为社区老年认知障碍服务阵地，通过整合各类社会资源，引导和鼓励社会组织、企业参与开展老年认知障碍宣传教育、风险测评、早期干预、家庭支持、资源链接等服务，构建起分级分层预防体系和全程管理模式，引领和带动更多社区开展老年认知障碍服务工作，打造了一批示范点。以白莲池街道为例，作为四川首个认知障碍友好街道，用约1 000平方米的空间打造了认知障碍家庭支持中心，包括“忘不了咖啡”“忘不了花园餐厅”“忘不了健身步道”“忘不了萌宠乐园”等方便认知症老人及其家人活动的场所。自2023年9月开街以来，已培育认知关爱志愿者队伍10支200余人，其中包括1支客家、2支亲子家庭等特色认知关爱志愿服务队伍。志愿者们通过“集中＋入户”的形式，深入各院落开展认知障碍、失能半失能风险测评近1 700例，在认知障碍早期筛查和风险评估方面取得了显著进展，同时将认知关爱训练营、主题展、大讲堂等科普活动以及发放《认知症防护手册》列入持续活动计划，常态化提供转诊转介、及时干预、专业照护、家庭支持等服务，并将服务延伸入院进家。

通过持续开展科普活动、提供综合服务、培育志愿者队伍等措施，街道有望在提升老年人认知健康水平、减轻家庭和社会负担方面发挥积极作用。通过这些示范点的成功实践，带动更多社区开展认知障碍服务，形成了良好的示范效应。同时，这一举措也将进一步推动社会对老年人认知障碍问题的关注和重视，促进更加友好、包容的社会环境的形成。

2023年9月，“最具成都特色”的数字化认知障碍友好社区在高新区桂溪街道落地。桂溪街道作为成都市认知障碍友好社区建设首批26个试点单位之一，以线上数字化手段拓展认知障碍服务覆盖面，带动线下认知障碍服务体系建设，通过建设认知友好智慧数据平台和开发“桂溪记忆通”小程序，使社区老年认知障碍“宣教—筛查—干预”全流程服务变得更加高效客观、可记录和测量。“桂溪记忆通”小程序开设“记忆门诊”“便民生活圈”“脑健康大使”等多种服务模块，一方面，便于居民进行数字化G3筛查（博斯腾3分钟游戏化认知风险快速筛查工具）和游戏化认知训练，方便老年人随时随地进行脑健康自我筛查和训练，进一步提升了服务的可及性和实用性；另一方面，将认知科普宣传、志愿者赋能培育、资源链接和转介服务融为一体，通过提供丰富的认知障碍科普音视频及权威文章，帮助大众提升对阿尔茨海默病的关注与了解。此外，小程序还通过资源链接和转介服务模块，有效整合了医疗机构、养老机构、社区服务中心等资源，为认知障碍老人提供了全方位、多层次的照护服务。这种全流程的服务模式有助于形成科普、评估、干预为一体的立体长效机制，并实现线上与线下的深度融合，其数字化手段的应用、全流程服务的优化以及资源整合等做法都具有较强的可复制性和推广价值。

3. 社会组织和公益项目在养老服务领域的发展

2008年汶川大地震后，专业社会工作第一次全面介入灾害援助和灾后恢复重建。此后，四川地区的社会组织如雨后春笋般快速发展起来，其在政府引导下，充分发挥自身优势为受灾群众提供心理慰藉、生活重建、社区恢复等多方面的专业服务，并在灾后逐步扩展到养老服务等其他社会领域。2021年，成都市发布《成都市社区社会组织发展三年行动计划（2022—2024年）》，明确了社会组织在社区治理和养老服务中的积极作用和发展方向。截至2023年底，成都市共登记1.1万余家社会组织，备案2.4

万家社区社会组织，[①] 构筑了覆盖全市的社会组织服务网络，依托自身优势和整合社会资源为居民提供包括养老服务在内的全方位服务。

除社会组织参与养老服务和开展公益助老项目之外，成都市在居民自发组织公益项目上也始终走在前列。例如，位于成都西南“五大花园”区域的吉福社区中就诞生了“智慧妈妈”和“共享奶奶”这两个极具创新性和社会影响力的居民自发组织的公益项目。其中，“共享奶奶”项目作为吉福社区首创的公益项目，旨在通过组织社区内的退休老人（奶奶们）参与志愿服务活动，解决双职工家庭子女放学后无人看管的问题。“共享奶奶”利用自己的空闲时间接送孩子上下学、辅导作业、陪伴孩子玩耍等，为孩子们提供全方位的关爱和照顾。同时，双职工家庭也为“共享奶奶”们提供各种关爱回馈服务，形成了社区自主的“老小”志愿者互助模式。该志愿互助服务项目自2019年7月成立以来，从最初的5人已发展到现在的党员带头人15名、核心成员58名、志愿者269名的规模，被照顾的孩子已接近300人。“共享奶奶”项目为退休老人提供了一个展示自我、实现价值的平台，让老年人通过参与志愿服务活动，充实自己的晚年生活并获得成就感和满足感，也成为“积极老龄观”的鲜活体现。

“智慧妈妈”项目目前也已发展为250余人的社群，其开发了两个公益项目，一是针对孩子和妈妈的“生命早期营养1 000天关怀”项目，二是针对社区残疾人和空巢老人的“一碗汤”项目。“智慧妈妈”们积极参与扶老助残等志愿服务活动，为社区内的老年人提供生活照料、情感陪伴等关爱服务，如通过定期探访、陪聊解闷等方式有效缓解了老年人的孤独感和寂寞感，并依托社群中具备专业知识的成员向老年人宣传健康饮食、疾病预防等健康知识，帮助老年人树立健康的生活理念。

---

① 参见成都市民政局：《成都民政2023年年度业务数据》，https://cdmzj.chengdu.gov.cn/cdmzj_gb/c121879/2024-03/08/content_043e9a5fa2db4a1f83b4e843580754df.shtml，2024年3月8日。

4. 社区基金会助力居家社区养老服务

2017年9月，成都市出台《关于深入推进城乡社区发展治理建设高品质和谐宜居生活社区的意见》，提出“探索设立社区发展基金，鼓励社会资金投向社区发展治理，调动社区居民共同推动社区发展”。截至2023年，成都市已成立社区基金会9家，累计筹集款物价值6 500余万元，设立社区发展基金252只，服务群众超过500万人次。目前，成都已成为拥有社区基金会数量居全国第5名、内地第1名的城市。成都社区基金会的发展模式和经验得到了广泛认可，其成功案例被纳入《上海手册：21世纪城市可持续发展指南》，并在全球可持续发展城市奖（上海奖）颁奖活动中展示。①

成都市社区基金会作为资源整合平台和创新实践载体，通过专业化运作模式推动社区治理现代化发展。以武侯社区发展基金会运营的黉门宜邻社区基金为例，该基金创新采用“社区基金 + 社会企业”双轮驱动模式：一方面由社区两委牵头动员居民众筹30余万元作为启动资金；另一方面注册成立黉门宜邻居民服务公司，通过股权投资方式引入专业企业合作，构建涵盖健康管理（乐邻康养中心、健康管理中心）、智慧养老（小柏家护）、文化服务（城市森林读吧、智能书屋）以及便民商业（红旗新零售、奶奶厨房）等四大板块七个项目的社区综合服务体系。这种“公益资本 + 市场机制”的运作模式，既保障了服务的可持续性，又提升了服务质量，为破解社区养老等公共服务难题提供了可复制的成都方案。其中，由社区热衷公益人士自主发起的旨在为社区内空巢老人提供成本价餐食的“奶奶厨房”项目在社区基金会的支持下升级为“奶奶名厨”社区餐厅，从初创时10平方米的供餐点位升级为1 600余平方米的社区智能中央厨房，可容纳120人就餐。该项目主要招募低龄老人为服务志愿者，通过为高龄老人提供成本价甚至免费的送餐上门服务，解决了高龄老人因行动不便或无人照料而面临的用餐难题，也促进了低龄老人与高龄老人之间的互助与关

① 参见中国共产党新闻网：《社区基金“杠杆”撬动基层治理效能》https://cpc.people.com.cn/BIG5/n1/2023/1222/c64387-40144451.html，2023年12月22日。

爱，让低龄老人在服务他人的过程中找到自我价值感和成就感。

2023年，成都市委城乡社区发展治理委员会、成都市民政局印发《关于支持社区基金会高质量发展的八条措施》，进一步提出加强社区基金会培育发展、优化社区基金会治理结构、健全社区基金会指导监督体系等一系列措施，为成都市社区基金会的发展提供了更加明确的政策导向和支持。

5. 旅居养老创新实践

成都市依托其丰富的自然资源和产业优势，推动形成了具有季节性的旅居养老推介目录，在全国处于一定的领先地位。成都市在旅居养老服务中积极探索"游学养购娱"的一站式服务模式，通过整合医疗、养老、食品、旅游等多种资源，为老年人提供全方位、多层次的旅居养老服务。以温江区为例，利用良好生态环境和医疗资源打造的"太保家园·成都国际颐养"社区，于2021年底投入运营，受到了全国各地老年客户的欢迎，仅2023年来到太保家园成都社区短住体验养老服务的客户就超过3万人次，而有不少客户短期体验后，则选择留在温江长住养老。这种旅居养老模式充分考虑了老年人在不同季节对旅居环境的不同需求，如夏季避暑、冬季避寒等，从而实现了旅居养老服务与自然资源、气候条件的有机结合，也为有一定经济条件的老年人提供了新的养老方式选择。

四、农村互助养老模式的地方经验

在我国当前社会养老资源有限且城乡分布不均的背景下，互助养老成为广大农村地区积极探索的养老模式。这一养老模式将互助理念寓于社会养老之中，在政府领导和扶持下，发挥村民自治组织、社会组织、市场组织等多元主体作用，将以老年人为主的各类农村人力资源有序组织动员起来，通过多种形式为老年人提供资金互助、服务互助、文化互助，是具有中国特色的新型社会养老模式。从2018年国务院政府工作报告首次提出要发展互助式养老以来，各地在探索互助养老模式上逐渐发展出不同的实践模式和特色经验。

从互助养老的发展现实来看，可根据产生原因的不同分为内生型和外生型；也可根据领导管理主体的不同，分为干部领导型、能人带动型和群众自治型；还可根据互助形式的不同，分为志愿服务、低偿服务和“时间银行”等模式。

（一）基于原因维度划分的互助养老模式

在当前农村互助养老的地方实践中，从其产生原因和发展动力来看，可以首先将农村互助养老大致分为外生型互助养老模式和内生型互助养老模式。也有学者在此基础上进一步细致划分，将内在需求和政府支持作为衡量农村互助养老产生的两大主要指标，进而将外生型和内生型两大模式进一步划分为内生型、内外结合型、社会协助型、政府推动型共四种农村互助养老模式。①

在外生型互助养老模式中，主要诞生出志愿服务、互助幸福院和时间银行等主要实践类型。其中，“时间银行”作为一种储蓄与互助相结合的养老方式，旨在通过组织健康的年轻老人为年长者提供日常照料服务并记录每次服务的时间，由此累积的服务时间就可以在其年老时用于兑换所需的养老服务。这一模式不仅有效开发了老年人力资源，也在降低社会养老成本和推动互助养老可持续性上具有较大优势。以2015年新乡市凤泉区五陵村诞生的中国第一家农村“时间银行”——五陵时间银行为例，通过搭建村民互助平台，以“存储时间、随需使用”为交易原则，提供养老服务、家电维修、管道疏通、清扫保洁、化妆理发等多元化服务内容，爱心储户从最初的500人发展到现在的6 000人，有力促进了农村养老难题的解决，推动了养老志愿服务的发展。② 由于外生型模式强调依靠外部主体推动发展，

① 参见李俏、孙泽南：《农村互助养老的衍生逻辑、实践类型与未来走向》，《中南民族大学学报》（人文社会科学版），2021年第10期。

② 参见凤泉区人民政府：《全国首家农村时间银行五陵时间银行走过9年历程》，https://www.fengquan.gov.cn/index.php/news/12_16207，2024年4月12日。

具有行政主导的色彩，因而这一互助养老模式在各地发展实践中均呈现出服务认可度低、帮扶效果不理想、缺乏可持续发展动力等问题[①]，尽管拥有一定的政府资源供给但依然难以达到互助养老的预期效果。

内生型互助养老是激活内生性资源参与农村养老服务基础设施建设及构建老年人互动交流平台的养老方式。该模式强调最大限度地调用农村熟人社会内部资源，包括主体动力、组织互助能力和支持性环境三个基本要素来为互助养老提供资源和持续动力。[②]从目前大部分地区实践来看，其发展逻辑主要表现为前期少数个体精英合作逐渐发展为留守老龄群体的集体行动，通过积极调用乡村内生性资源从而开展互助与自助的养老帮扶。总体来看，内生型互助养老的形成离不开乡村社会资源的持续注入，如若缺少村庄社会资本，该养老模式将难以实现良性运转。

典型案例：浙江罗村基于新乡贤群体的内生型互助养老模式[③]

简介

位于浙江省中部的罗村，由村党支部书记牵头鼓励新乡贤返乡参与村庄建设，构建起包括组织机制、资金筹措机制、文化和互助行为激励机制在内的内生型农村互助养老运行机制，解决了长期以来的养老难题。

基于新乡贤群体的互助养老组织机制

利用新乡贤群体的经济实力创设老年大学、老年食堂和文化礼堂

① 参见陈健、罗钦涛：《内生型农村互助养老的运行机制及其社会基础——以浙江罗村为例》，《云南民族大学学报》（哲学社会科学版），2024年第3期。

② 参见严红：《农村内生式互助养老可持续发展的实践逻辑研究》，《农业经济问题》2024年第3期。

③ 参见陈健、罗钦涛：《内生型农村互助养老的运行机制及其社会基础——以浙江罗村为例》，《云南民族大学学报》（哲学社会科学版），2024年第3期。

等养老服务设施和养老互助组织，利用新乡贤群体的知识储备和社会关系为老年人提供文化教育等服务。

为各类互助组织确立规范管理制度，如老年大学采用固定学员人数并制定奖惩考核体系的方式，规范组织架构和管理制度，定期开展文化娱乐活动和组织演奏、表演等展示性活动。

基于村集体经济的资金筹措机制

通过打造乡村生态旅游吸引资本下乡，如举办酿曲酒文化节、薰衣草生态旅游节等，活动收益用作村庄互助养老的基础设施建设和文化活动经费。

开创学习型经济，主动和高校对接，将村庄作为高校师生田野调查、会议承办、实习实训的基地，将食宿、会务、培训等费用纳入村集体经济。

盘活村内闲置宅基地对外出租，吸引小微企业入驻乡村发展艺考培训、农家餐饮、小矮马儿童乐园等新业态。

村民互助意识培养机制和激励机制

建立一支由低龄健康老人和留守妇女组成的老年食堂志愿者服务队伍，参与老年食堂的做饭、打饭和清理厨余垃圾等志愿服务。

建立老年人志愿者团队，为青少年开展爱国主义教育、感恩孝道教育、国学文化教育和兴趣特长教育，鼓励老有所为，强化代际互助。

以前身为宗祠的文化礼堂为载体，通过举办“好家风”家庭评选、重阳节敬老等活动，借助宗族文化传播尊老爱老的互助理念，拓展族亲内的代际互助。

设立“功德银行”，为村民建立个人功德账户并进行积分积累和定期公示，积分可兑换礼品或享受银行贷款优惠待遇、分配宅基地和审批建房的优先权，从而激励村民形成互助意识和参与养老互助行为。

典型案例：河北省“妇老乡亲”内外结合型互助养老模式[①②]

简介

河北省“妇老乡亲”互助养老模式是在当地相关政府部门和村“两委”的支持下，由河北省荷花公益基金会提供资金支持与模式输出，通过孵化培育农村妇女组织和老人组织，解决农村老年人养老难的问题。从2016年开始，荷花公益基金会陆续支持了20个项目团队，在27个试点村庄开展“妇老乡亲”项目，截至2020年9月已孵化51个农村自治组织，其中，老年协会已实现全覆盖，24个试点村庄建立了农村妇女组织。

资金来源

以荷花公益基金会资助为主，同时招募专业项目团队根据村庄自身条件和资源引导村民开展经营活动进行创收，如酸枣加工、手工艺品制作和义卖、发展农家乐等，并通过接受社会捐助以拓宽资金渠道。

运营管理

由公益基金会孵化的农村妇女组织和老人组织承担互助养老活动的具体执行工作，组织内部成员和村民共同制定相关章程和管理制度等。

农村妇女组织和老人组织通过建立志愿者团队为老年人提供具体服务，志愿者包括由农村青年、妇女和有服务能力的低龄老人组成的村志愿者，以及由在外求学、工作或创业的本村籍年轻人组成的离巢青年志愿者。由专业机构对互助组织核心成员进行管理技能培训以及

① 参见谢立黎、王飞：《农村养老模式的创新与启示——以H省“妇老乡亲”互助养老模式为例》，《城市观察》，2024年第1期。

② 参见河北新闻网：《破解养老难题 请看河北“妇老乡亲”模式》，https://comment.hebnews.cn/2020-11/02/content_8187107.htm，2020年11月2日。

对志愿者进行服务技能培训。

项目孵化执行机构和互助组织每月组织例会探讨和总结经验。公益基金会派驻或指定督导员，对项目执行情况进行日常监督和管理，同时在项目点设立评议反馈平台，及时收集村庄目标老年人群对于养老服务的评价和改进意见。

服务内容

提供生活照料服务，由组织成员根据“一对一”或“一对多”的方式定期上门为老年人提供服务，如定期上门给老人提供家政服务和精神慰藉服务。

提供文娱活动服务，如开展社区老年趣味运动会、老年人活动、饺子宴、春节联欢晚会、乒乓球比赛、广场舞大赛等。

提供健康护理服务、组织志愿者提供健康服务，链接外部医疗资源以及村医加入老年组织或妇女组织。

（二）基于领导管理维度划分的互助养老模式

农村互助养老模式在推广过程中逐渐形成了多种形式，有学者根据互助养老领导主体的不同将其分为干部领导型互助养老模式、能人带动型互助养老模式和群众自治型互助养老模式三种形式。[①]

1. 干部领导型

干部领导型强调村干部在地方农村互助养老中的领导、管理和决策角色，以村干部为代表的领导团队通过整合地方资金、土地和人力资源，积极动员村民、社会组织及志愿者参与，鼓励年轻人关心和帮助老年人，从而形成互助氛围，为老年人提供定期的生活照料、健康检查和文娱活动等服务。通过定期召开会议，村干部与志愿者代表共同商讨和调整互助养老

① 参见杜鹏、安瑞霞：《政府治理与村民自治下的中国农村互助养老》，《中国农业大学学报》（社会科学版），2019年第3期。

的相关政策和活动，确保其符合老年人的实际需求。村干部在其中发挥的领导作用，使得互助养老工作得以顺利推进，形成了良好的示范效应。该模式不仅有助于缓解农村老年人的家庭养老压力，也有利于增强社区凝聚力。但是，干部领导型互助养老模式过于依赖政府的支持，一定程度上忽视了农村老年人的主体地位，使得自助互助的理念难以深入人心，而过多的行政干预也会增加政府的工作负担，一旦在资金、管理或监督等任一环节出现缺失，将对互助养老的可持续发展产生重大影响。

典型案例：河北肥乡的农村互助“幸福院”①

简介

2008年在河北肥乡诞生了我国第一家农村互助“幸福院”，其以“村集体办得起、群众住得起、政府支持得起”的鲜明特点成为农村互助养老模式的一个成功试点，标志着我国农村互助养老模式的开端。截至2016年，互助幸福院已扩展到240家，覆盖全县265个行政村。

服务模式

互助幸福院不设专职服务人员，老人们通过互助实现自我服务、自我管理。按照子女申请、老人自愿原则，凡年满60周岁、生活能够自理的独居老人，由其子女或本人申请，与村委会签订协议后免费入住，老人的生活和医疗费用由子女承担。

设施与服务内容

以最早出现的前屯村互助幸福院为例，其由闲置的小学校舍改建，免费供独居老人集中居住。院子里开辟了花圃、菜地，设有娱乐

① 参见中国新闻网：《河北肥乡“互助幸福院”：离家不离村 离亲不离情》，https://www.chinanews.com.cn/sh/2022/04-07/9722349.shtml，2022年4月7日。

健身室、村医务室等基础设施，屋内配有暖气、电扇、餐具、冰柜等基本生活用品以及紧急呼救系统，为老人们提供“随叫随到”的服务。

肥乡区探索以“互助幸福院”为载体的多种社会管理新模式，加强同村卫生室、警务室、村图书室、文化活动室、留守儿童之家、老年协会等单位的合作，如将村卫生室迁进“互助幸福院”，为入住老人提供24小时医疗服务，实现“老有所医”。

运营维护

明确村集体的兴办主体角色，由村集体出资或利用村集体闲置房屋进行整修改造或新建，承担水、电、暖等日常开支。村两委作为建设和管理者，村干部负责运营管理，确保互助幸福院的正常运行。

区财政在建院、设施配备、运行管理等方面给予补贴，如在用水、用电、取暖等方面按非营利性对待，在立项、用地、税费等方面实行优惠政策。

区民政部门通过“一事一议”、财政补贴、部门帮扶、社会捐赠和义务出工等途径，筹措投入互助幸福院建设配套资金。

2. 能人带动型

能人带动型和干部领导型互助模式都强调关键人物的带头领导性作用，但与干部领导型不同的是，能人带动型互助模式中的领导者是少数在村庄公共生活中具有显著影响力的精英和乡贤，这一群体依靠其在公共权力中的影响力和较强的社会治理能力，号召老年人开展互帮互助以满足养老需求。能人带动型互助养老的具体实践模式通常体现为由威望型老人组成的老年协会组织和带动老年村民开展互助养老行为。这种由老年协会内的精英所推动的互助养老模式，在激发村民互助意识和调动养老资源方面存在较大优势，既有助于开发与再利用农村老年人力资源，也进一步提升了老年精英群体的社会威望和成就感，从而推动这一模式良性循环。然而，随着精英老年领导者年龄的增长以及服务内容和形式的多样化，依赖精英推动的老年协会能否继续实现有效管理与运行，值得进一步探讨。

典型案例：湖北省恩施市白果乡会员制互助养老模式①②

简介

地处湖北恩施白果乡的两河口村是该乡互助养老的最早试点村，2012年由发起人张必斗组织乡内18名退休干部和村民代表在两河口村成立老年协会，2013年注册两河口老年服务中心，开始探索农村互助养老，逐步形成“老年服务中心—老年协会—老年之家”三级互助组织。目前，白果乡已成立老年协会6个，老年之家23个，老年服务中心和老年人协会在册会员达132人，老年之家在册成员达244人，服务辐射农村老年人口12 271人。

运作形式

三级组织分工：老年服务中心负责掌握发展方向、确定发展理念以及争取发展资源；各行政村的老年协会负责组织、执行和落实具体工作；老年之家具体开展日常性的老年活动，由负责人牵头组织老人相互帮助、相互照顾、聚会娱乐。

会员结对帮扶机制：加入老年协会的会员需先找到帮扶对象与其结对子，并经过严格审核和记录结对档案，以保证真正实现结对帮扶。同时，会员与志愿者一对一结对子，由此发展出一支互助养老志愿者队伍，并积极吸纳社会人员及学生参与志愿服务。

---

① 参见恩施市民政局：《恩施市探索“农村互助式养老”新路径》，https://www.hubei.gov.cn/hbfb/xsqxw/202311/t20231110_4938716.shtml，2023年11月10日。

② 参见红星新闻：《大山深处的互助养老退休干部张必斗：不会让一个老人没人管》，https://baijiahao.baidu.com/s?id=1791198301993947198&wfr=spider&for=pc，2024年2月18日。

设施与服务

基础设施：老年协会活动场所为村里提供的空闲办公场所和闲置校舍，老年之家是负责人利用自己家的房屋作为活动场所或自愿出资建设相关活动场地。

结对式帮扶服务：老年协会通过调查摸底，将会员划分为生产技术帮扶、体力用工帮扶、生活困难帮扶、心理情感帮扶、探访慰问帮扶等5个小组，根据老人需求实现精准帮扶。

休闲娱乐服务：以老年之家为阵地，开展日常聚会、棋牌活动、读书看报以及外出观光旅游活动等，成立书法、舞蹈、唱歌等活动团体，鼓励老年人开展精神文化交流和互助。

资金来源

包括老年协会会员会费、村集体赞助、政府拨款以及社会捐资四种渠道。政府财政支持主要集中于初期建设，后续日常运营维护资金则主要依靠会费和自筹保障，其中最稳定的是会员自愿认缴的会费。

会员会费标准：入会后一次性缴纳200～300元门槛费，之后每年缴纳100～200元会费。

发展问题与瓶颈

一方面，协会主要负责人因年龄较大而面临后继无人困境；另一方面，随着服务覆盖面的扩大，仅依靠成员会费和零星捐助难以支撑日常开支，缺乏地方财政支持使其面临资金困境。

3. 群众自治型

群众自治型互助模式依托普通村民自发组织和开展养老服务，包括亲友互助、邻里互助、结对互助等具体形式，最大特点是直接民主性和群众性，充分体现了村民的自主性，一方面能够挖掘和利用农村闲置劳动力及低龄老人的潜在养老资源，同时也有助于形成灵活多样的互助形式。[①] 但从实践来看，这类自发性的互助养老模式在组织和管理上相对松散，其更多依靠道德文化和亲情纽带而非制度性约束，对村民自发性和自主性的过于依赖使得这类养老服务的发展规模较为受限，有效覆盖范围相对狭窄。以山西省阳泉市官坊街社区为例，其2013年开展“独居老人、携手结伴、幸福晚年”的结伴养老活动，社区工作人员通过摸底和动员，鼓励独居或空巢老人根据年龄、性格自发组成若干结伴养老小组。截至2019年，有48位独居或空巢老人结成了养老小组十余对，结伴小组成员在买菜做饭、生病探望、休闲娱乐、体育锻炼等方面相互帮助以实现互助养老。尽管这一互助模式具有较大的成本优势且组织难度低，但由于缺乏专业组织、相关经费、活动场地以及规范化的管理与引导，这一村民自治型互助养老模式正处于举步维艰的境地。[②]

五、小结

从当前我国各地养老服务发展实践经验中可以发现，探索居家社区机构的模式整合，创新医养结合新路径，智慧养老平台和助老科技的创新与应用、认知症群体的养老模式创新是大多数省市发展养老服务的主要路径。同时，基于经济发展基础、老龄化情况、地域特色等方面的差异，各地区也在探索养老发展道路上展现出各自的特点，为天津市创新社会养老服务体系建设提供了宝贵的经验借鉴。

北京市高度重视顶层设计，制定出台了《关于完善北京市养老服务体系的实施意见》以及居家养老网络、养老助餐、人才队伍、失能失智照护、

① 参见杜鹏、安瑞霞:《政府治理与村民自治下的中国农村互助养老》,《中国农业大学学报》(社会科学版),2019年第3期。

② 参见人民政协网:《“结伴养老”让老人不再寂寞》,https://www.rmzxb.com.cn/c/2014-04-24/319756.shtml,2014年4月24日。

为老服务平台、适老化改造等“1+6”系列政策文件，不断完善养老服务政策体系。尤其面对99%的老年人选择居家养老，1%的老年人选择机构养老的格局，北京市以完善和创新居家社区养老服务为重点发展方向，通过不断试点居家社区养老新模式，构建起以“一清单、一平台、一张网”为基础的养老服务体系，整合养老服务资源和各类养老服务市场主体，以区域养老服务中心为枢纽，构建多元参与、全面覆盖的服务网络，以提高服务供给数量和质量、创新服务供给方式应对多层次和多样化的养老服务需求。

上海市作为最早进入老龄化的城市，从20世纪80年代全面启动养老机构建设，到20世纪90年代开始探索社区居家养老服务，再到2005年率先提出构建“9073”养老服务格局的目标，上海市对社会养老服务的探索始终走在全国前列。2015年，上海率先实施老年照护统一需求评估，建立了“三合一”的老年照护统一需求评估标准体系，为实现养老服务供需双方的有效对接和公平匹配提供了科学手段。面对上海中心城区高地价和高老龄化率并存的局面，上海市重点推广社区嵌入式养老服务模式，着力推进社区综合为老服务中心和“长者照护之家”建设，并已实现社区综合为老服务中心在各街镇的全面覆盖。此外，上海市在认知障碍友好社区建设和养老服务信息化建设等方面处于全国领先，如上海市民政局主办的养老服务平台为民众提供一站式信息查询和服务申请等服务，上海市以其养老服务对象全覆盖，服务领域高度细分，服务理念先进，服务手段多元化等实践经验为其他地区提供了重要借鉴。

成都作为西南地区老龄化率较高的城市，其因地制宜结合本地社会经济和老龄化特点，在认知障碍友好社区建设，养老服务社会组织发展和创新、社区基金会助力养老实践、探索旅居养老等方面贡献了独特的发展经验。成都既是全国首批居家和社区养老服务改革试点地区，也是全国首批普惠养老城企联动专项行动试点城市。通过支持各类社会组织参与养老服务，发展社区基金会为社区自治赋权，针对各类人群和各种养老服务需求创新养老方式等，成都市以开放和包容的理念，广泛吸收各种社会力量共同参与社会养老服务发展，正在向构建全龄友好包容社会方向不断迈进。

虽然城市养老问题在加速人口老龄化过程中较为突出，但由于较完善的基础设施和较高的经济社会发展水平，城市社会养老服务取得了相对快速的发展，此外面对1.2亿农村老年人口日益严峻的养老问题，我国也在不断探索与创新农村地区养老模式。互助养老作为当前我国农村地区普遍采取的模式，经历了从自发到自觉、从家庭到社会、从宗族互助、从集体互助再到社区互助的转变过程，并诞生出一系列具有地方特色的互助模式和经验。[①] 然而，当前农村互助养老也存在如多元主体参与机制缺失、服务内容单一和供需不匹配、信任基础缺乏和互助意识有限等突出问题，使得农村互助养老面临着严峻的发展困境。从现实经验来看，要实现农村互助养老的可持续发展，必须依赖多元主体的共同参与、资源整合与相互信任，[②] 同时应依托强有力的组织推动互助养老模式进一步规范化和形式多元化，以专业化组织和服务的介入为农村老年人提供精准化服务。

① 参见张云英、张紫薇：《农村互助养老模式的历史嬗变与现实审思》，《湘潭大学学报》（哲学社会科学版），2017年第4期。

② 参见姚虹：《理论认知、实践困境与发展路径：农村互助养老研究综述》，《社会保障研究》，2023年第6期。

第六章 整合与创新：社会养老服务体系的改革

社会养老服务体系作为一项全社会的系统工程，由服务主体、服务对象、服务内容和模式、组织管理和运作机制、法律保障等各要素构成。系统理论指出，一个运作良好的系统需要内部各要素协调一致，并与系统外环境中的信息和资源保持良性的交换互动，才能维持系统最佳状态。因此，由政府倡导建立的社会养老服务体系应在政府的主导作用下，积极吸收社会资源和力量参与养老政策规划、基础设施建设、养老服务提供和评估等领域，以多元化需求为导向，通过居家社区服务、机构服务等多样化方式将服务输送到老年人及其家庭中，同时，加强养老服务政策、法律法规、规范标准等方面的保障作用。在这一社会系统工程中，从养老服务主体的职能分配、服务模式的协调和整合到服务内容的创新和优化，合理规划这一系列要素的结构布局是实现社会养老服务体系顺利运作的最重要保障，在资源有限的前提下通过改革实现养老服务的供需有效对接是构建高效灵活的社会养老服务体系的核心，也是发展“津”牌养老模式的必由之路。

一、社会养老服务体系的理念构建

养老服务的价值观和理念是构建社会养老服务体系的重要前提，包括如何看待老年人和老龄化以及对养老服务需求的理解等，其为政策制定、服务规划和服务开展提供了基本指导。《中共中央 国务院关于加强新时代老龄工作的意见》提出以积极老龄观和健康老龄化理念指导老龄事业政策体系和制度框架的建立，那么，如何将这一理念融合于社会养老服务领域中，又如何根据自身特点建立起社会养老服务体系自身的理念架构，是当前社会养老服务体系改革的出发点。本节将从积极老龄观和整体性视角两个维度提出社会养老服务体系的理念架构。

（一）积极老龄观指导下的政策内涵

2002年，联合国第二届世界老龄问题大会提出“积极老龄化”的政策框架，建议将“积极老龄化”作为制定老龄政策和应对老龄问题的出发点。“积极老龄化”即保障老年人的躯体、心理和社会功能保持良好状态，从而提高健康预期寿命，将对社会的贡献和高质量的生活延伸到晚年。当然，在老年人生活需要协助的情况下，社会和国家有责任为其提供保障，因为他们曾经对家庭和社会做出过贡献。以价值和尊严重新解读老年人及老龄化，为老龄政策提出了一个全新的视角。不止健康老人，即便失能或伤残者，仍然可以积极地对家庭、朋友、社区乃至国家做出贡献。以健康、参与和保障为核心要义的“积极老龄化”理念，致力于构建起保障老年人基本生活和提高生活质量、维持老年人功能健康和发展独立潜能、提升老年人社会参与和贡献能力的社会政策。

2021年，《中共中央 国务院关于加强新时代老龄工作的意见》提出把积极老龄观、健康老龄化理念融入经济社会发展全过程，加快建立健全相关政策体系和制度框架。积极老龄观即积极看待老年人和老龄化，一方面保护和提升老年人参与和贡献家庭与社会的能力，另一方面要营造一个消除年龄刻板印象的适合老年人居住和发展的社会环境。积极老龄观不等同于积极参与观，而是首先要消除年龄歧视，重塑“前喻文化”中对年龄的尊重和信任。积极老龄观也不是说只有对社会做出贡献、有生产力的老龄化才叫作积极，老年人在家庭生活中的思想传承、隔代照料、家务贡献，以及在社区生活中的文化参与、志愿活动、民事调解等行为都可以称为积极的老龄生活。健康老龄化则是践行积极老龄观的前提，健康并不单指身体上的健康，这只是健康的基础层面，只有实现身体、心理、社会功能的全面健康，才能提供独立自主和参与社会的保障；同时，病态化的衰老也是年龄刻板印象的重要来源，健康的老年形象有助于提升社会对老年人的积极认知。由此，积极老龄观和健康老龄化紧密联系，相辅相成。

从国际社会的“积极老龄化”到我国的“积极老龄观”，将老龄政策视角从“以需要为基础”转变为“以权利为基础”，从“关注问题和障碍”转变为“重视能力和价值”，承认和保障老年人在生活各个方面都享有机会平等的权利，通过重建老龄这一概念，为老年人的自主生活选择提供可能。因此，将积极老龄观作为当前社会养老服务政策的指导理念，有助于全面回应老年人的各类养老需求和权利、丰富养老服务内涵，而不是将养老服务单纯理解为照料服务，即便面向失能老人提供的照护性服务也能结合精神财富传承等方面融入积极理念；有助于通过提升老年人的自助能力和调动老年人的互助资源，为解决养老问题提供积极方案，增强老龄社会的活力和效率；有助于通过提供积极的前瞻性服务，帮助更多的老年人以积极健康的状态进入老年，从而缓解未来重度老龄化社会的养老负担；也有助于营造一个年龄友好、代际和谐的老龄社会，让老年人获得更有尊严、有温度的服务。

就我国现有老龄政策来看，如《中共中央 国务院关于加强新时代老龄工作的意见》《“十四五”国家老龄事业发展和养老服务体系规划》等政策中均提出以积极老龄观作为老龄政策的指导理念，其中，践行积极老龄观主要以独立章节形式提出，主要包含老年教育、老年再就业和志愿活动，以及文体休闲等社会参与活动。但是，如何实现这一理念与社会养老服务的联系，现有政策尚无明确和具体的表述。通过梳理发现，积极老龄观在我国社会养老服务领域主要体现在两方面，一是强调发展居家社区养老、机构养老，鼓励家庭养老、自我养老等多重养老模式，为老年人的养老构建积极的自主选择空间；二是居家社区养老服务和机构养老服务中都强调除基本照护之外的精神文化及其他社区参与服务、医疗康复等服务的供给，即社会参与和健康服务被纳入养老服务范畴，从而使得养老服务与单纯的照料服务有所区别。但就上文提出的积极老龄观在养老服务体系中的指导性意义来看，现有政策和实践与积极老龄观之间缺乏充足且具体的融合路径，由此，对积极老龄观指导下的社会养老服务政策框架和内涵提出如下建议。

积极老龄观指导下的社会养老服务政策框架和内涵

总体原则	1. 养老模式的多元性原则。 2. 维护独立自主性原则。 3. 预防原则。 4. 尊严和价值原则。 5. 服务对象和需求多样性原则。 6. 重视宏观生态构建。
发展目标	1. 社会养老服务应致力于为老年人提供养老模式的多重选择空间。 2. 社会养老服务应致力于恢复、保护和提升老年人的独立自主性，维护老年人掌控自身生活的权利。 3. 更多的人将以积极和健康的状态进入老年期。 4. 老年期将是一个继续发展的时期，老年人的尊严和价值被重视，老年人的发展潜能将被保护和激发。 5. 更加重视老年群体内部的差异性，以多元化服务回应不同老年人以及不同层次的养老需求。 6. 以宏观环境建构为社会养老服务的开展提供支撑，从物理环境、代际关系、公众老龄观等方面打造积极的老龄社会生态。
行动任务	1. 加强居家社区养老服务中的需求调研和分类管理，结合社区资源、特点与老年人及其家庭情况，建立社区、家庭、个人三级档案管理和相应需求评估。 2. 促进社会工作与社会养老服务的结合，完善社会养老服务领域的社会工作者从业资格认证、准入、培训和继续教育制度，将社会工作的助人自助等价值观和方法融入社会养老服务领域。 3. 发展健康领域的预防性服务，发挥基层医院、养老机构或其他医疗机构在开展健康体检、健康建档、认知症筛查、健康宣讲等方面的作用，鼓励街道和社区基层组织、居民自治组织利用公共活动场所开展社区日常性体育活动和全民竞赛类体育活动。 4. 发展教育方面的储备性服务，利用社区活动场所、老年大学以及其他公共文化和教育设施，开展提升老年人的生活技能、积极的自我认知和生活态度、知识储备和学习能力，培养和发展兴趣爱好等活动。

续表

行动任务	5. 推动无障碍环境建设，在出行便利、无障碍阅读、无障碍沟通、智能设备的无障碍使用等方面为公共空间（医院、市场、公园、银行等）、社区和居家环境、养老机构、公共交通等领域确立优先发展等级。 6. 以家庭和社区为阵地展现老年人价值和宣传积极老龄观，通过社区评选、社区讲堂、志愿活动等方式，发挥老年人在家风塑造、文化传承、关系调解、社区发展等方面的作用。 7. 聆听老年人的声音，建立老年代表制度，鼓励老年人参与到社会养老政策制定、养老服务项目评审、服务评估、社区自治等事务当中。

（二）整体性视角下的政策理念

1. 社区居民的整体性参与和公众老龄观的整体性营造

养老事业作为一项全民事业，需要依托社会公众力量的参与和公众老龄观的营造，从而有助于提升养老服务的效率、覆盖面和服务可及性。从养老服务的最基层——社区层面来看，每个社区成员都应当成为“建筑师”，只有调动居民的潜能，才能实现社区的强大和信任关系的建立，才能有效动员社区创造力和资源应对社区问题。[①] 而从年龄视角来看，养老服务的全民性属性还体现在其并不只是针对当前的老年人，还面向未来的老年人。因此，社会养老服务应具有前瞻性和预防性，应考虑如何吸引中老年、中年、青年乃至少年儿童等各年龄段群体加入，通过参与助老志愿活动贡献自身的智慧和力量，提升各年龄段群体的尊老敬老理念和对社会养老服务的认知，营造出一种每个人都在为自己的未来做积极努力的社会氛围。对于儿童群体来说，若能较早接触老龄化相关事实和理念，将是改变公众对老龄化和老年人刻板印象的重要前提。而对于中青年和中老年群体来说，其在助老服务参与中所习得的相关知识、技能和理念还将有助于提升其进入老年后的健康、认知和习惯等养老资本，从而实现更多的人以健康、积极的状态进入老年这一目标。

① 参见［波兰］兹比格纽·渥兹涅克：《老龄社会政策的新视野》，陈昫译，社会科学文献出版社，2019年，第82页。

2. 全龄化社区的整体性构建

尽管依托社区民众力量可以为养老服务注入活力和动力，但要想调动社区民众的助老资源，提升全体居民的积极认知和参与，必须要以和谐的代际关系为前提，要重视社区居民权利、需求和利益。

在人口老龄化加剧的背景下，当前社区养老服务中心、社区文体活动场所、适老化设施等各类社区资源和服务重点向老年人倾斜，这是解决养老问题、构建老年宜居环境的必要之举，但如果现有设施仅以老年人为服务对象而忽略其他年龄群体的需求和诉求，将不利于和谐的代际关系建立，甚至可能导致年龄歧视和对立。因此，社会养老政策和服务应结合社区特点而因地制宜，例如有的社区以年轻居民居多，养老问题并不突出，而文体活动、教育活动等需求相对旺盛，那么，在老人家食堂、日间照料中心全覆盖的政策目标下建设起来的一批闲置性设施就可以考虑物尽其用，结合社区特点开发面向更多年龄群体的社区服务和活动。同时，在社区服务设施的定位上也应考虑全民需求，像社区综合养老服务中心、嵌入式养老服务中心等设施如仅以“养老”为名，不可避免地传递出服务受众面单一的理念，但实际上，其在文体娱乐、健康管理、医疗康复等方面的服务也适用于残疾人、临时患病人士等有需求的其他年龄群体。因此，面向社区民众的综合需求，开展全龄化社区的整体性构建，可以成为当前社会养老服务的发展和延伸方向。

3. 老年人及其家庭的整体性关注

在当前我国社会养老资源有限的情况下，家庭养老作为传统养老模式依旧发挥着重要作用，而家庭成员作为家庭养老的重要资源提供者，理应被纳入社会养老服务对象范围。在笔者前期的调研中发现，一些家庭成员因照料老人而面临着诸多压力和困境，如失去或减少工作机会或面对较大的经济负担，个人生活被打乱、丧失个人空间，健康状况受损和心理压力增大，家庭关系出现负面问题等。因此，在社会养老政策和服务中注重对老年人及其家庭的整体性关注，将有助于缓解中度乃至重度老龄社会的养老压力和照料负担，也对构建和谐、公平的代际关系具有重要意义。

具体来看，在当前各类养老服务设施尤其是居家社区养老服务中，应明确将老年人的家庭成员列入服务对象，并通过需求调查和走访提供有针对性的服务，如喘息服务、家庭照护技能培训、信息服务、心理辅导、临时托幼服务、紧急支援等服务。同时，还应对家庭照护者提供适度的经济支持，例如天津市针对经济困难老人等特殊群体的家庭照护者以购买社会组织服务的形式，鼓励家庭成员参与专业培训和考核，通过后可申请补贴从而按月领取服务补贴，这种通过政府购买社会服务为家庭成员间接发放补贴的方式既帮助老年人家庭缓解了一定的经济压力，也是对家庭照护者角色和社会价值的认可，同时有助于老年人获得更高质量和充满家庭情感支持的照料。此外，可以采用多元化宣传策略弘扬孝道文化，从而激发家庭成员照料老人的动力并增强自我认同；积极宣扬家庭照护者的社会价值，以营造一个对他们更加友好和尊重的社会环境；通过法律和社会保障政策的制定与完善来保护家庭照护者的权益，提升社会对照护者群体的认知度，并降低他们在照护过程中可能面临的风险。总之，在当前社会养老服务体系建设中加入对家庭的整体性关注视角既有助于服务质量的全面提升，也是服务理念创新和现有资源服务集约化、人性化的一个有益实践。

二、社会养老服务供给主体的结构性改革

福利多元化理论指出，社会养老服务应由政府、社会、市场、NGO组织和其他非正式网络乃至家庭等多元主体共同参与，明确各服务主体在社会养老服务体系中的角色定位。因此，发展社会养老服务体系必须明确养老服务主体的多元化机制以及协调好多元主体在社会养老服务体系中的角色，从而有助于实现养老服务的福利性与市场化的兼容。从天津市现有情况来看，社会养老服务主要是在政府的宏观规划下通过基础设施建设、资金支持、法律法规建设、人员培训等方式奠定基本的服务保障系统，政府

部门作为规划者的重要角色发挥着公共服务职能和保底作用。家庭支持系统这一非正式支持系统作为养老制度的根基仍发挥着最基本的支持作用，包括家庭照料和邻里互助等传统养老形式正在政府和社会力量的支持下焕发新的活力从而维护养老制度的根基。此外，社会支持系统则以其专业化和多渠道优势发挥着重要支撑作用，养老机构和日间照料等服务的社会力量参与、专业化养老服务组织和志愿者队伍的建设、高校和科研机构的智囊作用等都指明了社会力量在参与社会养老服务中的不可或缺性。而广泛的社会融资渠道、养老服务企业数量的增加及其专业化、品牌化和连锁化发展等趋势则保障了社会养老服务的市场化运作方向。政府、社会、市场、家庭共同构筑起四位一体的社会养老服务体系。

（一）政府主体

当前我国社会养老服务是由政府出面主导，为满足全体老年人的需求而提供的一种公共性服务，政府作为服务的规划者发挥着公共服务职能和保底作用，其在制定规划、完善政策法规、提供财政支持、强化科学管理等方面扮演着核心角色。也就是说，政府负责提供社会服务，但本身并不提供服务。《天津市“十四五”养老服务体系发展规划和二〇三五年远景目标纲要》提出，按照“市级一平台、区级一中心、街道（乡镇）一阵地、居（村）一场所、家庭一床位”的思路，完善养老服务设施骨干网络，还提出简政放权与综合监管并重的服务管理体系发展建议。一方面，要全面铺设五级养老服务网络架构并保障运行效率，各级政府及基层部门必须在其中发挥统筹指导和管理性角色；另一方面，简政放权的要求提出了政府部门和基层组织及其他服务提供者之间的职能分担与平衡问题。基于此，对各级政府部门的角色和职能提出以下建议。

①政策制定和项目规划角色。在居家社区养老、机构养老、家庭养老援助、医疗和健康、社会参与、老年教育等领域出台政策，并鼓励和引导社会组织和企业开发相关项目。

②财政支持角色。在当前政府购买或政府补贴的政策基础上扩大购买

范围和创新补贴方式；放宽对民间资本乃至境外资本注入养老服务行业的限制；加大资金投入并建立动态管理保障的长效机制。

③数据收集职责。完善数据收集和分析职责，对老年人群及其家庭基本状况、特征和需求等关键信息进行采集和录入，开展需求分类管理和重点人群监管，对各类养老服务提供者基本情况、供给能力和供给质量等信息建立数据系统。

④信息平台建设职责。建立市级养老服务信息平台，针对居家社区养老服务站点、养老机构、医疗机构、老人家食堂、日间照料中心、智慧养老服务中心、相关社会组织等服务提供机构和各类服务信息提供查询、咨询、申请等相关功能，为居民打造一个及时获取相关养老服务信息、一站式预约和申请服务的共享平台。

⑤评估和市场监管角色。联合专业机构建立评估指标和评估管理系统，对各类养老服务提供者进行定期质量评估和评级并及时向社会公示；建立市场准入机制，了解养老服务市场动态，引导供需匹配，确保养老服务体系有效运转。

⑥政府部门间角色分工。厘清养老服务事业相关主管部门权责归属，推动养老服务、残疾人服务、家庭服务、妇女服务等领域的资源整合与共享，实现降低服务成本、提升服务效率。

⑦人才培养角色。建立养老服务领域专业人才引进、培训和管理制度，开展从业资格审查和管理工作，推动建立针对各级各类养老服务工作人员的常态化培训制度，推动大专院校相关专业建设与发展，鼓励老龄科学研究。

（二）街道和社区主体

发展社会养老服务，构建老年友好型社会的最终落脚点在基层社区。街道和社区作为政策、服务的重要传递者和落实者，在完善其综合协调管理和监督作用的同时，应强化其主体性和自治性，鼓励社区在基层实践层面创新养老服务形式，并充分发挥其在服务资源整合链接当中的作用，加强与企业、院校、社会服务组织等社会单位的合作。对于天津市社会养老服务来说，尤其应注重社区治理权力下放，给予基层组织更大的行动空间和权力，建立政策鼓励和奖励等机制促进基层创新实践。以社区基金为例，笔者走访中发现目前天津市许多社区都拥有数额不等的社区基金，但本应用于社区建设和发展的这笔基金却始终处于冻结状态，具有基金管理权和使用权的居委会因存在使用风险而不作为的现象普遍存在。对此，建议给予社区在基金筹集和使用上以更多的灵活性和自主性，如以社区基金会形式进行基金保值增值并配套奖励政策，将有助于提高社区居委会在开展社区事务和社区建设上的主动性。

养老政策作为福利性政策，其面向老年人及其家庭乃至全体民众的需求，因而在制定、执行和管理过程中应有民众的参与，实现决策社会化。从社区层面来看，收集信息和意见、项目决策、日常管理和评估都应面向居民。居委会作为最贴近居民的基层单位，在了解居民生活状况与服务需求等方面有着天然的优势，通过定期上门探访、调查、开展社区服务居民座谈会等社区统计形式从而在社会养老服务信息化建设中发挥自下而上的信息收集作用。建立以社区老年人口特征、养老服务需求和为老服务资源为核心内容的老龄信息监测系统，在供给和需求两方面做好持续动态化的监测，对于社会养老服务供需的有效对接发挥着重要的作用，也是天津市社会养老服务开展的一项重要基础性工作。

此外，在未来老年人口日益庞大的社会和社区中，要保证较高的服务品质和管理效率，必须充分发挥社区自治组织的作用，鼓励和支持其参与管理、服务、评估等过程。尤其是由社区志愿团体、业委会、老年人组成的各种社团或委员会等组织在反映老年人需求和社区问题、协调居民关系、传递服务信息等方面能够发挥重要的作用，借助这类组织参与社会养老服务过程有助于提升服务效果。在推进社区养老服务中，还应注重发挥社会工作者在调动社区资源、维系社区纽带、解决社区问题、推动社区自治等方面的作用。通过增加社区工作者岗位、开展社区社会工作培训、引入社会工作服务机构等方式为社区注入社会工作助人自助的价值理念和技术方法，对困境老年人及其家庭的个案辅导或家庭辅导、对家庭照护者的团体工作、引导社区自治力量的社区工作等都可以助力养老服务在社区的深入和推广。

（三）社会和市场主体

养老是一项全民事业，必须调动各类社会力量参与其中，整合各服务主体的服务内容和功能。包括各类社会组织、志愿团体、高校和科研机构、企业等在内的社会力量均承担起社会的责任，这是后工业化社会的重要特点。

就社会主体来看，加强公益性组织和非营利机构在养老服务供给中的作用，特别要注重行业协会、社会工作机构、志愿者协会等第三方机构在居家养老等服务的项目评估、资格审查和质量评估中的监督作用。尤其应下大力气推动志愿活动，培养大批志愿者为养老服务输入有生力量，如将大中小学生参与志愿服务与劳动教育、道德教育相结合，为老年人提供休闲娱乐、学习教育、探访问安等活动，鼓励低龄老人参与社区各项助老服务，建立居民互助机制。充分发挥高校和科研机构的智囊作用，尤其调动高校社会工作和老年学相关专业力量参与社会养老服务，以笔者自身实践为例，近五年带领社会工作专业学生深入天津市和平区、南开区、滨海新区等社区和养老机构开展常态化的为老活动，以小组活动和社区活动形式回应老年人的老有所养、老有所为、老有所乐、老有所学的需求，已形成健康养生、休闲娱乐、助老讲堂、照护者之家、一老一小代际共建五大活动模块，既提高了老年人的生活质量和幸福指数，也通过专业实践推动社会工作与养老服务领域的结合。

就市场主体来说，进一步发挥市场在养老服务供给资源配置中的决定性作用，就是要使服务供给数量、价格和内容由市场决定，而明确区分政府和市场的边界是发挥市场机制的基础。政府除制定规划、建设基础设施、维护市场环境、履行基本养老服务职责之外，都应放手由市场主导，由此才能避免诸如服务水平和服务价格不对等的公办养老机构“一床难求”的现象。[①]因此，应进一步落实并完善公建民营、民办公助、政府购买、补助贴息等政策扶持，鼓励民间力量注入养老服务如开办社区嵌入式养老院等，选择和培育专业化、规范化的公司鼓励连锁式运营以及推广托管、租赁、承包等经营形式；增强养老服务项目招投标制度的公开性和透明度，充分发挥竞争机制来优化资源配置和服务供给；优化投资环境，拓展多元化融资渠道，在土地、融资、税收等方面支持养老服务企业发展，改变当前养老服务主要靠政府补贴的局面；放开定价机制，充分发挥价格杠杆作用，从而实现养老服务的福利性与市场化的兼容。

在社会主义市场经济体制下，养老服务作为一种公共服务正经历着市场化的制度创新，通过将部分养老服务的生产职能交给市场和社会力量承担，调动社会资源参与公共服务并引入市场竞争机制，最终将形成“政府主导、社会参与、市场调配”的多元运行机制，从而有助于降低服务成本，提高服务供给效率和质量，促进公共服务均等化、优质化发展目标的实现。

（四）个人和家庭主体

社会养老服务强调依托社会养老设施、利用社会资源为老年人提供生活照料、精神慰藉、社会参与等服务，因而包括政府部门、基层社区、社会组织、企业等在内的社会力量成为养老服务的主要供给主体。然而，福利多元理论提出，除政府、社会、市场和社区作为主要的福利来源之外，家庭及个体也是福利的提供者和责任者，并且是福利的基本提供者，因而以构建政府、市场、社会、家庭和老人共同参与的社会养老服务体系为目标，充分调动个体和家庭的资源和力量参与养老服务，也是社会养老服务供给主体改革中不可忽视的一环。

但是，当个体和家庭扮演服务提供者角色参与养老服务时，其到底属

① 参见林宝：《养老服务供给侧改革：重点任务与改革思路》，《北京工业大学学报》（社会科学版），2017年第6期。

于家庭养老还是社会养老范畴？如何把握社会养老服务与家庭和个人的关系，如何理解个人和家庭作为社会养老服务供给主体的角色？这是构建政府、市场、社会、家庭和老人四位一体的社会养老服务体系时必须要解答的问题。

一方面，社会养老服务的定位应是对家庭养老的一种支持和补充，不可能彻底取代家庭养老，尤其是家庭成员之间的情感联系、亲情关怀以及日常生活的照料，是任何社会机构都难以替代的，因而即使在社会养老日益完善的今天，家庭养老仍然占据着主体地位。因此，社会养老和家庭养老处于一种互惠共生的关系当中，在社会养老服务中融入对家庭养老的支持性服务，以社会养老服务提升家庭养老的能力，以家庭养老能力提升减轻社会养老的负担。除现有日间照料服务以外，应进一步依托社会组织和志愿团体开展对家庭照护者的教育培训、心理疏导和信息咨询等服务，对家庭的支持最终是为了帮助老年人获得更加充分和高质量的养老资源，即社会养老和家庭养老的目标同一性。

另一方面，个体和家庭可以直接作为社会养老服务的提供者，即通过动员个人和家庭的力量构建和谐的家庭、邻里等社区网络，在制定和开展服务项目时吸纳个体和家庭的参与，发展邻里互助式养老，使更多的个体和家庭参与养老服务，增加服务力量和提升服务动力，形成一种我为人人、人人为我的养老服务氛围。尽管邻里互助模式近年来在农村地区得到了一定程度的推广，但服务人员主要来自低龄老人，其他年龄群体参与度较低，且服务内容较为单一，覆盖区域较为有限，从根源来看，社会认同度不高这一问题始终制约着互助养老的发展。对此，可通过树立和表彰典型、利用媒体和社区宣传的方式提升社会认知和认同度；借助微信群、社区公众号等网络形式搭建互助养老平台，鼓励居民反映养老需求、问题和提供对策建议，开展精神和文化互助；鼓励基层社区建立志愿者组织队伍，以累积志愿服务时长兑换社区服务、优惠券或实物礼品，发放志愿证书，以此调动居民参与互助养老服务的主动性和积极性。

三、社会养老服务模式的整合性改革

在天津市加快推进居家社区机构相协调、医养康养相结合的养老服务体系建设道路上，探索服务模式融合性、服务力量整合性、服务资源集约式发展路径始终是推进养老服务供给侧结构性改革的重要方向。尤其在社会养老资源尚为有限的情况下，如何通过整合资源、创新方式，提高居家社区养老和机构养老服务的覆盖面，实现养老服务提质增效，是当前社会养老服务模式整合性改革的首要任务。此外，发展社会养老服务必须配套加强信息平台建设，通过信息整合机制改革实现养老服务的信息资源共享与系统整合，促进养老服务的供需匹配。

（一）居家、社区、机构养老模式的融合性发展

2019 年以来，国家陆续出台《关于推进养老服务发展的意见》《关于进一步扩大养老服务供给、促进养老服务消费的实施意见》等一系列政策文件，强调要改革、完善养老服务供给，加快建设居家社区机构相协调的养老服务体系。因此，推动居家、社区和机构养老服务的融合发展成为包括天津市在内的全国各城市社会养老服务的重要改革方向。尤其在资源有限的情况下，通过整合居家社区养老和机构养老服务资源和推进集约式发展成为社会养老服务降成本、增效率的必要路径。

从天津市社会养老服务发展情况来看，存在两种居家社区养老和机构养老的融合发展路径。第一种是养老院延伸服务，即依托养老机构的专业性资源，将医疗、康复、助餐等服务向周边社区延伸，如养老院以配餐送餐形式服务周边社区老年人，开放机构助浴设施、康复训练室等专业设施和场地供社区失能半失能老人使用，以及为半失能居家老年人提供日间照料托养服务等。作为天津市最早出现的养老服务融合模式，养老院延伸服务也存在着自身的缺陷，一方面，养老院对外服务的人力资源有限从而限制了服务对象范围和服务内容，从最早开设这类服务的几家养老院实际运作来看，其服务提供主要集中于助餐领域；另一方面，养老院延伸服务对

养老院与社区的距离有较高的要求，因而具备辐射周边社区能力的养老院本身数量有限，且除了助餐服务外，其他服务大多要求老年人走出家门进入机构才能获得，这极大限制了行动能力不便的居家失能老人和半失能老人的服务使用率。

因此，在天津市社会养老服务发展过程中，这一模式逐渐被第二种融合模式取代，即以社区内的居家养老服务站点为核心，链接养老院、医疗机构、社工服务机构、心理服务机构、法律服务机构等不同养老服务资源为居家老年人提供综合服务的嵌入式融合模式。天津市近年来大力推广的日间照料服务中心、居家养老综合服务中心等具有综合功能的嵌入式养老设施均属于这类融合模式。由于居家社区养老服务模式面对的是占老年人总数90%以上的居家老年人群体，必须链接和整合各类专业化社会服务，否则无法满足庞大且多元化的养老服务需求，因而寻求医疗、护理、心理等专业性服务机构和社区服务机构的资源共享，实现资源集中利用和广泛辐射到社区，有助于打破部分机构资源闲置和社区资源短缺并存的局面。同时，由于当前养老院数量有限且结构性失衡导致一些有入住意愿的老年人无法满足需求，而居家社区养老服务站点通过为失能半失能老人提供社区托养、上门照护及医疗服务，从而使不能入住养老院的老人也能得到专业服务。因此，这一嵌入式融合模式以其低成本、近距离、广覆盖等优势成为当前养老服务融合发展的主要模式。

需要注意的是，嵌入式养老服务虽然强调各类养老服务模式的融合，但其定位依然属于居家社区养老服务。天津市民政局发布的《关于印发深化嵌入式养老服务机构发展“建管扶用”23条措施》中将嵌入式养老服务机构界定为“充分依托社区养老服务设施等资源建设，主要为社区内和周边有需要的老年人提供专业护理、生活照料、心理慰藉、居家入户等综合性养老服务，具备独立法人资质或由具有法人资质的专业团队运营的居家社区养老服务机构”。尽管政策文件中并未对嵌入式养老的服务对象有明确界定，但结合功能属性来看，其面向的群体应以半失能、轻度失智和自理的居家老年人为主。因为如果将重度失能失智老人作为嵌入式养老模式的主要服务对象，一方面现有居家社区服务资源尤其是医疗资源无法匹配，另一方面也使其与养老院等专业养老机构存在功能混淆。因此，嵌入式养老模式应以日间照料中心、社区综合养老服务中心等形式为主，嵌入式养老院为辅，明确其面向社区、服务周边、临时托养、应急援助的理念，尤其不能把日间照料中心办成社区养老院。笔者走访中发现一些日照中心由于家属不接、机构不管而演变为社区养老院，尽管其满足了一些老年人及其家庭的需求，但却失去了居家社区养老服务面向广大社区老年人而非个别群体的服务初衷。

在第二种嵌入式养老服务融合模式下，针对当前不同社区和养老服务需求存在的差异，应探索发展基于社区异质性的养老服务模式改革。如老年人居多的老旧社区和年轻人居多的高端新型社区在公共设施、养老需求、互助理念等方面存在差异，因而各类养老服务设施在不同社区中有不同的功能定位。当前天津市大力建设的日间照料服务中心、嵌入式养老机构等在老旧社区中有极强的适用性，但当其进入高端新型社区后则出现供需不匹配导致的设施闲置等问题。因此，对于这类社区来说，可以将健身设施、社区食堂、阅览室等设施在优先保障老年人使用的前提下面向社区公众有偿开放，兼顾公益性和盈利性，从而保障居家社区养老设施运营的可持续性。同时，引入志愿服务的时间储蓄机制，采用志愿服务积分兑换社区服务设施使用时长等优惠方式激发社区居民的互助意识，也有助于促进各年龄群体的代际融合。此外，在服务设施名称设计上也可结合社区特点，通过双挂牌（如“家庭综合服务中心”）和“养老 +”的方式既体现居家养老服务的首要属性，也打破服务对象的局限性，使社区内残疾人、短期患病人群以及其他各类有需求的群体都能共享社区服务资源和社区发展成果。

（二）社会养老服务的公私合作发展

《天津市“十四五”养老服务体系发展规划和二〇三五年远景目标纲

要》提出“全面放开养老服务市场，持续推动养老服务供给侧结构性改革，推动社会力量逐步成为发展养老服务业的主体”。随着供给侧结构性改革的深化，鼓励社会资本积极投身养老服务领域，发展政府和社会资本合作（PPP）模式已成为发展趋势，不仅为养老服务市场注入新的活力与竞争力，还能促进供给主体的多样化发展，扩大市场的有效供给，增加养老服务的多样性和可及性。

天津市现有养老服务的公私合作模式主要以“公建民营”和“民办公助”形式体现。其中，“公建民营”即政府将其拥有所有权或者使用权的养老服务设施整体委托社会力量运营的模式，是天津市政府目前主要推广的形式，主要用于当前居家社区养老服务领域，如天津市共计有473家日间照料中心委托养老服务企业、医疗机构、物业公司、养老院等机构进行社会化运营。[①] 在这种模式下，社会力量获得经营权，但政府仍拥有养老机构的所有权并保留对基本养老服务的监督和保障责任，一方面实现了所有权和经营权的分离，另一方面也能确保特殊老年群体的基本养老服务需求得到满足。通过引入市场机制，如供求机制、价格机制和竞争机制，也有助于提升养老服务资源的配置效率和管理运营效率。然而，在政府公有的基本属性下，其服务大多会以兜底性和普惠性为主，在开展个性化和多元性服务方面存在一定挑战。

“民办公助”则是指社会力量自备房源，自主投资建设并运营管理养老服务设施，同时政府给予适当的资助和支持。民办公助模式下的运营方更具自主性和市场导向，因而提供的养老服务内容相对更加全面和丰富，包括生活照料、健康护理、心理咨询等多个方面。《天津市“十四五”养老服务体系发展规划和二〇三五年远景目标纲要》也提出，引导养老服务企业（社会组织）在优先满足老年人基本服务需求基础上，因地制宜拓展养老服

① 参见天津市民政局：《天津市社会化运营和社会力量办社区老年日间照料服务中心信息公开清单（截至2020年底）》，https://mz.tj.gov.cn/tjsmzjylc/gspd/sqylfwss/202107/t20210714_5509166.html，2021年7月13日。

务内容，开展适合老年人特点的健康养生、文化娱乐、体育健身、休闲旅游、普法宣传等服务。由此可见，民间资本在参与养老机构建设与管理时，能够凭借其敏锐的市场洞察力和灵活的服务模式，根据老年人的具体需求和偏好，提供更加个性化和精准的服务。

然而，在笔者的实地调研中发现，公私合作的养老服务模式尽管在提高养老服务覆盖率、提升服务质量、降低运营成本等方面存在较大优势，但在实际运营过程中难以避免政府方与实际运营方利益不统一问题，如何实现福利性和营利性的兼容成为多数养老服务企业的发展困境。例如，天津市近年来着力建设智慧养老服务中心，但这类服务机构在实际运营中对政府购买行为的依赖度极高，其收入来源主要是以特殊困难老人等群体为对象的政府购买补贴，缺乏其他营收来源。究其原因，在于供需匹配度不高，正如笔者前期调研中发现，被调查老年人的月平均收入仅为3 515元，而以居家安全探测器、可穿戴设备、智能语音设备为代表的动辄几百元甚至上千元的智慧养老设施显然超出了当前老年人的消费水平和消费意识，一些开设在远郊区县的相关设施更是忽略了当地老年人的消费能力和需求，“叫好不叫座”成为天津市智慧养老服务发展的普遍现状。近年来，在老龄事业规划和相关政策的指标约束下，天津市从日间照料中心、老人家食堂，到当前的嵌入式养老机构，普遍存在一哄而上的建设行为，政策指标导向下的社会养老服务发展始终在追求建设迈大步、目标广覆盖，但如果不能立足市场需求、缺乏市场检验，那么不断增加的养老服务供给更多将带来政府和社会负担的不断加重以及资源浪费和设施闲置。

因此，追求营利性和福利性的和谐共生始终是社会养老服务公私合作模式的发展目标。对此，政府要发挥创新引领者角色，采用税收优惠、财政补贴、土地供应优先权、特许经营、鼓励规模化和连锁化经营、引入第三方监管等方式为优质民间资本和社会组织开辟绿色发展通道，实现社会效益和经济效益的双赢。对于天津市来说，应进一步通过区域统筹规划，将现有闲置厂房、机关和企事业单位招待所等国有资产，以及库存高、出租难的商业地产通过改造或转型为养老机构；取消投资门槛，吸引包括外资等在内的各类社会资本运营管理；放开养老服务市场的定价机制，让价格信号引导市场资源的有效配置，促进养老服务进一步市场化。此外，政府还应加强与社会各界的沟通与合作，如通过建立行业协会、举办论坛、开展“社区—街道—区县”等各级项目公众论证会等方式，促进信息共享、居民自治、经验交流和技术创新，共同推动养老服务业的健康发展，形成政府主导、社会参与、市场运作的多元共治格局。

（三）社会养老服务中的信息整合

发展社会养老服务，涉及多主体之间的信息传递和供需对接，政府在其中应扮演重要的信息收集、公示和传递角色，因而打造综合养老服务信息平台是养老服务供给侧结构性改革的重要任务。

2022年，《天津市“十四五”养老服务体系发展规划和二〇三五年远景目标纲要》中提出整合市、区现有养老服务系统（平台），对接民政部“金民”工程，建设全市智能养老服务平台的发展目标。由于社会养老服务从权责归属来看隶属于民政部门管理，因而天津市民政局主要负责养老政策的制定和信息发布、监督和管理等事项。从当前民政局网站发布信息来看，除对养老服务相关政策和条例进行及时发布外，专门开设养老服务模块并在其下设计养老机构名单、社区养老服务设施、等级评估、食堂助餐地区、养老服务投资指南和公示频道六个子栏目，具体涵盖各区县养老院、日间照料中心和老人家食堂的名单、地址、运营方和负责人及联系电话等，以及对养老机构、日照中心、老人家食堂的建设和运营补助补贴及相关优惠政策。而对区县民政局网站来说，其养老服务信息提供较为有限，几乎全部区县民政网站都未在首页提供养老服务专题信息，甚至在网上办事等服务类专栏中也没有养老服务子栏目，如某区民政局网站上的养老院名录信息被放置在首页下的第7级子菜单中，无形中造成了民众与养老服务之间的信息壁垒。同时，现有信息从养老服务类型覆盖面来看，尽管涉及天津市机构养老和居家社区养老的代表性服务设施的基本情况，但对于整个天津市社会养老服务体系架构和基本理念、各类养老服务类型和服务对象、各个服务设施的服务对象范围和服务内容、面向民众的政府购买服务和相应补贴制度申领政策流程，以及开展或参与养老服务的社会组织和自治群体等信息都十分匮乏。此外，现有信息发布制度也存在明显的更新不及时问题，例如，除《2020—2023天津市养老机构等级评定结果名单》于2024年2月公布以外，其他信息均集中发布于2021年4月至5月和2022年8月至9月，尚未形成制度化的信息发布机制。

为打破养老服务信息壁垒，方便民众及时便捷了解和使用相关服务，应加强建设以市为单位或以区为单位的养老服务信息平台，以电脑端和手机端形式同步发放信息，打造集信息查询、服务申请乃至服务投诉的一站式信息网站。结合服务模式和对象范围开设居家社区养老服务、机构养老服务、医养结合服务、家庭照顾者服务等基础模块和案例推广模块，其中特别强调把家庭照顾者服务与其他服务模式并列，以凸显社会养老服务对家庭养老的支持作用和家庭为本的服务理念。同时，也可开设与社会养老服务相关的人力资源和人才培养模块，为护理员、社会工作者和志愿者等群体加入社会养老服务人力队伍提供信息引导。对各类服务模块下的具体信息内容提出如下建议。

养老服务信息平台模块建设方案

1. 居家社区养老服务模块

服务理念；服务对象群体；基本服务内容。

各区、街道所辖日间照料中心、老人家食堂、社区综合养老服务中心或嵌入式服务设施数量及结构，包括属性结构和等级结构。

以区县或街道为单位的各类服务设施信息目录，包括机构地址、运营属性和模式、服务内容、硬件服务设施、（日间照料中心）床位数、轮候信息、联系方式等。

接收认知症老人的居家社区养老机构信息，具体内容同上。

2. 机构养老服务模块

服务理念；服务对象群体；基本服务内容。

各区县养老院的数量和结构，包括属性结构和等级结构。

以区县为单位的养老院信息目录，包括机构地址、运营属性和模式、机构等级、床位数、服务内容、轮候信息等。

接收认知症老人的养老院信息，具体内容同上。

3. 医养结合服务模块

服务理念；服务对象群体；基本服务内容。

以区县或街道为单位的各类医养结合服务机构信息目录，包括机构地址、运营属性和模式、服务内容、硬件医疗和康复设施、床位数、轮候信息等。

4. 家庭照顾者服务模块

服务定位和基本理念；服务对象群体；基本服务内容（如喘息服务、技能培训服务、心理服务、社会工作个案或团体辅导等）。

两种服务供给方式：内嵌于居家社区养老服务机构或由独立服务机构提供，应提供两种方式中的机构信息，包括机构地址、运营属性和模式、服务内容、开设课程或活动、联系方式等。

5. 案例推广模块

以街道或社区为单位征集来自社区、养老服务企业或社会组织在开展养老服务中的典型案例。

6. 人力资源和人才培养模块

护理员培训、社会工作者考试和培训信息：包括相关政策、资格证考试和认证制度、培训机构或学校信息等。

志愿者团队简介、志愿活动信息等。

鉴于老年群体可能存在一定的数字鸿沟障碍，在构建网络信息平台之外，还可根据天津市“十四五”养老规划提出的养老顾问服务计划，推进线上和线下信息服务相结合。依托日间照料中心、综合养老服务中心等居家社区养老服务机构，培训具备资质的工作人员和志愿者，一方面为老年人、家庭成员及其他有需求的群体提供面对面信息咨询服务，另一方面以各级民政部门集中印发的各类养老服务宣传册为载体，通过发放信息手册来宣传惠老政策、介绍服务资源、推荐服务项目（信息手册可绘制电子版并同步上网）。通过将网络信息技术与养老服务相结合，最终将有助于实现社会广泛参与、服务信息互通、养老资源共享、服务系统整合。

四、社会养老服务内容和方式的结构性与创新性改革

2023年，中共中央办公厅、国务院办公厅发布《国家基本养老服务清单》，将物质帮助、照护服务、关爱服务等三大类共16个服务项目列入基本养老服务清单范围，并在此基础上要求各地编制地方清单，明确基本养老服务对象和服务内容等。从内容来看，清单主要涵盖普惠型养老服务和基本公共服务，为各地健全基本养老服务体系提供了制度参考。但从现实来看，一方面，现有社会养老服务主要集中于生活照料、医疗保健类基础性服务，康复护理、文化教育和发展性服务相对供给短缺；另一方面，养老服务存在需求量大和需求结构多元化并存的特点，因而有必要进一步细分养老服务内涵和优化服务结构。现有社会养老服务主要是根据居家社区养老或机构养老等不同养老服务模式的功能定位和服务对象来设定，可在此基础上进一步基于服务对象的需求特点进行养老服务细分，从而为各类养老服务设施开展多元化服务提供参考框架，以期实现《关于加强新时代老龄工作的意见》提出的“基本公共服务与多样性服务协调发展”的新局面。

从养老服务的发展历程来看，失能老人始终是机构养老和居家养老服务的重点对象，相较而言，认知症老人等特殊老年群体则长期面对养老服务设施不足、服务内容单一、服务模式发展滞后等问题。近年来，随着养

老服务供给侧结构性改革带来的均衡化发展趋势，认知症中心、认知障碍友好社区的出现意味着这一特殊老年人群得到了越来越多的社会关注，如何为认知症老人及其家庭提供传统服务之外的、适合其身心特点的服务内容和创新服务方式是值得进一步探索的方向。此外，随着互联网和人工智能技术的发展及其在养老服务领域中的应用，数字化和智能化养老服务方式也在不断创新，包括智慧养老平台、数字助手、老年应用程序在内的新型服务方式以数字科技赋能养老服务，有力推动了社会养老服务提质增效，在整合服务资源、优化供给结构、提高服务效率等方面为养老服务的供给侧结构性改革注入动力。

（一）服务内容的结构性改革

从天津市发展情况来看，当前尚未发布市级养老服务清单，区县级仅有河东区连续5年编制养老服务清单，分别对60周岁及以上、65周岁及以上、80周岁及以上、经济困难老人、特困老人、特殊困难老人、特殊贡献老年人、残疾老年人、计划生育特殊家庭老人、不能自理老人、流浪乞讨老人等11类老年人提供涵盖养老保障、公共优待服务、社会救助、政府购买居家养老服务、家庭适老化改造、家庭照护者培训补贴等6大类共29小项服务。由于该清单属于基本养老服务清单，因而内容主要是面向全体老人的普惠型福利服务以及特殊老年人的托底性保障制度。具体来看，清单中仅有能力综合评估、健康体检和建档、特困老人的集中和分散供养、特殊老年人家庭适老化改造和政府购买居家养老服务项目、特殊老年人的护理补贴和家庭照护者培训补贴等10项属于多元化主体参与的社会养老服务项目，其余项目则以养老保障制度、老年优待制度等国家福利政策为主。在仅有的10项社会养老服务中，也更多表现为养老服务补贴和较为笼统的服务安排，而如何细分老年人在生活照料、健康医疗保健、文化娱乐、社会参与等方面的服务需求，并与当前居家社区和机构养老服务模式相对应，尚缺乏相对细化的可操作性服务清单。老年人的年龄、自理能力、家庭结构等都是影响其服务需求的重要因素，因而针对不同老年人的需求特点进行社会养老服务内容细分，可以为各类养老服务设施根据自身情况和服务对象特点开展多元化服务提供参考框架。

1. 面向中低龄、自理老年人的居家养老服务

由于当前居家社区养老服务处于起步阶段而缺乏充足的资金、人员等资源，因而现有服务资源主要集中于照护需求更为强烈的半失能和轻度失智老人，而自理老年人的文体娱乐和发展型需求尚未得到有效重视，依然停留在老年活动室、健身广场、阅览室、棋牌室等基本设施的使用和老年人自发组织的文化娱乐队伍等自治组织上，缺乏政府和其他社会力量的有效投入和规划。因此，为包括自理老人在内的不同类型老年人提供多层次多样化的服务则应作为居家社区养老服务的目标。

对于中低龄和自理老年人来说，重在开发预防发展性服务项目，具体包括：健身体育类、教育文化类、休闲娱乐类、价值发展类和退休过渡性服务。可依托居委会的公共活动室、社区室外公共场地、日间照料中心、老人家食堂、综合养老服务中心等公共设施，开展趣味运动会、体育和文艺演出、书法绘画展、摄影展、厨艺大赛、老年志愿活动、关心下一代讲堂、退休过渡讲座等活动形式。由于街道和社区自身力量有限，因而应积极寻求各类社会组织、志愿者团队、高校和科研院所等社会力量参与筹备社区活动。以笔者所在的高校社会工作团队为例，曾参与和平区、南开区、西青区等多个社区老年活动的组织和实施，以中低龄和自理老年人为主要服务对象，开展了文体休闲、价值展示、教育文化、人际交往等一系列活动，并借助线上与线下相结合的方式，帮助更多老年人以适合自己的途径和方式参与社区活动，累计服务达500余人次。通过上述服务，帮助老年人在生理、心理和社会层面延长健康预期寿命，尽可能消除导致失能和残障等各类原因，协助老年人更好且更长久地在社区安享晚年。

笔者所在高校社会工作团队在多个社区开展老年活动的照片

日间照料中心航北小院案例（航天北里社区）

服务简介

利用日间照料中心的院子和活动室，针对居家养老的中低龄老人开展文娱、学习和发展性服务，服务共计6次，累计服务老年人近百人次。

服务类型和内容

“智能信息小课堂”——包括防诈情景短剧、知识问答、智能手机讲堂、一对一讲解等活动形式，帮助老年人掌握智能手机操作技能和提升防诈骗能力。

“花草春天”主题活动——融合园艺疗法，带领老年人以园艺种植、经验分享等方式共建属于社区老人的“绿色小院”。

“粽情欢聚，端午飘香”活动——以端午节习俗为主题，通过做香包、品粽子、共欢唱、做游戏等环节，与老年人共度欢乐端午。

“话说天津”“定格时光”主题活动——让老年人通过“想当年”

讲述天津记忆、回顾价值人生、传承精神财富、促进代际共融。

代际互助系列活动案例（劝业场街道）

服务简介

以践行积极老龄观为指导方针，针对社区居家老人和入住养老院老人开展“一老一小”代际文化互助活动，提升居民的社区归属感、融入感和互助意识，服务共计4次，累计服务老年人和青少年60余人次。

服务类型和内容

“强健体魄、阖家团圆”主题讲座——围绕居家安全、家庭急救、健康饮食、运动等话题开展知识讲座、情景表演、角色扮演等活动，鼓励家庭代际互动和提高代际关系质量。

“茶文化”主题宣讲会——融合传统茶文化与深受年轻人喜欢的时尚茶饮，开展茶文化讲座、品茶、游戏等活动形式，在传统文化和时尚文化的碰撞中，两代人共同品味茶文化的意义。

“志愿互助话团圆，喜迎国庆赞中华”中秋及国庆主题活动——通过歌舞表演、小游戏、做花灯、品月饼等代际活动，大学生、小学生和社区志愿者与养老院老年人共庆美好节日，共话幸福生活。

“情暖冬至”活动——通过手指操、冬日养生科普讲座、有奖竞答、小游戏等环节，促进代际交流和理解，形成社区互助氛围。

社区老年餐厅功能拓展案例（东丽区现代制铁老年食堂）

服务简介

通过在老年餐厅开展精神文化活动，将老年餐厅打造为既满足基本餐饮需求，也能有效回应精神文化需求的场所，以丰富多彩的活动吸引更多老年人走出家门，融入社区。服务共计4次，累计服务老年人60余人次。

服务类型和内容

“保健实战营”活动——通过开展养生保健知识主题讲座，邀请康复训练师带领老年人进行实操演练，为失能老人恢复功能、健康老人预防疾病增能助力。

“智能技术讲堂”——通过防诈骗短剧、智能手机讲座、AI换脸技术体验等活动，帮助老年人跨越数字鸿沟，增强反诈能力。

“喜迎元宵共团圆”节庆活动——以空巢和独居老年人为主要服务对象，通过滚汤圆、编织中国结等活动，送去节日祝福，提供情感慰藉。

“才艺大赏”活动——老年人的歌舞表演、书画展示和大学生志愿者的相声演出交相辉映，鼓励老年人展示自我价值、共建积极老龄生活。

2. 面向半失能、轻度失智老人及其家庭的居家服务

半失能和轻度失智老人等体弱老人是当前居家社区养老服务的重要服务对象，以嵌入式养老服务中心、日间照料中心为代表的居家养老服务设施为体弱老人提供饮食起居等日常生活照料为主，康复医疗、文娱社交等为辅的服务，从而帮助老年人维持居家养老的生活方式。然而，对于体弱老年人来说，日间照料、助餐助洁助浴等生活照料仅仅是居家养老服务的最基本形式，虽然为老年人提供了居家生活的重要支持，但缺乏对老年人独立生活能力的保护和恢复的关注，包括运动康复训练、言语治疗、认知康复训练等在内的恢复性服务尚未得到重视和推广。因此，依托居家社区层面的医养结合模式，整合医疗机构、养老机构、社会组织等专业人员形成服务团队，在各类社区服务设施中因地制宜，一方面提供面向社区的康复恢复性训练和其他生活服务，另一方面为有需求的老年人提供综合评估和私人方案定制，为老年人提供多元性和个性化服务选择，将有助于提升居家社区养老服务的效果，更好地实现居家社区养老服务帮助更多老人维持居家生活方式的目标。

此外，在社会养老服务尚处于发展中阶段且以家庭养老为根基的当前社会，对家庭照护者提供全面的社会支持有助于提升老年人的生活质量且缓解社会养老压力，其与居家社区养老服务的目标具有高度的一致性，因而探索家庭照护者社会支持制度与居家社区养老模式的整合是当前社会养老服务发展的重要方向。目前，我国对家庭照护者的社区支持性服务以日间照料为主要形式，部分地区提供家庭照护者培训作为辅助形式。如天津市近年来持续开展家庭照护者培训工作，将失能老年人家庭照护者培训项目列入天津市20项民心工程，每年入户培训1 000名失能老人家庭照护者，由天津职业大学编制的《失能老年人家庭照护者培训规范》则为相关培训提供了实践支持。

然而，相较西方发达国家经验来看，我国对家庭照护者的社会支持尚处于起步阶段。如美国将家庭照护者支持项目列入法案，整合各类社会资源为照护者提供了涵盖信息咨询、喘息照护、经济支持、心理疏导、情感交流等全方位服务，同时建立起一套完整的家庭照护者权益保障、服务、投诉、管理以及监督机制，构筑了完善的家庭照护者社会支持体系。基于当前我国发展实践，应充分利用各类居家社区养老设施，如日间照料中心不能只停留在“托老所”的性质上，可考虑到老年人及其家庭的各种需求从而选择性提供包括医疗、康复保健、信息技术、康复器材租售、家庭照护者培训等多样化服务。在家庭照护者社会支持的具体服务项目上，应加强对家庭照护者的心理服务、技术指导和信息服务等，通过心理服务缓解家庭照护压力，通过开展肌肉注射、按摩、日常护理、饮食常识等知识技能指导减轻照料负担并提高照料质量，通过提供各类养老服务信息帮助照护者寻找并获得适合的服务。

此外，由于政府资源的有限性，如天津市每年1 000名家庭照护者培训名额远远无法满足庞大的居家失能老人家庭的需求，因而鼓励和支持高校、民间组织参与对家庭照护者的支持服务将有效提升居家养老服务的效率和质量。

面向家庭照护者的居家社区养老服务清单

1. 依托社会服务机构、高校开展家庭照护者技能培训。
2. 依托社会服务机构提供压力疏导等心理咨询服务。
3. 依托日间照料中心灵活开展喘息服务。
4. 依托社区养老服务中心、嵌入式机构和社区自治组织为照护者提供临时托幼服务。
5. 依托社会服务机构、高校开展家庭照护者团体辅导活动。
6. 开设照护者支援专线或相关网站，提供养老服务资源信息、个人教育和发展性服务信息等信息服务，提供在线心理辅导、SOS 紧急支援等服务。

3. 面向失能失智老人的机构养老服务

从国际经验来看，尽可能安排居家照护或协助自理生活，避免入住医疗安养机构是许多国家和地区发展社会养老服务的核心理念。对老年人来说，在熟悉和舒适的社区居家环境中老化，而不是被转移到专门的养老机构，有利于延缓老年人自理能力衰退的速度，即便对于缺乏自理能力的失能失智老人来说，居家养老服务若能提供其所需的基本照料和医疗服务，依然是绝大多数老年人的不二之选。但是，当缺少家庭和社区照护资源，或者依靠家庭和社区资源也难以得到充分的照料时，就需要更具专业性和医疗性的全日制机构养老服务的介入。因此，机构养老服务的重点对象就是缺乏家庭照护资源的失能失智老人。应加强针对失能失智老年人的养老机构建设和资源倾斜力度，并突出社区安养机构、专业老年护理院的地位，做好机构养老资源的集约化使用和服务对象分流管理，针对不同照护需求探索养老机构的连锁层级体系构建，使机构养老服务获得全方位的发展。

在具体的服务设计上，基于失能失智老年人的养老需求，应考虑以起居照料、医疗护理、康复保健服务为主，文化娱乐、教育学习等服务为辅。

从目前天津市养老院的发展情况来看，大多数养老院尤其是城市地区养老院在日常照护和医疗护理服务上基本能够满足老年人需求，尤其伴随着养老机构层面医养结合模式的发展，许多养老院在医疗护理和康复保健服务上获得了进一步的质量提升和功能拓展。但是，绝大多数养老院针对失能失智老年人心理康养、精神慰藉等方面的服务存在供给明显不足的问题。而对于老年人来说，由熟悉的家庭环境移居到机构环境会面临种种心理上的不适，因而心理支持、精神文化活动应作为养老机构的基本服务，既可以帮助老年人适应机构生活，也有助于提高老年人的生活满意度、自主性、安全感和改善老年人的生活态度。同时，养老机构不应设计成一个封闭的环境，鼓励机构老年人走出去，以“增权”理念为指导探索多种方式和途径鼓励老年人参与社会和融入社区，有助于维持机构老年人的功能健康状况并最大限度地实现社会融合，并创造有尊严、有快乐、有价值的机构生活。

鉴于养老机构人力资源的有限性，应加强与高校、各类社会组织、社区的合作，引入社会力量参与开展机构老年人的精神文化和社会融入活动，为养老机构发展文化助老和精神养老注入活力。笔者曾带领学生多次在养老院为失能失智老人开展文化助老活动，包括手工制作、慰问演出、编制生命纪念册、个案探访等服务形式，通过建立长期合作关系，探索制度化服务模式，为丰富失能失智老年人的机构生活、提高机构生活质量提供了实践性参考。

“掌控生命、重拾自我”——养老机构失能老人文化活动案例

活动形式

以四季为题目各开展一次日历制作活动，每次制作一个季节的日历即完成三张创作，作品内容由志愿者帮助老人一起构思设计，形式不限（如绘画、剪纸画、撕纸画、粘贴画、书法、照片粘贴、写下祝福

和心愿等），最终完成属于每位老人的个性化作品。

每次日历制作活动中都穿插关于一年四季的认知活动，如关于季节的歌曲、诗歌、小游戏等。

设计理念

掌控感——每个人都需要对生活的掌控感和自主感，而这种自主生命的基础就是对时间的掌控。对养老院的失能老人来说，长期的住院生活和规律性的作息可能已经让他们失去了自主时间意识，因而重构时间的概念，让他们在日历制作的活动中增强对时间的认识和对季节的体验，既能为他们的生活带来一抹色彩，也鼓励他们做生活的主人。

连续性——以日历制作为活动内容可使得每次活动之间具有连续性，且每年年末都可开展制作来年日历的活动。

个性化——12个月的日历作品可保证每位老人最终会有不一样的个性化作品，避免千篇一律，彰显每位老人的独特性。

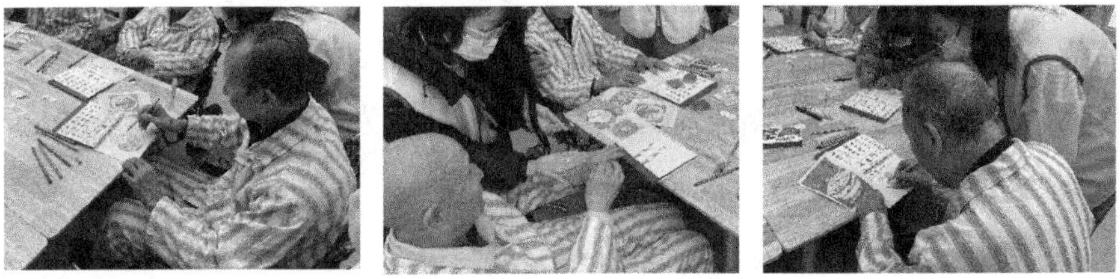

笔者所在高校社会工作团队在养老院针对失能老人开展文化助老活动的照片

（二）服务方式的创新性改革

随着社会经济的发展和人们生活质量的提高，“活得长更要活得好”已成为许多老年人的生活信条，由此带来的是老年人对社会养老服务需求的不断升级，既体现为需求种类多样化，也体现在精神文化需求的快速增长上，这意味着当前的社会养老服务已突破传统的照护型养老，转向综合养老、发展型养老方向。因此，不仅需要养老服务在内容上注重多元和精准，也需要在积极老龄观等理念指导下创新和优化服务方式。同时，在互联网和智能技术快速发展的时代背景下，借助数字技术和智能设施发展智慧养老和智慧助老，也是创新养老服务方式的重要途径，其在保障老年人居家安全、提供生活便利、缓解家庭养老负担、提升服务效率和质量等方面都发挥着重要作用。

1. 认知症老人的居家社区和机构养老服务创新

2021年，中国老龄协会发布的《照护服务报告》指出，目前我国60岁及以上老年人中认知症患者约有1 507万，且这一群体呈现快速增长趋势，预计到2030年和2050年，老年认知症患者数量将达到2 220万和2 898万。根据这一数据推算，我国60岁及以上老年人中认知症患病率达到5.6%，以天津市300万老年人口基数计算，目前天津市约有超过16万认知症老年人。目前，我国认知症老人大多由家庭提供照护，但随着老龄化程度的加剧和家庭结构核心化的发展趋势，认知症老年人家庭自身能够提供照护服务的人力资源将日益减少，伴随而来的是持续增长的专业化照护服务需求。然而，我国认知症照护服务领域尚存在专业照护服务供给不足、社会知晓率偏低、家庭照护负担沉重等问题。对此，建议在机构养老和居家社区养老服务领域不断创新服务方式，打造以社区为载体的家庭整体式关怀服务体系。

（1）家庭式护理机构

在机构养老层面，认知症患者由于认知和行动障碍带来的沟通困难乃至暴力性行为，曾经是一些养老机构将其拒之门外的主要原因，在当前我国着力发展面向认知症患者的养老机构和护理床位的背景下，针对认知症老人的机构养老服务得到了一定程度的发展，尤其体现在相关机构和床位数量的提高方面。对于认知症老年人来说，其面对认知障碍问题的同时还面临着失能风险，如中重度失智老人本身也是失能老人，因而生活照料、医疗保健、康复护理服务应作为机构的基本性服务，同时由于认知症老人的特殊性，因而在认知训练、生活技能训练、情感关怀等方面的需求也同样重要。但传统养老机构本身的环境隔绝化和服务刻板化，使得认知症老人的个性化特点和特殊需求难以得到有效满足。

因此，借鉴日本“集体老人之家”（Group Home）的照护形式，发展家庭式认知症护理机构，通过提供小单元的家庭式照护，使认知症老人在熟悉的“社区环境”和“家庭式场景”中获得个性化服务，从而改善身体机能和认知功能并延缓功能衰退速度。家庭式照护机构在具备养老机构的常规服务和功能之外，尤其应在环境建设和服务内容上融入赋能、人本、互助的价值理念，打造集家庭式服务和邻里关怀为一体的服务方式。

对认知症的家庭式护理机构的发展建议

①将力所能及的事归还给老人，减少替代性服务。在整理床铺和衣物、制定菜单、准备食材、打扫公共空间等方面可集体协作，发挥老年人的自主能动性。

②建立院舍内合作互助式的邻里关系。将老年人分成小组建立单元式的邻里关系，打造社区邻里纽带；调动互助资源，尤其是轻度认知症患者的志愿服务能力如帮助新入住伙伴适应院舍、日常生活互助等。

③在机构内环境设施方面，仿照家庭和社区场景进行实物还原，允许老年人自己布置房间从而打造熟悉的家庭环境，借助模拟菜市场、零售店、银行、车站、医院、图书馆等场景将认知训练日常化。

④建立机构与社区联动机制。“请进来”和“走出去”相结合，举办开放日活动，鼓励社区民众参与认知症老人志愿服务，同时带领（身体条件允许的）老年人走出机构开展社区参与活动，提升社会对认知症的关注和理解。

⑤丰富日常活动，创新活动形式。在手工制作、文化娱乐等日常活动基础上，不定期开展机构内部或面向社区的书画摄影展、文艺演出、手工展等活动，提升老年人的价值感和归属感。

（2）社区认知症之家

尽管我国60岁及以上老年人的认知症患病率高达5.7%，但由于起病隐匿、症状发展缓慢且民众缺乏认知，因而大多数老年人并不知道或未确诊患病。同时，在现有认知症护理机构数量不足和民众认知度不高的情况下，绝大多数认知症老人以居家形式接受来自家庭成员的照护。因此，以社区为载体发展社区认知症之家，整合社会和社区资源为居家老人及其家庭提供支持与关怀，既为满足当前庞大的认知症患者服务需求提供了现实方案，也是未来老龄化和高龄化社区中养老服务的发展方向。从具体操作层面来看，依托现有社区综合养老服务中心、日间照料中心或社区活动室建立认知症关怀之家，为认知症老人及其家庭提供认知训练和课程，为家属提供心理疏导、危机干预、同路人小组等服务和活动，同时，加强认知症宣传，营造包容、理解、关爱的认知症友好社区氛围。

对社区认知症之家的发展建议

①加大认知症的社区筛查力度，依托专业社会组织或经过培训的志愿者开展社区认知症科普和筛查活动。

②整合社会组织或高校专业力量提供社区认知症课程，围绕认知症的基本常识、护理原则和技巧等内容进行普及教育。

③开展针对认知症患者及其家庭的个案评估、制定干预方案、转介和家庭支持等专业性服务。

④定期开展认知症患者及家属的线上或线下活动，包括日常聚会、经验分享会、同路人小组活动等，构建社区互助网络。

⑤招募和组建社区志愿者团队，为社区宣传、开展社区活动和机构探访服务提供稳定的志愿力量。

2. 养老院的新面孔——继续成长的另类乐园

机构养老作为新中国成立后最早出现的养老模式，尽管养老机构在提供专业化养老服务和降低家庭照料压力等方面都发挥着不可替代的作用，但也存在着非人性化的照料方式、标签化和虐老现象，以及社会隔离的机构生活和政府财政支出压力等突出问题。尤其伴随着西方“去机构化”运动和社区照顾模式传入我国，养老机构的生存和发展一度面临重大挑战。对此，我国通过大力发展护理型养老机构和床位，鼓励公建民营等运营方式，推进医养结合以满足老年人对医疗和养老的双重需求，利用社区支持系统探索嵌入式养老院等方式优化结构布局和创新服务方式，从天津市发展现状来看，机构养老无论在数量、结构还是质量上都在不断优化和发展。

然而，笔者在实际调研中发现许多养老院依然存在社会隔离、非人性化管理、缺乏对隐私的保护等问题，从根源上看则是养老机构的理念和定位问题，养老院究竟是一个为虚弱的老年人提供照护和医疗服务以满足其基本生存需求的地方，还是一个为有完整需求的老年人提供继续成长机会的地方？养老机构的服务背后究竟是尊重（认可老年人的自我价值和能力及其对自身尊严的保护）还是同情（假设老人是一个弱者）？针对这些问题的不同答案决定了一个养老院的服务方式和质量。整体来看，当前养老机构的理念与服务创新普遍存在进一步发展和提升的空间。

对此，建议将积极老龄观和社会工作的助人理念以及服务方式应用于机构养老服务的发展，除加强生活照护、医疗等传统服务外，通过增强“三种联系”，即增强养老院与家庭和社区之间的联系，增强入住老年人之间的联系，增强老年人的需求和能力之间的联系，将养老院打造为供老年人继续成长的另类乐园。

对打造另类乐园式养老院的建议

①增强养老院与家庭和社区之间的联系

· 允许老年人携带喜欢的物品入住养老院，房间布置遵循老年人的意愿或根据对老年人喜好的预先了解进行布置，创造居家环境。

· 鼓励和支持老年人外出参加重要家庭活动。

· 在公共区域摆放绿植（种类多样化）或开设绿植区，允许老人在房间摆放绿植。

· 根据机构和入住老人情况开设宠物探访日。

· 支持养老机构选址与学校、社区为邻，营造老年人熟悉的社区氛围。

· 支持社会组织、学校、志愿者组织等团体为机构老年人提供经常性的探访以及开展双向互动的文娱、教育等活动。

· 根据机构和老人情况以集体活动形式组织老年人走出养老院，如参加社区活动、游览公园、参观博物馆等。

②增强入住老年人之间的联系

· 根据机构和入住老人情况开设混龄居住、混能活动模式，支持低龄、自理能力较好的老人为高龄、失能老人提供情感陪伴等服务，营造互帮互助的老龄社区氛围。

· 根据居住情况将老年人按楼层分组，以“楼栋”“单元”或“街区”形式为各组命名（邀请老年人参与命名）并开设独立用餐区和公共活动区，营造社区氛围以提升融入感。

· 鼓励和支持老年人开展丰富的社团活动，如书画、乐器、手工、演讲、朗诵、表演、学习类和志愿服务等社团，失能老人亦能通过欣赏作品、观看演出和接受志愿服务等方式参与其中。

· 日常的自发性社团活动与定期社团展示活动相结合，社团内部活动与社团间交流（如各社团负责人例会商讨活动计划）相结合，为老年人提供形式多样且持续性的交流机会。

· 为老年人的生日、纪念日或特殊事件举行集体活动，可邀请入住老人代表共同商定活动计划。

③增强老年人的需求和能力之间的联系

· 定期举办机构老人社团展演，如书画展、文艺表演、手工作品展等，鼓励老年人自发组织和参与养老院的节庆演出活动。

· 开展“乐龄讲堂”活动，发掘机构老年人中的教育资源，以机构老人当讲师的形式鼓励老人将人生经验、生命感悟、知识资源传递给下一代。

· 鼓励老年人参与机构内部事务和日常服务，如园艺种植和维护、制定菜谱、每日择菜、活动策划、新入园老人的心理调适服务等，鼓励老年人发挥自身特长并为其赋予主持人、活动策划师、社团负责人、广播员、营养咨询师、养老顾问等“职业”角色。

整体来看，打造乐园式的养老机构应以重视老年人的潜能和价值，增强机构生活的自由和自主程度为核心理念，通过创造居家社区环境和丰富的活动设计，提高人际关系满意度、自主性、安全感以及改善老年人的生活态度；通过发挥老年人的自助和互助能力以满足其自身需求和强化自我价值感，改变老年人弱者和受助者的角色；通过帮助老年人在机构生活中保持多样化的身份和自我选择，提升老年人的生活自主性和能动性，最终将有利于提高老年人在养老机构中的生活质量。

3. 养老服务的数字化创新

随着现代科技的应用性发展，以互联网和人工智能为依托的智慧养老和数字养老服务已成为提升老年人生活质量和幸福感的重要方式。尽管老年人群体存在一定程度的数字鸿沟，但不同年代的老年人在数字应用能力上存在显著差异，特别是随着20世纪60年代第二次生育高峰出生的人群进入老年期，60后老年人将在智能手机使用能力、数字素养等方面展示出与40后、50后老年人截然不同的特点，因而探索数字化创新，借助数字技术助力养老服务具备一定的市场潜力和可操作性，将有助于提高养老服务的效率和服务效果。

在我国当前智慧养老和数字养老服务的发展中，主要发展方向为以智能呼叫、探测器和智能穿戴设备为核心的智慧养老服务中心和平台建设，如前文中提到的天津市和平区劝业场街智慧养老服务指导中心、滨海新区新城镇智慧助老指挥中心等服务设施。但从实际运营来看，智慧养老服务中心叫好不叫座现象较为明显，究其原因在于过于追求技术革新和发展硬件设备，服务供给与老年人的需求、消费能力及数字素养明显脱节。因此，发展精准化服务，开发适销对路的服务和产品，加强老年人的数字素养教育是发展智慧养老服务的重要路径。具体来看，通过开发养老机构和社区服务机构的智能排班系统、智能派单系统、数字化管理与评价系统，以提升人力资源管理效率、减少人工成本和提升护理、服务质量；加强养老需求与服务数据库建设，及时发现和响应服务需求；在完善现有智能居家安全监控系统和智能健康管理系统的基础上，加强老年人在线社交、娱乐、教育等平台和软件的开发力度，关注老年人的精神文化需求；加强老年人数字素养教育，鼓励社区、老年大学等组织开设智能手机、智能设备使用课程，提高老年人的数字素养，使他们能够更好地适应和使用智能养老设备；此外，从国家层面来看，在条件成熟的地区建立智慧养老示范区和示范机构，可通过实际应用检验养老科技的效果，形成可复制、可推广的模式。

除社区智慧养老服务中心的建设之外，各地区也出现了一些有益的探索和尝试，如北京市发布的“北京养老助残卡功能绑定小程序”，其依托银联云闪付进行线上支付，从而实现线上便捷支付和跨区域消费使用，让老年人和家属更加便捷高效地享受到相应服务；上海、天津、安徽、大连、青岛等省市开发的养老地图小程序，通过一键查询功能帮助老年人及家庭更加直观、有针对性地选择合适的养老机构；此外，世界卫生组织、北京精神卫生研究与培训协作中心、北京大学第六医院共同联合开发的世界卫生组织认知障碍照护者在线课程网站，以更加灵活的学习方式为认知障碍照护者提供相关照护技巧、心理减压等学习课程，帮助照护者更加有效掌握照护技巧并运用到照护实践中。与社区智慧养老服务中心不同的是，这些举措以更加微观、具体化和低成本的方式服务于老年人及其家庭的特殊需求，从而具有更强的针对性和适用性。

因此，在当前社会经济发展尚未达到较高水平、民众购买力和消费意识有限的情况下，针对老年人及其家庭的具体需求，发展“小而精”的数字化养老服务方式更具有合理性和现实意义，如在线医疗服务、护理保健在线指导、旅游和健康饮食等各类在线私人定制服务、各类线上老年人学习平台、家庭照护者云课堂和在线指导、智能家居系统等数字化服务，将在提供居家养老便利、缓解家庭养老负担、丰富老年人生活等方面发挥重要作用。例如，笔者曾指导的“互联网 +”大学生创新创业大赛项目基于在天津市和平区的调研，尝试为老年人搭建起“社区老年互助微信小程序”，为构建城市社区老年互助模式提供了数字化的有益探索。

社区老年互助微信小程序建设案例

服务简介

基于老年人互助养老需求调查和社区实践经验，搭建基于微信小程序的社区互助养老平台，方便社区老年人进行线上线下相结合的社区互助养老活动，探索在城市社区推广基于微信小程序的社区互助养老平台的可行性策略。

服务类型和内容

文娱活动专栏——重点栏目，包括美食荟萃、运动达人秀、才艺大赏、音影书籍分享和互联网使用学习等专栏，以多彩的线上活动丰富老年人的日常生活，并为其提供自我展示平台。

生活互助专栏——包括“跑腿”帮助、送菜上门和家庭卫生互助等，通过积分制度和评选互助达人形式鼓励低龄老人帮助高龄老人和邻里互助。

线下活动播报专栏——提供老年餐厅、读书会、户外活动和讲座学习等线下活动信息，为老年人参与社区活动提供多元化消息渠道。

信息共享专栏——包括寻医问药、家政服务分享与推荐、养老机构分享与推荐、购物优惠分享、观光景点门票优惠分享、游玩景点推荐、餐厅和店铺推荐等，为老年人多渠道获取有效消息提供便利。

老乡帮帮团——以外来和随迁老年人为服务对象，通过寻找老乡、社区信息你问我答等，以帮助外来和随迁老人提升社区融入感。

五、社会养老服务的其他配套改革

（一）人才队伍建设

随着老龄化程度的不断加深，养老服务人才队伍的建设变得愈发重要和紧迫。老龄社会带来的不仅是人口结构的变化，更是对养老服务体系、养老服务人才数量和质量提出了更高要求。因此，加强养老服务人才队伍建设是发展社会养老服务首要解决的问题。2023年12月，民政部、国家发展改革委、全国老龄办等12部门联合印发了《关于加强养老服务人才队伍建设的意见》，成为我国首个关于养老服务人才队伍建设的综合性政策文件。该《意见》从拓宽人才来源渠道、提升人才素质能力、健全人才评价机制、重视人才使用管理、完善保障激励措施等方面进行了全方位制度设计，以推动建设一支规模适度、结构合理、德技兼备的养老服务人才队伍。

天津市近年来在养老服务人才队伍建设方面采取了多项措施，以应对老龄社会带来的挑战，如开展补贴性职业技能培训，提升养老服务人员的专业技能；举办养老护理职业技能竞赛如“海河工匠杯”“西岸护理杯”等技能大赛，激励养老服务人才不断提升技能水平；推动校企合作，加强学校与养老机构的合作，共同培养适应市场需求的养老服务人才等。各区县也在不断优化养老服务人才队伍建设路径，如河西区先后制定出台《河西区居家养老服务业岗位补贴办法》《河西区关于加快推进新时代人才强区战略的政策措施》等各类人才补贴政策，对河西区养老产业发展方向的企业每培养一名高技能人才，最高给予一次性10万元奖励资助，同时对街道和社区居家养老服务中心按照“1+3+N”确定人员补贴，即1个管理岗、3个服务岗、N个护理岗，每人每月给予岗位补贴1 000元；和平区与天津职业大学开展养老服务人才培训合作，通过建立养老服务实习、培训双基地，打通专业学生到养老机构实习、养老机构护理员到高校培训的双向交流通道，不断提升养老服务专业性。

然而，在各级政府多措并举推动养老服务人才队伍建设的背后，存在着高职院校相关专业学生选择养老服务行业的比例持续低迷以及人才流失率居高不下的现实困境，工资收入低、工作环境差、社会地位不高成为当前社会养老服务人员不稳定的重要因素，因而需要用更好的工作环境、更优的薪资待遇及更畅通的职业上升通道，吸引和留住养老服务人才。对此，建议建立统一的老年社会工作者职业资格认证制度，制定权威认证机构和统一认证标准，促进老年社会工作领域的专业化和职业化发展；设立老年社会工作者和护理员薪酬补贴机制，除日常补贴外，可因地制宜探索一次性入职奖励方式吸引和留住人才；探索将养老服务高技能人才纳入城市直接落户范围，推动其配偶、子女等随迁家属按规定享受公共就业、教育、住房等保障服务，为养老服务人才提供“安居乐业”的发展环境；拓宽人才培养渠道，通过校企合作、对口合作等方式，定向培养人才支撑养老服务机构的发展；建立健全养老服务人才失信惩戒和守信褒扬机制，树立“奖优罚劣”导向，通过表彰奖励、职称评定、职务晋升等方式，打通职业晋升和发展通道，提升养老服务人才的自我认同和社会地位。

（二）社会养老服务监管和评估机制建设

社会养老服务评价机制的建设是确保养老服务质量和效率的重要环节，也是社会养老服务供给制度的重要保障机制，主要包括如何实现社会养老服务需求精准评估和定位，以及如何建立科学统一的养老服务标准化管理和质量评估制度。近年来，我国在养老服务领域陆续出台评估标准，如2019年发布的《养老机构服务安全基本规范》这一强制性国家标准，2022年发布的《老年人能力评估规范》国家标准，以及2023年发布的《〈养老机构等级划分与评定〉国家标准实施指南（2023版）》等一系列国家级评估标准，为完善社会养老服务提供了规范性参考，上海、广州、长沙、温州、常州等城市也在居家养老服务评估和考核领域探索出台了相关制度性文件。

但从现有评估标准及其实施来看，存在评估内容不充分、评估目标不明确、各地评估工作推进程度不均衡等问题。以《老年人能力评估规范》为例，其4个一级指标、26个二级指标涵盖自理能力、基础运动能力、精神状态、感知觉与社会参与几方面，通过一级指标的总分将老年人划分为能力完好、轻度受损（轻度失能）、中度受损（中度失能）、中度受损（重度失能）、能力完全丧失（完全失能）等级别。这一指标体系虽然能有效评估老年人的功能健康和自理能力，但其仅仅能对失能等级做出区分，缺乏对老年人失能、失智或残疾情况的进一步鉴别，这种简单的失能等级划分未能有效关注不同老年人的特殊问题和需求；此外，该评估指标体系中也未能涵盖家居环境和家庭支持状况等维度，无法判断老年人生活环境中的风险因素和家庭照料情况，从而难以界定老年人对各类服务的需求并匹配适切的服务。

而从各地评估实践来看，目前存在两种国家评估标准执行方式，一种以北京市为代表即在国家标准基础上增加照护需求评估，包括社会参与和支持、特殊照护、居住环境与辅助器具设施等维度，从而在判断老年人的功能健康基础上进一步区分其照护需求程度，并将评估结果用于发放失能老年人护理补贴、安排居家养老照护服务、轮候入住公办养老机构、配置康复辅助器具、提供康复护理服务，以及为养老服务机构发放运营补贴和实施政府购买服务项目；另一种则为完全执行《老年人能力评估规范》国家标准，将评估结果主要用于养老服务和护理补贴发放以及养老机构入住评估等方面，如天津市对能力等级为2级、3级和4级（分别为中度失能、重度失能和完全失能）的老年人给予每人每月100～300元的养老服务补贴和200～400元的养老护理补贴，并制定养老机构等级评定结果和老年人能力评估结果互认政策。目前，大多数省市采用第二种方式，严格执行国家标准为养老补贴政策制定和执行提供了重要依据，但对于老年人照护需求评定和养老服务供需匹配未能提供有效指导。因此，在国家标准基础上，结合本地实践探索制定老年人基本能力和养老服务需求评估指标体系，对于推进社会养老服务供给侧结构性改革有着重要意义。

除老年人能力评估和养老服务需求评估之外，现有养老机构评估同样存在类似问题。以天津市为例，2024年印发的《天津市养老机构等级评定管理办法》规定，由政府采购的第三方评定组织参照《〈养老机构等级划分与评定〉国家标准及实施指南（2023版）》开展养老机构等级评定工作，从环境、设施设备、运营管理和服务四方面将养老机构评定为一级至五级。整体来看，该评级方案制定了较为完备的评估流程和体系，并采用分类细致和操作性强的国家评估标准，旨在建立统一科学的质量标准和评价体系，并具备一定的市场竞争导向。但从评估结果导向来看，是否会使养老机构改善环境和提高服务质量更多是出于评估定级的被动行为，而非主动提升服务理念和质量？如何提高养老机构改善服务的主动性，如何从老年人的需求和满意度角度来评判，是现有评估方案和相关指标体系所欠缺的。

对此，可参考中国香港社会福利署制定的《安老院实务守则》和《安老院（护养院）实务守则》，其在每一类服务上都提出了细致的实务原则指导建议，包括养老院在各类服务上的细节指导（如膳食服务中如何提供低脂食物，药物管理中对“个人药物记录”“个人用药和给药记录”具体记录内容的规定，员工常规化培训内容等），以及养老院在管理和服务中遇到某类问题应如何处理或向何部门（提供电话）咨询和求助，一方面为养老院开展日常服务和管理提供了针对性的参考，另一方面也体现了社会福利署服务社会、服务民众、服务机构的理念。

此外，建立畅通的监督和投诉渠道也是保障社会养老服务高效运转和服务质量的重要方式，从目前绝大多数省市情况来看，主要以统一市政热线为监督投诉渠道，如北京市、上海市、天津市的便民热线均以接单、分流派单、处理反馈的流程解决民众关于养老服务的问题和意见，除此之外尚无专门针对养老服务的独立监督投诉渠道，可能带来服务效率较低、反馈时间较长、问题解决时效性差等问题。对此，可基于笔者前述提到的养老服务信息平台建设，以政府服务网站或小程序在线问答以及独立热线形式为民众打造多样化、多路径的监督投诉和建议渠道。

六、小结

本章基于前期实地调查的基础上，从政策理念、供给主体、供给模式、养老服务内容等方面提出社会养老服务体系的供给侧结构性改革建议。围绕强理念、促整合、补短板、争创新、重监管等改革理念，探索如何为社会养老服务体系构建奠定价值理念基础；发挥和协调政府、社会、市场、社区和家庭各方在养老服务体系中的作用；推进现有各类养老设施和资源的统一规划和集约发展；探索居家社区和机构养老服务、养老服务和残疾人等群体服务的资源共享和整合路径；推动养老服务内容和方式的拓展与创新；以及加强监管和评估机制建设等问题，以期为完善社会养老服务体系尤其是推动天津市社会养老服务发展提供有益参考。

（一）强理念

家家都有老，人人都会老，衰老和老龄与每一个人、每一个家庭都息息相关。由此，养老服务的对象应为每一个老年人及其家庭，而养老服务的力量来源也离不开每一个公民的参与和贡献。社会养老服务要发展，力量依托在社会公众，最终落脚点在基层社区。因此，构建积极的公众老龄观和建设全龄化社区，不因资源的有限性和年龄刻板印象而放弃追求老年人的福祉，也不因社会对老年人权益的过度关注而损害年轻人的利益，是促进代际和谐和发展代际互助，建立“不分年龄、人人共享”社会的必要之举。

积极老龄观作为整个老龄事业的指导方针，其在社会养老服务体系建设中也发挥着重要的指导作用。关注服务对象和需求的多样性；为老年人提供养老模式的多元选择；在社会养老服务设计和服务提供过程中维护老年人的独立自主以及尊严和价值；重视促进健康和社会参与的预防性服务；构建适老、尊老的积极老龄社会环境和氛围都应作为积极老龄观指导下的社会养老服务政策发展目标和内涵。

（二）促整合

政府作为社会养老服务的统筹者，扮演着政策制定和项目规划、财政支持、信息平台建设、评估和市场监管、人才培养等角色，同时要做好政府部门间分工协作与功能整合。在政府统一规划下，推动基层组织、社会力量和市场的积极参与，丰富政府、市场和社会等供给主体间的合作形式，是社会养老服务供给侧结构性改革的重要基石。既要做好政府统一规划管理，又要适度放权基层；既要保障公办机构的兜底作用，又要激发民营机构的发展动力和市场活力。

嵌入式养老作为当前社会养老服务模式整合式发展的方向，其融合居家社区养老服务和机构养老服务，依托医养结合发展成果，立足社区为有需要的老年人提供生活照料、医疗护理、康复保健、文体娱乐等综合性服务，既使得大部分老年人能够实现居家养老，又为少数老人提供了离家不离社区的机构养老服务，促成了各类养老模式优势互补、各类养老服务良性互动的新格局。进一步发展嵌入式养老服务需因地制宜，整合街道社区及周边专业机构、社会组织和志愿者资源，在优先满足社区老年人需求的前提下，以免费和有偿使用相结合的方式将设施和服务面向整个社区，以“服务资源取自社区、服务产品面向社区”理念推动社区嵌入式服务良性发展。

（三）补短板

尽管近年来天津市基本养老服务设施规模在不断增长，但相较数量庞大且日趋多样化的养老服务需求而言，现有社会养老服务存在明显的供给短板，主要体现在优质服务和专业性服务相对供给不足、精准化服务不到位等方面。

当前我国的社会养老服务需求呈现出多样化和专业化发展趋势，从服务内容来看，健康状况较差的老年人在照护需求基础上寻求更加专业化的医养和康养服务，健康老年人则对专业性的预防保健、文体娱乐、社会参与等服务有着更广阔的需求；从服务对象来看，除老年人群体在老有所养、老有所医、老有所为、老有所学、老有所乐、老有所安等方面有着基本服务需求之外，诸如认知症老人等特殊群体亦有着其独特的服务需求。此外，老年人的家庭成员尤其是家庭照护者也存在着心理服务、喘息服务、发展性服务等社会支持需求，还有以整个家庭为服务对象的临终关怀服务需求等。因此，有必要改变传统的单一化、标准化、低层次的服务方式，着力于“精准化”和“专业化”，通过制定标准化需求评估工具、开展服务对象基本情况摸底调查（包括家庭照护者情况调查）、建立需求和供给服务信息平台、引入专业服务机构和建立精准化管理体系等方式促进需求定位精准化、服务内容专业化、服务推送高效化，实现养老服务供需高质量对接。

（四）争创新

在智能技术、互联网发展和大数据时代背景下，将“互联网+”“人工智能+”思维引入养老服务事业，借助数字化和智能化创新服务方式和理念，应作为社会养老服务供给侧结构性改革的前沿方向。在加强综合性智慧养老服务平台建设、发展穿戴设备和居家辅助设备等主流模式和重点领域之外，探索成本相对较低、目标人群精准化定位的各类“小而精”的数字化养老服务项目，通过“以点带面”推进智慧养老服务的分阶段、分类、有序发展，以小切口服务大民生，是当前社会经济背景下更贴合实际的发展路径。

（五）重监管

打造科学高效的社会养老服务监管和评估体系的前提是建立养老服务信息管理系统，加快建立一个收集需求信息、提供养老服务机构信息、监测养老服务质量的信息系统，有助于民众及时了解和获取养老服务、促进服务精准化递送和保障服务质量，也是推动养老服务供给侧结构性改革的重要抓手。

从当前社会养老服务监管和评估工作来看，包括天津市在内的许多地区都严格执行国家评估标准，但缺乏与实地情况相结合的创新性改造，从而造成评估目标单一、评估结果用途局限等问题。此外，不管是评估标准制定还是实际执行都更重视对养老机构的监督，而居家社区养老服务相较而言缺乏制度化监管和公开机制。由于居家社区养老服务形式多样化、服务设施数量庞大、服务人群分布广泛，这为评估标准制定和监管工作带来了极大挑战，也是未来进一步完善社会养老服务供给结构和提升服务质量的重要改革方向。

终章　供给侧结构性改革驱动养老服务高质量发展

近十年来，伴随着总人口数量的逐步下降趋势，天津市已进入人口老龄化的快速发展时期，老年人口数量以6%的年均增长率急速攀升，老龄化比重在2012年至2022年间增长了4.6个百分点。目前，天津市以老龄化率全国第八的排名，成为整个北方地区除东北三省外人口老龄化程度最高的省级行政区，提前迈入中度老龄社会。在人口出生率持续负增长的作用加持下，天津市老龄化程度未来必将进一步加深。

面对300多万老年人口的养老问题，天津市在养老政策上紧跟中央，从2006年起，天津市连续编制关于老龄事业发展的“十一五”“十二五”“十三五”和“十四五”规划，并围绕完善养老保险、发展和创新以助餐和嵌入式养老为代表的居家社区养老模式、完善居家养老和机构养老补贴制度、推进医养结合、加强养老服务评估、发展老年教育、开展适老化改造、放开养老服务市场等方面出台了一系列相关政策和意见，形成了一套全面、科学、可持续性的政策框架，为天津市建立和完善社会养老服务体系奠定了制度基础。尤其从“十二五”到“十四五”的十多年间，从探索和完善“973”的多层次养老服务格局到建立居家社区机构相协调、医养康养相结合的养老服务体系，天津市在社会养老服务发展实践中不断探索养老新模式和新路径，在嵌入式养老模式、“三边四不离”养老服务体系、智慧养老等方面不断加大投入和创新力度，着力推进居家、社区和机构养老的跨界融合，打造覆盖城乡的“15分钟养老服务圈”，实现老人家食堂城镇全覆盖，全市街镇级养老服务综合体覆盖率达72%等发展目标，在打造“津

（金）牌养老”服务品牌的道路上不断取得丰硕的成果。

然而，在各类养老设施建设速度明显加快的同时，天津市社会养老服务发展道路上也蕴含着诸多问题，尤其从服务供给侧来看，存在着养老服务中的人本理念、积极理念、需求视角和家庭视角相对缺乏；政府职能不清、权责不明确、对基层实践干预过多；养老服务需求分类管理制度不健全，尤其对家庭照护者和失智症老人等群体缺乏服务需求细分，养老机构存在结构不合理、供需不匹配现象；以及各类养老服务设施名称不统一、定位不清、功能混淆等问题。由此，造成当前社会养老服务缺乏足够的运作活力，服务覆盖面和社会力量参与相对有限、政策落地难和可持续性不足等现实困境，制约着天津市社会养老服务的进一步深入发展。对此，应为当前养老服务发展赋予强理念、促整合、补短板、争创新、重监管的供给侧结构性改革思路。

完善社会养老服务制度，理念改革应先行。要全面理解积极老龄观的科学内涵，既强调保护和提升老年人参与和贡献家庭与社会的能力，也要营造一个消除年龄刻板印象的适合老年人居住和发展的社会环境，以养老模式的多元性、维护老年人的独立自主性以及尊严和价值、预防优先、尊重服务对象和需求多样性、重视宏观生态构建等原则为基础，将积极老龄观理念充分融入养老服务需求分类管理、健康老龄化服务、老年教育、无障碍改造等养老服务实务当中。除积极老龄观外，整体性视角也应被纳入养老服务政策和实践中，这种整体性视角一方面体现在各年龄群体对养老服务的整体性参与和全龄化社区服务构建上，以前瞻性和预防性为养老服务出发点，吸引各年龄群体共同参与养老服务事业并共享社区服务和社会发展成果；另一方面也体现为将老年人的家庭成员纳入养老服务对象的整体性关注，通过为家庭照护者提供喘息服务、家庭照护技能培训、信息服务、心理辅导、临时托幼服务、紧急支援等服务，将有助于缓解家庭和社会的养老压力和照料负担，以及构建起和谐、公平的代际关系。

健全社会养老服务体系，必须明确养老服务主体的多元化机制以及协调好多元主体在社会养老服务体系中的角色。对政府部门来说，既要发挥各级政府在政策制定和项目规划、财政支持、数据收集、信息平台建设、评估和市场监管、人才培养等方面的统筹指导和管理作用，也要解决好政府部门之间的职能分担与平衡问题，推动养老服务、残疾人服务、家庭服务、妇女服务等领域的资源整合与共享。从街道和社区层面来看，应不断强化基层组织的主体性和自治性，充分发挥其在养老服务需求信息收集、服务资源整合链接当中的作用，加强对社区自治组织参与社区养老问题调研、协调居民关系、传递服务信息等事务的引导。对社会和市场主体来说，一方面要加强公益性组织和非营利机构在增加养老服务供给、参与服务评估等方面的作用，并大力发展志愿者服务和建立居民互助机制；另一方面，进一步加强政府对市场的放权并放宽竞争机制和定价机制，完善公建民营、民办公助、政府购买、补助贴息等政策扶持，促进养老服务的福利性与市场化的兼容。家庭及个体作为老年福利的基本提供者，也是养老服务供给主体中的重要一环，通过动员个体和家庭参与邻里互助式养老，将为整个社会养老服务体系建设源源不断地输送资源和力量。

推进养老服务供给侧结构性改革，应以推动服务模式融合发展、整合多元服务力量、促进服务资源共享与信息系统整合为重要发展方向。其中，居家、社区和机构养老的融合发展作为当前养老服务改革的着力点，应首先明确融合养老模式的属性，以社区综合养老服务中心等设施为代表的嵌入式融合模式本身应定位于居家社区养老服务，其主要面向社区老年人群体，通过借助养老机构的设施与服务或整合相关资源嵌入社区养老设施的方式，为社区老年人提供多元养老服务。发展融合养老模式，并不是要取消或模糊原有居家、社区和机构养老服务的边界，居家社区养老设施也不能完全办成养老院，面向社区、服务周边、临时托养、应急援助应成为嵌入式融合养老模式的核心理念。同时，嵌入式融合养老模式应立足社区实际，根据不同社区和不同人群的特点探索“不分年龄、人人友好”的综合性社区服务，通过打破服务对象的局限性，鼓励社区民众共享社区发展成果，从而推动社区养老服务设施运营的可持续性。

打破养老服务信息壁垒，推动养老服务信息的整合也是供给侧结构性改革中的重要基础性环节，但这一环节的完善却相对滞后。以香港社会福利署网站中关于安老服务的信息发布与分享机制为参考，其信息涵盖基本养老服务理念、各类养老服务设施功能及服务申请机制、养老机构信息、养老院轮候信息、养老服务评估和投诉机制、各类服务贴士等，提供了一个集信息查询、服务申请、反馈与投诉等多功能于一体的信息平台。对此，应加强以市为单位或以区为单位的养老服务信息平台建设，打造一个涵盖居家社区养老服务、机构养老服务、医养结合服务、家庭照顾者服务等基础模块，以及案例推广、人力资源和人才培养等辅助模块的综合信息平台，以方便民众及时便捷了解和使用相关服务。

推动养老服务的供给侧结构性改革，必须将需求与供给有机统一起来。基于不同类型老年人的需求特点进行养老服务内容细分，从而为各类养老服务设施开展多元化和个性化服务提供重要参考框架。对于中低龄和自理老年人来说，重在开发社区预防发展性服务项目，如健身体育类、教育文化类、休闲娱乐类、价值发展类和退休过渡性服务。对半失能和轻度失智老人等体弱老人来说，在现有日常生活照料、康复医疗、文娱社交等居家社区服务之外，还应重视发展包括运动康复训练、言语治疗、认知康复训练等在内的恢复性服务。对主要面向失能失智老人的机构养老服务来说，应特别强调积极老龄观和“增权”理念与日常服务的融合，以增强机构生活的自由和自主程度为核心原则，通过发展养老院与家庭和社区之间的联系，入住老年人之间的联系，以及老年人的需求和能力之间的联系，将养老院打造为老年人能够继续成长的另类乐园。而对失智老人来说，要发展家庭式认知症护理机构和建设社区认知症之家，从机构养老和居家社区养老服务两个层面创新认知症关怀服务方式，探索打造以认知症家庭为服务对象的家庭整体式关怀机制。

尽管本研究从天津市社会养老服务需求和供给两方面的现实出发，从供给侧结构性改革视角提出了发展和完善养老服务体系的相关对策建议，但依然存在诸多不足。首先，调查范围有限，样本量不够大，且样本中的老年人与成年子女群体未能形成家庭匹配关系，一定程度上影响到对天津市养老服务需求等问题分析时的代表性。其次，对农村地区养老服务现状的梳理和相关对策建议相对缺乏，尽管天津市具有较高的城市化率，《天津市“十四五”养老服务体系发展规划和二〇三五年远景目标纲要》中也提出城市养老服务与农村养老服务平衡发展的统筹策略，并制定诸如乡镇范围内具备综合功能的养老服务机构覆盖率达100%、农村老年人助餐服务覆盖率达100%等与城市同步发展目标，但就农村地区来说，其普惠服务需求尚未得到有效满足，且在经济和社会发展程度上与城市地区有较大差距，因而探索具有天津特色的农村养老服务模式是值得进一步深入探讨的问题。第三，研究范围不够全面，社会养老服务体系建设和创新是一个系统性、综合性的大工程和大课题，尽管本研究对养老服务供给主体以及供给模式和方式等方面进行了重点探讨，但从供给侧结构性改革链条来看其包括谁来提供养老服务、谁来评估以及如何评估养老服务需求、如何提供养老服务、如何监督和评价养老服务质量，如何降低养老服务成本、如何补养老服务中的短板等一系列子课题，本研究尤其在降成本、补短板等方面尚未进行详尽讨论，进一步从供给侧结构性改革视角探索完善社会养老服务体系将成为继续坚持的研究方向。

参考文献

一、中文文献

（一）著作

1. 陈静著:《福利多元主义视域下的城市养老服务供给模式研究》，山东人民出版社，2016年。

2. 陈树强著:《成年子女照顾老年父母日常生活的心路历程》，中国社会科学出版社，2003年。

3. 杜乐勋、张文鸣编:《中国医疗卫生发展报告 No.3》，社会科学文献出版社，2007年。

4. 葛蔼玲、冯占联主编:《中国养老服务的政策选择：建设高效可持续的中国养老服务体系》，中国财政经济出版社，2019年。

5. 李兵主编:《照料法和老年人照料服务标准——英国、爱尔兰和澳大利亚》，华龄出版社，2019年。

6. 李竟能编著:《现代西方人口理论》，复旦大学出版社，2004年。

7. 林宝主编:《积极应对人口老龄化：内涵、举措和建议》，中国社会科学出版社，2021年。

8. 袁小波著:《老龄社会的照料危机——成年子女照料者的角色经历与社会支持研究》，天津人民出版社，2019年。

9.［波兰］兹比格纽 · 渥兹涅克:《老龄社会政策的新视野》，陈昫译，社会科学文献出版社，2019年。

（二）期刊文章

1. 白劼、范瑞平:《孝道、生育伦理与子从母姓》,《中国医学伦理学》, 2019年第1期。

2. 蔡玉梅、陈功:《普惠型居家社区养老服务的模式创新——以北京市养老服务联合体为例》,《北京社会科学》, 2024年第1期。

3. 曹立前，尹吉东:《供给侧改革下养老服务业发展研究》,《河北大学学报》（哲学社会科学版）, 2018年第1期。

4. 陈功、索浩宇、张承蒙:《共建共治共享的社会治理格局创新——时间银行的可行路径分析》,《人口与发展》, 2021年第1期。

5. 陈功、王笑寒:《我国“时间银行”互助养老模式运行中的问题及对策研究》,《理论学刊》, 2020年第6期。

6. 陈健、罗钦涛:《内生型农村互助养老的运行机制及其社会基础——以浙江罗村为例》,《云南民族大学学报》（哲学社会科学版）, 2024年第3期。

7. 陈俊峰、王硕:《城市“医养结合”型养老存在的问题及其解决途径——以合肥市为例》,《城市问题》, 2016年第6期。

8. 陈卫:《中国人口负增长与老龄化趋势预测》,《社会科学辑刊》, 2022年第5期。

9. 陈卫、杜夏:《中国高龄老人养老与生活状况的影响因素——对子女数量和性别作用的检验》,《中国人口科学》, 2002年第6期。

10. 陈卫民:《我国家庭政策的发展路径与目标选择》,《人口研究》, 2012 年第 4 期。

11. 陈英姿、满海霞:《中国养老公共服务供给研究》,《人口学刊》, 2013年第1期。

12. 陈宇、陈达婷:《我国农村互助养老的研究进路与未来走向》,《学习与探索》, 2023年第2期。

13. 储亚萍、何云飞:《政府购买居家养老服务绩效的影响因素研究》,《云南民族大学学报》（哲学社会科学版）, 2018年第4期。

14. 崔树义、杜婷婷:《居家、社区、机构养老一体化发展研究》,《东岳论丛》, 2021年第11期。

15. 崔树义、田杨:《养老机构发展“瓶颈”及其破解——基于山东省45家养老机构的调查》,《中国人口科学》, 2017年第2期。

16. 崔树义、杨素雯、田杨:《供需视角下社区居家养老服务提质增效研究——基于山东省1200名老年人的调查》,《山东社会科学》, 2020年第9期。

17. 邓汉慧、涂田、熊雅辉:《社会企业缺位于社区居家养老服务的思考》,《武汉大学学报》(哲学社会科学版), 2015年第1期。

18. 刁鹏飞、臧跃、李小永:《机构养老的现状、问题及对策——以上海市为例》,《城市发展研究》, 2019年第8期。

19. 丁志宏、曲嘉瑶:《中国社区居家养老服务均等化研究——基于有照料需求老年人的分析》,《人口学刊》, 2019年第2期。

20. 董春晓:《福利多元视角下的中国居家养老服务》,《中共中央党校学报》, 2011 年第 4 期。

21. 董红亚:《着力推进供给侧改革全面提升养老服务质量》,《中国社会工作, 2017年第2期。

22. 杜鹏、安瑞霞:《政府治理与村民自治下的中国农村互助养老》,《中国农业大学学报》(社会科学版), 2019年第3期。

23. 杜鹏、高云霞、谢立黎:《中国老年照护服务: 概念框架与发展路径》,《老龄科学研究》, 2022年第9期。

24. 杜鹏、李龙:《新时代中国人口老龄化长期趋势预测》,《中国人民大学学报》, 2021年第1期。

25. 杜鹏、马琦峰:《中国社区嵌入式养老: 现状与问题浅析》,《人口与发展》, 2024年第3期。

26. 杜鹏、孙鹃娟、张文娟、王雪辉:《中国老年人的养老需求及家庭和社会养老资源现状——基于2014 年中国老年社会追踪调查的分析》,

《人口研究》，2016年第6期。

27. 封铁英、齐心竹:《社区情境下养老服务整合行为逻辑》,《西北大学学报》(哲学社会科学版)，2023年第1期。

28. 风笑天:《面临养老：第一代独生子女父母的心态与认识》,《江苏行政学院学报》，2010年第6期。

29. 高慧、周海旺:《上海机构养老服务发展问题研究》,《上海城市管理》，2023年第6期。

30. 高鹏、杨翠迎:《智慧养老的精准化供给逻辑与实践：来自上海市的调研》，经济体制改革，2021年第5期。

31. 韩雷、李舜:《宗族文化能够化解“少子化”现象吗？——基于CFPS2014数据的经验检验》,《世界经济文汇》，2022年第6期。

32. 韩沛锟、程瑶瑶:《农村养老服务 : 需求、政策实践与发展展望》,《学习论坛》，2021年第2期。

33. 贺雪峰:《互助养老：中国农村养老的出路》,《南京农业大学学报》(社会科学版)，2020年第5期。

34. 胡湛:《家庭建设背景下中国式居家社区养老模式展望》,《河海大学学报》(哲学社会科学版)，2022年第6期。

35. 纪春艳:《新型城镇化视角下农村互助养老模式的发展困境及优化策略》,《农村经济》，2018年第1期。

36. 纪竞垚:《居家养老服务的政策效应：基于对老年人生活质量影响的分析》,《人口与发展》，2022年第3期。

37. 吉鹏、李放:《政府购买居家养老服务的绩效评价：实践探索与指标体系建构》,《理论与改革》，2013年第3期。

38. 吉鹏、李放:《农村老年人市场化居家养老服务的需求意愿及其影响因素分析——基于江苏省的实证数据》,《兰州学刊》，2020年第11期。

39. 蒋军成、高电玻、张子申:《我国社会养老服务体系供给侧改革：个省案例研究》,《湖北社会科学》，2018年第4期。

40. 蒋岳祥、斯雯:《老年人对社会照顾方式偏好的影响因素分析——以浙江省为例》,《人口与经济》,2006年第3期。

41. 金华宝:《发达国家互助养老的典型模式与经验借鉴》,《山东社会科学》,2019年第2期。

42. 李长远:《我国政府购买居家养老服务模式比较及优化策略》,《宁夏社会科学》,2015年第3期。

43. 李连友、李磊、邓依伊:《中国家庭养老公共政策的重构——基于家庭养老功能变迁与发展的视角》,《中国行政管理》,2019年第10期。

44. 李璐:《养老服务机构的道路选择——公办、民办养老服务机构生存状况对比分析》,《中国机构改革与管理》,2014年 Z1期。

45. 黎民、胡斯平:《中国城镇机构养老及其模式选择——以广州为实例的研究》,《南京社会科学》,2009年第1期。

46. 李沛菡等:《对"时间银行"互助型养老模式的再思考》,《新金融》,2022年第5期。

47. 李俏、郭凯凯、蔡永民:《农村养老供给侧改革的结构生态与可能路径:一个文献综述》,《广西社会科学》,2016年第7期。

48. 李俏、孙泽南:《农村互助养老的衍生逻辑、实践类型与未来走向》,《中南民族大学学报》(人文社会科学版),2021年第10期。

49. 李升、方卓:《农村社会结构变动下的孝文化失范与家庭养老支持困境探析》,《社会建设》,2018年第1期。

50. 李文娟、陈瑞、薛佳殷:《泰兴市养老机构模式下老年人生活质量及相关因素》,《中国老年学杂志》,2021年第10期。

51. 李燕、伍梦:《老龄产业供给侧改革的政策演进路径研究——基于福利多元主义理论视角》,《老龄科学研究》,2018年第2期。

52. 李永萍:《"养儿防老"还是"以地养老":传统家庭养老模式分析》,《华南农业大学学报》,2015年第2期。

53. 李真真、汤哲:《老年人失能的流行病学研究进展》,《中华流行病学杂志》，2016年第7期。

54. 梁昌勇、洪文佳、马一鸣:《全域养老：新时代智慧养老发展新模式》,《北京理工大学学报》（社会科学版），2022年第6期。

55. 林宝:《养老服务供给侧改革：重点任务与改革思路》,《北京工业大学学报》（社会科学版），2017年第6期。

56. 刘昌平、汪连杰:《老年服务业供给侧改革：研究缘起、理论逻辑与实践路径》,《河北学刊》，2016年第5期。

57. 刘妮娜:《中国农村互助型社会养老的类型与运行机制探析》,《人口研究》，2019年第2期。

58. 刘妮娜:《中国农村互助型社会养老的定位、模式与进路》,《云南民族大学学报》（哲学社会科学版），2020年第3期。

59. 刘茹等:《“银发热潮”下社区居家养老服务现状及完善策略》,《中国老年学杂志》，2020年第7期。

60. 刘奕、李晓娜:《数字时代我国社区智慧养老模式比较与优化路径研究》,《电子政务》，2022年第5期。

61. 罗晓晖:《乡土公共性建构：破解农村互助养老发展困境之道》,《长白学刊》，2021年第4期。

62. 马朵朵:《社区居家养老服务可及性及其影响因素——基于两省五市调研数据的实证分析》,《社会保障研究》，2023年第2期。

63. 孟颖颖:《我国“医养结合”养老模式发展的难点及解决策略》,《经济纵横》，2016年第7期。

64. 米恩广、李若青:《从“碎片化运行”到“协同性供给”：农村互助养老服务有效供给之进路》,《云南民族大学学报》（哲学社会科学版），2021年第4期。

65. 穆光宗:《论生育文化和生育控制》,《社会科学》，1996年第9期。

66. 彭华民:《福利三角：一个社会政策分析的范式》,《社会学研究》，2006年第4期。

67. 彭华民:《福利多元主义：福利提供从国家到多元部门的转型》,《南开学报》(哲学社会科学版), 2006年第6期。

68. 彭婧:《政府购买养老服务责任模式的转型研究——基于2009—2019年B市的实践》,《云南民族大学学报》(哲学社会科学版), 2020年第6期。

69. 彭希哲、胡湛:《公共政策视角下的中国人口老龄化》,《中国社会科学》, 2011年第3期。

70. 戚克维:《供给侧结构性改革下发展养老服务业PPP模式政策导向问题研究》,《中国市场》, 2018年第2期。

71. 邱一鸣、杨宏山:《社会企业视角下的社区养老服务运营模式——基于北京市社区居家养老服务的案例考察》,《北京社会科学》, 2023年第9期。

72. 区慧琼:《社会主义经济体制下的“医养结合”机构模式研究》,《财经问题研究》, 2015年S1期。

73. 屈群苹、许佃兵:《论现代孝文化视域下机构养老的构建》,《南京社会科学》, 2016年第2期。

74. 盛见:《社会养老服务有效需求不足的根源分析与破解路径》,《中州学刊》, 2019年第12期。

75. 施巍巍、罗新录:《我国养老服务政策的演变与国家角色的定位——福利多元主义视角》,《理论探讨》, 2014年第2期。

76. 宋海霞:《农村养老服务供给侧结构性改革的困境及思路》,《农业经济》, 2021年第2期。

77. 孙鹃娟、沈定:《中国老年人口的养老意愿及其城乡差异》,《人口与经济》, 2017年第2期。

78. 唐娟莉、倪永良:《农村社会养老服务需求：意愿与影响》,《农业现代化研究》, 2020年第4期。

79. 汤哲、项曼君:《北京市老年人躯体功能评价与影响因素分析》,

《中国老年学杂志》，2003年第1期。

80. 陶涛、刘雯莉:《独生子女与非独生子女家庭老年人养老意愿及其影响因素研究》,《人口学刊》，2019年第4期。

81. 田北海、王彩云:《城乡老年人社会养老服务需求特征及其影响因素——基于对家庭养老替代机制的分析》,《中国农村观察》，2014年第4期。

82. 田蕴祥:《华人社会中女性对子女随母姓接受态度的实证分析——基于台湾地区的调查数据》,《江汉论坛》，2017年第10期。

83. 王成、丁社教:《政府购买居家养老服务质量评价——多维内涵、指标构建与实例应用》,《人口与经济》，2018年第4期。

84. 王晶、张立龙:《老年长期照护体制比较——关于家庭、市场和政府责任的反思》,《浙江社会科学》，2015年第8期。

85. 王立剑、朱一鑫:《从“个体”到“社会”：农村互助养老服务的现实应对》,《行政管理改革》，2023年第4期。

86. 王莉莉:《公办养老机构转制发展现状及对策研究》,《兰州学刊》，2019年第2期。

87. 王丽敏:《我国社区居家养老服务的供需矛盾及对策》,《商业经济研究》，2016年第5期。

88. 王琼:《城市社区居家养老服务需求及其影响因素——基于全国性的城市老年人口调查数据》,《人口研究》，2016年第1期。

89. 汪润泉:《“社会养老”是否淡化了“子女责任”观念？——来自中国农村居民的经验证据》,《人口与经济》，2016年第5期。

90. 王慎行:《论西周孝道观的本质》,《人文杂志》，1991年第2期。

91. 王武林、陈瑶:《城市社区养老服务需求状况及影响因素》,《中国老年学杂志》，2016年第23期。

92. 王先菊:《养老服务业供给侧结构性改革的理论基础与实践》,《中国老年学杂志》，2018年第22期。

93. 王阳亮:《政府购买养老服务：属性、问题与对策》,《哈尔滨工业大学学报》(社会科学版), 2017年第4期。

94. 王一笑:《老年人“养儿防老”观念的影响因素分析——基于中国老年社会追踪调查数据》,《调研世界》, 2017年第1期。

95. 韦云波:《贵阳市城乡老年人养老意愿及影响因素》,《南京人口管理干部学院学报》, 2010年第2期。

96. 温海红、王怡欢:《居家社区养老服务质量及其影响因素分析——基于陕西省三市调查数据》,《河北大学学报》(哲学社会科学版), 2019年第2期。

97. 温海红、王怡欢:《基于个体差异的“互联网+”居家社区养老服务需求分析》,《社会保障研究》, 2019年第2期。

98. 吴帆、刘立光:《年轻人家庭观念的传承与变化——基于代际差异的测量与分析》,《人口学刊》, 2022年第5期。

99. 吴香雪、杨宜勇:《社区互助养老: 功能定位、模式分类与机制推进》,《青海社会科学》, 2016年第6期。

100. 谢立黎、王飞:《农村养老模式的创新与启示——以H省“妇老乡亲”互助养老模式为例》,《城市观察》, 2024年第1期。

101. 熊晓晓、程云飞、胡玉坤:《中国老年人男性单系继承偏好的影响因素研究》,《人口与发展》, 2020年第1期。

102. 徐隽倬、韩振燕、梁誉:《支付意愿视角下老年人选择社会养老服务影响因素分析》,《华东经济管理》, 2019年第8期。

103. 严红:《农村内生式互助养老可持续发展的实践逻辑研究》,《农业经济问题》, 2024年第3期。

104. 严晓静、孙建娥:《供给侧改革视角下养老服务发展现状及其路径研究——以长沙市为例》,《社会福利》(理论版), 2018年第7期。

105. 杨静慧:《互助养老模式:特质、价值与建构路径》,《中州学刊》, 2016年第3期。

106. 杨琪、黄健元:《政府购买居家养老服务政策的类型及效果》,《城市问题》，2018年第1期。

107. 杨团：《公办民营与民办公助——加速老年人服务机构建设的政策分析》，《人文杂志》，2011年第6期。

108. 姚虹：《理论认知、实践困境与发展路径：农村互助养老研究综述》，《社会保障研究》，2023年第6期。

109. 俞贺楠、王敏、李振：《我国社区居家养老模式的出路研究》，《河南社会科学》，2011年第1期。

110. 袁小波：《长期照料中的家庭关系及其对成年子女照料者的影响》，《兰州学刊》，2013年第1期。

111. 岳经纶、张孟见：《社会政策视阈下的国家与家庭关系——一个研究综述》，《重庆社会科学》，2019年第2期。

112. 曾毅、陈华帅、王正联：《21世纪上半叶老年家庭照料需求成本变动趋势分析》，《经济研究》，2012年第10期。

113. 訾靖、杜雪平：《医养结合视角下对基层社区卫生服务机构举办养老机构模式的探索与研究——基于北京市西城区月坛社区卫生服务中心举办银龄老年公寓的案例分析》，《中国全科医学》，2023年第19期。

114. 张国平：《地方政府购买居家养老服务的模式研究：基于三个典型案例的比较》，《西北人口》，2012年第6期。

115. 张雷、韩永乐：《当前我国智慧养老的主要模式、存在问题与对策》，《社会保障研究》，2017年第2期。

116. 章荧、张文洁、胡子超：《社区养老服务驿站政府监管问题研究——基于北京市M街道的案例分析》，《中国行政管理》，2023年第12期。

117. 张仁枫：《老年人养老意愿调查及启示——以四川省为例》，《老龄科学研究》，2017年第3期。

118. 张韬：《PPP模式下优化养老机构建设与运营的策略研究》，《兰州学刊》，2018年第3期。

119. 张文娟、纪竞垚：《中国老年人的养老规划研究》，《人口研究》，

2018年第2期。

120. 章晓懿:《政府购买养老服务模式研究：基于与民间组织合作的视角》,《中国行政管理》, 2012年第12期。

121. 张园、王伟:《失能老年人口规模及其照护时间需求预测》,《人口研究》, 2021年第6期。

122. 张云英、张紫薇:《农村互助养老模式的历史嬗变与现实审思》,《湘潭大学学报》(哲学社会科学版), 2017年第4期。

123. 赵浩华:《需要理论视角下社区居家养老困境及治理对策》,《学习与探索》, 2021年第8期。

124. 赵杨:《北京市机构养老供给现状及环京布局》,《北京社会科学》, 2022年第9期。

125. 郑丹丹、易杨忱子:《养儿还能防老吗——当代中国城市家庭代际支持研究》,《华中科技大学学报》, 2014年第1期。

126. 郑晁:《供给侧改革视域下我国城市居家养老服务中的供需适配矛盾与解决对策》,《沈阳大学学报》(社会科学版), 2018年第4期。

127. 周春山、李一璇:《发达国家(地区)长期照护服务体系模式及对中国的启示》,《社会保障研究》, 2015 年第 2 期。

128. 周云:《对老年人照料提供者的社会支持》,《南方人口》, 2003年第18期。

129. 周云:《从调查数据看高龄老人的家庭代际关系》,《中国人口科学》, 2001年增刊。

130. 朱安新、高熔:《"养儿防老"还是"养女防老"?——中国老年人主观意愿分析》,《妇女研究论丛》, 2016年第4期。

131. 朱海龙:《智慧养老：中国老年照护模式的革新与思考》,《湖南师范大学社会科学学报》, 2016年第3期。

132. 朱火云、丁煜:《农村互助养老的合作生产困境与路径优化——以X市幸福院为例》,《南京农业大学学报》(社会科学版), 2021年第2期。

133. 朱新茹:《供给侧结构性改革下的居家养老模式研究》,《行政科学论坛》,2018年第4期。

二、英文文献

（一）著作

1. Rose R., Shiratori R., *The Welfare State East and West*, Oxford University Press, 1986.

2. Miriam B., Thomas S., *Critical Perspectives on Ageing Societies*, The Policy Press, 2007.

3. Chris W., *Critical Gerontology Comes of Age—Advances in Research and Theory for a New Century*, Routledge, 2018.

4. Nancy H. H., Asuman K., *Social Gerontology a Multidisciplinary Perspective*, Pearson Education Limited, 2014.

（二）期刊文章

1. Braithwaite V, Caregiving Burden: Making the Concept Scientifically Useful and Policy Relevant, *Research on Aging*, 1992, 74, p.3~27.

2. Eantz M J., Skubic M., Miller S J., et al., Senior Technology to Support Aging in Place, *Journal of the American Medical Directors Association*, 2013, No. 6.

3. Evers A., The New Long-term Care Insurance Program in Germany, *Journal of Aging & Social Policy*, 1998, No.7.

4. Gitlin L. N., Reever K., Dennis M.P., et al., Enhancing Quality of Life of Families Who Use adult Day Services, *The Gerontologist*, 2006, No.46.

5. Glendinning C., Breaking down Barriers: Integrating Health and Care Services for Older People in England, *Health Policy*, 2003, No.2.

6. Grundy E., Henretta J. C., Between Elderly Parents and Adult Children:

A New Look at the Intergenerational Care Provided by the "Sandwich Generation", *Ageing and Society*, 2006, No.5.

7. Hendricks J., Hatch L. R., Cutler S. J., Entitlements, Social Compacts, and the Trend Toward Retrenchment in U.S. Old-age Program, *Hallym International Journal of Aging*, 1999, No.1.

8. Marois G., Gietel B.S., Lutz W., China's Low Fertility May not Hinder Future Prosperity, *Proceedings of the National Academy of Sciences*, 2021, No. 40.

9. Penning M.J., Hydra Revisited: Substituting Formal for Self– and Informal In-home Care Among Older Adults with Disabilities, *The Gerontologist*, 2002, No. 42.

10. Torres-Gil F. M., Moga K. M., Social Policy and the New Aging, *Journal of Gerontological Social Work*, 2002, No.36.

附　录

天津市社会养老服务相关政策、法规、条例等大事记

2002年7月，天津市第十三届人民代表大会常务委员会第三十四次会议通过《天津市老年人教育条例》。

2002年12月，天津市物价局发布《关于印发〈天津市社会福利机构收费管理暂行办法〉的通知》。

2005年10月，天津市人民政府办公厅印发《天津市老年教育"十一五"发展规划》。

2005年10月，天津市老龄委发布《关于调整我市老年人优待服务政策的意见》。

2006年5月，天津市老龄委印发《天津市老龄事业"十一五"发展规划》。

2006年7月，天津市人民政府办公厅发布《关于贯彻落实国务院完善企业职工基本养老保险制度决定的实施意见》。

2007年1月，天津市人民政府办公厅颁布《天津市养老机构管理办法》（2015年废止）。

2007年9月，天津市人力资源和社会保障局印发《天津市农村社会基本养老保障暂行办法实施细则》《天津市农籍职工基本养老保险经办管理办法》《天津市农村居民基本养老保险经办管理办法》。

2007年11月，天津市人力资源和社会保障局发布《关于印发低收入家庭60周岁以上老年人参加城镇居民基本医疗保险资格认定工作意见的

通知》。

2008年3月，天津市人民政府办公厅颁布《关于加快我市养老服务业发展的意见》。

2008年5月，天津市民政局发布《关于推进居家养老服务政府补贴工作的实施意见》。

2010年3月，天津市交通港口局拟定《天津市65岁以上老年人免费乘坐公共汽车实施办法》（2023年废止）。

2010年，天津市民政局发布《天津市资助经济困难老年人入住养老机构办法（试行）》。

2011年4月，天津市人民政府办公厅发布《关于进一步发展我市居家养老服务的意见》。

2011年8月，天津市民政局发布《天津市民政服务设施布局规划（2010—2020年）》。

2011年10月，天津市民政局发布《关于做好我市80岁以上困难老年人居家养老服务政府补贴工作的实施意见》。

2012年4月，天津市民政局联合12个相关部门下发《关于大力发展天津市老年人助餐服务的意见》。

2012年7月，天津市人民政府办公厅发布《关于印发天津市老龄事业发展"十二五"规划的通知》。

2012年9月，天津市实施《中华人民共和国老年人权益保障法》办法。1987年3月18日天津市第十届人民代表大会常务委员会第三十三次会议通过的《天津市保护老年人合法权益的若干规定》同时废止。

2012年，天津市民政局发布《关于开展养老机构社区延伸服务（虚拟养老院）试点工作的意见》。

2014年12月23日，天津市第十六届人民代表大会常务委员会第十五次会议通过《天津市养老服务促进条例》。

2014年9月，天津市民政局、天津市财政局联合发布《关于调整养老机构补贴标准的通知》。

2014年，天津市民政局颁布《关于推进公办养老机构公建民营办法的意见》（2022年废止）。

2014年9月，天津市人民政府办公厅发布《天津市人民政府关于印发天津市城乡居民基本养老保险实施办法的通知》。

2015年2月，天津市财政局发布《关于减免养老和医疗机构行政事业性收费的通知》。

2015年3月，天津市人力资源和社会保障局、天津市财政局联合发布《关于调整城乡居民基础养老金和老年人生活补助标准的通知》（已废止）。

2016年6月，天津市发展和改革委员会、天津市民政局联合发布《关于养老服务机构电水气热价格有关问题的通知》。

2016年12月，天津市民政局发布《关于推进我市医疗卫生与养老服务相结合实施意见（试行）的通知》。

2017年2月，天津市人民政府办公厅印发《关于进一步扩大旅游文化体育健康养老教育培训等领域消费实施方案的通知》。

2017年3月，天津市民政局、天津财政局联合发布《关于调整我市居家养老服务（护理）补贴标准的通知》。

2017年4月，天津市民政局发布《天津市2017年养老院服务质量建设专项行动实施方案》。

2017年4月，天津市民政局发布《关于全面放开养老服务市场提升养老服务质量的实施意见》。

2017年11月，天津市人民政府办公厅发布《天津市“十三五”老龄事业发展和养老体系建设规划的通知》。

2017年11月，天津市人民政府办公厅发布《天津市贯彻落实老年教育发展规划（2016—2020年）实施方案的通知》。

2017年11月，天津市民政局、天津财政局联合发布《关于调整居家养老服务（护理）补贴发放方式的通知》。

2017年11月，天津市人民政府办公厅发布《关于加快发展商业养老保险促进养老保障体系建设实施方案的通知》。

2018年3月，天津市人民政府办公厅发布《关于制定和实施老年人照顾服务项目实施方案的通知》。

2018年10月，天津市民政局发布《关于加强我市养老服务评估工作的意见》。

2018年12月，天津市民政局发布《关于开展2018年养老服务设施评估工作的通知》。

2019年1月，天津市民政局发布《关于做好养老机构设立许可取消后相关工作的通知》。

2023年7月，天津市发展和改革委员会等14部门联合印发《天津市城企联动普惠养老专项行动政府支持政策清单（2023年修订版）》。

2019年7月，天津市人民政府办公厅印发《关于推进老年人助餐服务工作试行办法》。

2019年8月，天津市民政局、天津市卫生健康委员会、天津市应急管理局、天津市市场监管委联合发布《关于做好2019年养老院服务质量建设专项行动工作的通知》。

2019年8月，天津市民政局发布《关于确定2019年老年人助餐服务工作试行范围的通知》。

2019年10月，天津市人民政府办公厅印发《天津市促进养老服务发展三年行动方案（2019—2021年）》。

2019年10月，天津市民政局、天津市财政局联合发布《关于明确我市居家养老服务（护理）补贴有关事项的通知》。

2019年10月，天津市民政局、天津市财政局联合印发《老年人助餐服务工作指引》。

2019年11月，天津市民政局、天津市退役军人局、天津市财政局联合发布《关于在农村地区全面施行居家养老服务（护理）补贴的通知》。

2019年11月，天津市民政局、天津市财政局联合发布《关于调整养老机构运营补贴标准的通知》。

2019年12月，天津市医疗保障局发布《关于完善支持符合条件的养老机构内设医疗机构纳入医保定点工作的通知》。

2019年12月，天津市市场监管委印发《天津市老人家食堂食品安全规范》《天津市老人家食堂食品安全管理指导意见》。

2020年5月，天津市民政局发布《关于做好我市2020年养老院服务质量建设专项行动工作的通知》。

2020年8月，天津市卫生健康委员会、天津市民政局等10部门联合印发《天津市深入推进医养结合发展实施方案》。

2020年12月，天津市十七届人大常委会第二十四次会议修订通过《天津市养老服务促进条例》。

2020年12月，天津市民政局、天津市发改委、天津市财政局、天津市住建委、天津市卫健委、天津市银保监局联合发布《天津市老年人居家适老化改造实施方案》。

2020年12月，天津市民政局发布《市民政局关于进一步加强养老机构监管工作的通知》。

2021年1月，天津市医疗保障局发布《关于便利老年人办事优化医保服务有关工作的通知》。

2021年2月，天津市卫生健康委员会、天津市民政局联合印发《关于进一步做好医疗卫生机构与养老服务机构签约合作服务的通知》。

2021年2月，天津市卫生健康委员会印发《2021年推进社区老年健康服务和对失能半失能老年人提供入户医疗护理服务工作方案》。

2021年3月，天津市民政局、天津市教育委员会、共青团天津市委员会、天津市少工委联合印发《天津市开展“寸草心”“手足情”志愿助老行动方案》。

2021年5月，天津市发展和改革委员会、天津市卫生健康委员会联合发布《天津市解决老年人运用智能技术困难工作举措的通知》。

2021年5月，天津市民政局制定《天津市〈养老机构管理办法〉实施细则》。

2021年7月，天津市民政局印发《关于建立健全天津市养老服务综合监管制度促进养老服务高质量发展的实施意见》。

2021年8月，天津市公用事业局发布《关于促进老年人便利缴纳供热费工作的通知》。

2021年8月，天津市民政局发布《天津市民政局办公室关于落实〈关于切实解决老年人运用智能技术困难实施方案〉的通知》。

2021年8月，天津市民政局、天津市财政局联合发布《关于做好2021年度特殊困难老年人家庭居家适老化改造工作的通知》。

2021年8月，天津市教委等6部门联合发布《关于进一步推进天津市老年教育发展的意见》。

2021年11月，天津市民政局、天津市处非办联合发布《关于做好养老服务领域防范和处置非法集资工作的意见》。

2021年12月，天津市人力资源和社会保障局、天津市民政局联合发布《关于全面实施乡村振兴战略进一步做好城乡居民养老保险工作有关问题的通知》。

2021年12月，天津市民政局发布《关于推进社区嵌入式养老服务机构发展的指导意见》。

2022年6月，天津市道路运输管理局印发《天津市2022年推行适老化交通出行服务实施方案》。

2022年7月，天津市人民政府办公厅印发《天津市进一步推进老龄事业发展和养老服务体系建设的具体措施》。

2022年7月，天津市民政局、天津市财政局联合印发《关于完善我市老年人助餐服务工作若干措施》。

2022年7月，天津市民政局、国家开发银行天津市分行印发《关于加大金融支持天津养老服务业发展的通知》。

2022年9月，天津市民政局、天津市财政局联合发布《天津市养老服务机构公建民营管理办法（试行）》。

2022年10月，天津市民政局发布《天津市“十四五”养老服务体系发展规划和二〇三五年远景目标纲要》。

2022年11月，天津市民政局等11部门联合印发《关于深化嵌入式养老服务机构“建管扶用”23条措施》。

2022年11月，天津市发展和改革委员会等部门印发《养老托育服务业纾困扶持若干措施》。

2022年12月，天津市民政局、天津市财政局联合印发《天津市养老机构补贴管理办法（试行）》。

2023年6月，天津市人民政府办公厅印发《天津市65岁以上老年人免费乘坐公共汽车实施办法》。

2023年12月，天津市民政局印发《关于深化我市“寸草心”“手足情”助老志愿服务工作的实施意见》。

2023年12月，天津市民政局发布《天津市开展特殊困难老年人探访关爱服务的实施方案》。

2023年12月，天津市民政局印发《天津市民政服务设施布局规划（2021—2035年）》。

2024年4月，天津市民政局印发《天津市养老机构等级评定管理办法（试行）》。

2024年5月，天津市民政局、天津市财政局联合印发《关于开展经济困难失能老人集中照护服务工作的通知》。

2024年5月，天津市民政局等11部门联合印发《关于深化推进老年助餐服务工作实施方案》。

2024年6月，天津市民政局印发《智慧化养老服务综合体建设指引》《养老机构（养老服务综合体）认知障碍友好环境建设指引》。